三弥井選書

中世奥羽の自己認識

入間田宣夫 著

まえがき

中世奥羽の世界に生きる人びとは、みずからは何処から来たのか。そして、みずからは何ものとして存在しているのか。すなわち、みずからのアイデンティティについて、どのような自己認識をいだいていたのであろうか。これが、問題である。

中世奥羽に生きる人びとといっても、さまざまである。たとえば、京都発の「エミシ」（「蝦夷」）言説をダイレクトに受容することから出発せざるをえなかったのが、平泉藤原氏である。

それに対して、「中世日本紀」「日之本将軍」「第六天魔王」に関わる語り物（「伝説」「伝承」）を受容することから出発せざるをえなかったのが、津軽安藤（東）氏であった。

そして、戦国大名の津軽・和賀・閉伊・大江・柏山・戸沢・伊達ほかの諸氏にいたっては、京・鎌倉方面における貴人に関わる「留住」「流人」「落人」「落胤」の語り物（「伝説」「伝承」）が出発点になっている。すなわち、古代における「貴種流離譚」の延長を想わせるような枠組みによって、みずからのアイデンティティをかたちづくっている。

かれらは、平泉藤原氏や津軽安藤（東）氏のばあいとは違って、みずからの内に、「エミシ」的な属性を認めるのにはあらず。むしろ、京・鎌倉の「貴種」に連なる属性をアピールしていた。そのことによって、在地社会に君臨する地域権力としての自立性をかたちづくろうとしていた。

そういえば、夷ヶ島の戦国大名蠣崎氏（のちに松前氏）のばあいには、その傾向が、いっそうに際立っていた。すなわち、新羅三郎にさかのぼる源氏の血統を誇り、アイヌ人を「狄」と見下して、かれらを鎮圧する先兵たることをもって、そのアイデンティティをかたちづくろうとしていた。

けれども、大名や国人といった支配層にはかぎらない。室町後期から戦国期に入るあたりには、広範な人びとが想いを寄せる神仏のレベェルにおいても、京・鎌倉方面の「貴種」に関わる「留住」「流人」の語り物（「伝説」「伝承」）がかたちづくられていた。それによって、「人から神へ」という筋書きが、人びとの共感を誘っていた。

すなわち、広範な人びとの間にも、京・鎌倉方面の「貴種」に対する憧憬の反面において、地域の神仏にたいするユニークな敬愛の情がかたちづくられていた。

ただし、近世に入り、幕藩体制の縛りが強化されるのに連れて、これまでのような地域に固有のアイデンティティを保持しつづけることは困難になった。

諸大名家においては、幕藩体制に親和的な系譜認識をかたちづくることが求められるようになった。あわせて、新井白石ほかの歴史学者による指導・助言が大きな役割をはたすことにもなった。すなわち、「語り物文学から歴史学へ」の転換である。

また、神仏の縁起についても、これまでのような「人から神へ」というような物語にはあらず。多かれ少なかれ、中央の神道家ほかによる言説にしたがって、記紀神話に根差したような物語に改変されることになった。そのことを忘れてはならない。

いずれにしても、中世奥羽の辺境に生きる人びとにとっては、京・鎌倉発のさまざまな言説ないしは語り物（「伝説」「伝承」）などを受け止めることから出発して、なんとかして、みずからのアイデンティティをかたちづくろうとしてきた。そのことには、変わりがない。

それほどまでに、自前の文化的資源を涵養する機会を奪われてきた。いいかえるならば、この国における文化的資源の大部分が、記紀・万葉の昔から、京・鎌倉のリーダーシップのもとにかたちづくられてきた。ということである。

したがって、中世奥羽の辺境に生きる人びとの間には、京・鎌倉発の圧倒的な文化的影響下に置かれて、すなわち京・鎌倉の西南風が吹きよせるなかに置かれて、京・鎌倉にたいする従属の観念さえもが、生み出されることになった。と想われるかもしれない。

けれども、そのようなことは、決してない。たとえ、京・鎌倉発のさまざまな言説ないしは語り物（「伝説」「伝承」）などを受け止めることから出発せざるをえなかったとしても、そこから先には、その内容の換骨奪胎ないしは反転・逆転という営為をくり返すことによって、みずからのアイデンティティを模索する。すなわち、京・鎌倉発の「エミシ」「流人」「落人」「留住」「落胤」ほかの語り物の形式には従いつつも、その内容については、みずからの誇りに資するものに改変する。という苦渋に満ちた、しかしながら実りの多いプロセスを辿ることになった。

さらにいえば、それらのプロセスのなかには、京・鎌倉に代わる「もうひとつの中心」たるべき平泉の栄華に連なる物語をかたちづくるような方向性が含まれてさえもいた。

すなわち、平泉政権の滅亡後、「関東の植民地」ともいうべき状態に陥れられたことがあったにしても、それによって、奥羽の住人の心底における、独立・自尊の誇りが失われてしまうなどのことは、決してなかったのだ。といわなければならない。

本書において、その一筋縄にはいかない、苦渋に満ちた、しかしながら実りの多いプロセスについて、多少なりとも、トレースすることができれば、さいわいである。

そして、具体的には、「中世奥羽における系譜認識の形成と在地社会」（一章）における総論風な叙述から出発して、「千葉大王御子の物語によせて」（一三章）にいたるまで、一通り、お目通しいただければ、これほどに、ありがたいことはない。

目次

まえがき　i

Ⅰ　京・鎌倉の西南風が吹きよせるなかで

一章　中世奥羽における系譜認識の形成と在地社会……2
はじめに　2
東夷の遠酋、俘囚の上頭　5
安日長髄、第六天魔王の子孫　10
貴種の血脈を誇る　15
貴種の血脈を誇る（続）　18
むすびにかえて　22

二章　『新羅之記録』を脱構築する――中世北方史の見直しによせて――……30
はじめに　30

新羅三郎伝説　33
落人・流人伝説　36
ウスケシの和人鍛冶屋によるアイヌ人の殺害　39
コシャマインの「蜂起」と武田信広の自立　41
蠣崎氏による松前大館の奪取　44
蠣崎氏とアイヌ人首長の関税協定　45
統一政権の成立とアイヌ民族の締め出し　49
むすびにかえて　53

Ⅱ　語りもの文学から歴史学へ

三章　奥羽諸大名家における系譜認識の形成と変容……58
はじめに　58
津軽安藤氏の系譜認識　60
大名津軽氏の系譜認識　65
和賀・閉伊・大江・柏山の由来　68
戸沢・伊達の系譜認識　73
むすびにかえて　79

四章　津軽一統志における系譜認識の交錯……85
はじめに　85
津軽郡中名字　87
平泉藤原の分れか　91
南部の分れか　94
岩木山祭神ほかの物語　98
むすびにかえて　103

Ⅲ　人から神へ―本地物語における基本的なプロットについて―

五章　岩木山と花若殿・安寿姫の物語……110
津軽一統志には　110
花若殿の由来　115
安寿姫の由来　120
岩木山三所権現の時代　124
むすびにかえて　130

六章　岩木山の祭神をめぐる研究史を振りかえって……136
お山詣りの人びとが語るには　136
弘前藩の記録によれば　139
研究史をふりかえって　142
研究史をふりかえって（続）　149
七章　鹿角四頭と五の宮の物語……154
何がしの帝の五の宮の左遷に従って　154
鹿角四頭が京侍の子孫と称された始まり　158
奥羽の諸大名家においても　162
貴公子が神に祭られた始まり　165
むすびにかえて　171
八章　塩竈大明神の御本地……174
（付論）　菅江真澄の流儀……187

Ⅳ 平泉伝説のゆくえ

九章 伊達の平泉伝説……194
伊達次郎泰衡と阿津賀志山合戦 194
伊達政宗の遺欧使節によって 198
奥州国人の自己認識 203
一〇章 小萩観音の霊験譚と奥州国分荘の歴史学……212
はじめに 212
小萩観音石塚氏祖先来記並千手院之由緒書 214
佐藤元治の未亡人、信夫嫗のものがたり 219
小萩観音の本来的な物語とは 226
「をぐり」の「常陸小萩」（念仏小萩）がモデルなのか 231
信夫佐藤氏と国分荘 236
島津陸奥守とは何者だったのか 240
同じく、結城七郎朝光とは何者か 245

一一章　平泉の姫宮と衣河殿──二人の謎の女性の物語──……253
はじめに　253
衣川北岸の迎賓館　255
平泉の姫宮の登場　260
平泉の姫宮は、どこに住まいしていたのか　267
衣河殿のばあい　272
むすびにかえて　283

V　北方海域における境界儀礼と在地信仰の風景

一二章　人魚供養札の背景に……288
人魚の供養札は、境界儀礼の産物だった　288
八郎潟に注ぐ大河の辺りは南・北の交易を媒介する境界領域だった　297
大河次郎兼任の乱を見直す　302
河北郡の地頭は、葛西氏だったのかもしれない（上）　307
河北郡の地頭は、葛西氏だったのかもしれない（下）　314

一三章 千葉大王御子の物語によせて……323
奥州遠島の漁村にて 323
奥州遠島の漁村にて（続） 326
津軽安藤氏の系譜伝承 329
虚言ヲ仰セラル丶神 333
白山縁起の世界 335

あとがき……341
初出一覧……344
索 引……〔1〕

Ⅰ　京・鎌倉の西南風が吹きよせるなかで

一章　中世奥羽における系譜認識の形成と在地社会

はじめに

中世奥羽における系譜認識のありかたには、①京都発の「蝦夷《えみし》」言説をダイレクトに受容する、②「安日長髄《あびながすね》」「第六天魔王」ほか、京・鎌倉発の「中世日本紀」風の言説を受容するに換骨奪胎のプロセスをもってする、③広範囲に流布する「貴種」言説に便乗することによって、中央との繋がりを誇示するという諸段階が内包されていた。

たとえば、①については、平泉藤原氏が「東夷之遠酋《おんしゅう》」「俘囚《ふしゅう》之上頭《じょうとう》」を自称したことが挙げられる。男系の上では京都貴族の流れに属するにもかかわらず、平泉藤原氏によって、そのような自称が選ばれた背景には、東の辺境は「東夷」「俘囚」、すなわち「蝦夷」の地であり、その地の王は「蝦夷」の首長でなければならない、とする京都発の差別的な言説の圧倒的な影響力が横たわっていた。それによって、日本国の構成員とは縁もゆかりもない「異族」の王として自らを位置づけるという平泉藤原氏による特徴的な自己認識のありかたが決定づけられたのである。

②については、津軽安藤氏が「安日長髄」「第六天魔王」の子孫を自称したことが挙げられる。それ

らの天皇に仇なす存在を忌避し、域外に追いやろうとする京・鎌倉発の言説の流布を逆手にとって、それら「朝敵」の子孫たるを積極的にアピールすることによって、自立的な立場を表明しようとする態度が窺われる。

このばあいにも、「蝦夷」の王は、かれらの首長でなければならないとする言説の影響力が作用していたことには変わりがない。だが、かれら「蝦夷」の先祖は、まったくの「異族」にはあらず、かつては日本国に暮らし天皇に仇なすほどの勢力を誇った存在だったとされていた。それによって、かれらの王には、日本国を統治すべき潜在的な権利、すなわち本主権ともいうべきものが具わっているという自己認識が醸成されていた。前段階に比べれば、はるかに日本国の歴史に関与するものになっている。だが、同時に、それだけに、日本国の歴史に取り込まれて屈折したものになっている。

ただし、津軽安藤氏が「日之本《ひのもと》将軍」を自称している辺りからは、東国の自立をめざした平将門にリンクする自己認識のありかたが察知される。こちらのばあいにも、「朝敵」を尊んでいることには変わりがないが、東国武士団の自立を称揚する鎌倉期以来の気分を継承しているだけに、屈折の度合いが少なく、明るく率直な印象である。

③については、大名津軽氏が、本来的な系譜認識を忘れて、京都貴族「近衛殿」の流れを自称したことが挙げられる。国人領主和賀氏が源頼朝の落胤を、同じく柏山氏が平家一門の右馬助忠正の遺孫を、それぞれに始祖と仰ぐことによって、本来的な系譜認識を放棄してしまっている辺りにも、それが窺えようか。さらには、鹿角《かづの》郡小豆沢《あづきざわ》大日堂の東方に聳える五ノ宮嶽が、継体天皇（または敏達天皇）の五の宮を祭るとされる。あわせて、安保《あぼ》・秋元・奈良・成田の四氏が、五の宮に随行の侍とされて、鎌倉御

家人として入部の歴史が忘れられてしまっている辺りにも、それが窺えようか。

このばあいには、かれら大名・国人が在地の人間集団にルーツを同じくする首長でなければならないとする伝統的な観念は、きれいさっぱり、払拭されてしまっている。かれらが偉いのは、在地の人間集団の首長にはあらず、日本国の中央から下ってきた「貴種」ないしは「貴種」の随員だったからである、ということになってしまっている。それならば、かれら大名・国人は、在地の人間集団とは最初から隔絶した存在だったということにならざるをえない。

奥羽の延長ともいうべき夷《えぞ》が島（北海道）における大名、蠣崎《かきざき》氏のばあいには、そのような事情がより一層に鮮明にたちあらわれていた。そこには、新羅《しんら》三郎にさかのぼる「貴種」の家としての自己認識があった。檜山《ひやま》屋形安東氏を介して室町幕府秩序に連なる自己認識があった。そのうえに、アイヌ人を「狄《てき》」と見下して、かれらを鎮圧する尖兵たることをもって、自家の誇りとする自己認識が生み出されていた。蠣崎氏のばあいには、自らを「蝦夷」（狄）の首長と見なすような伝統的かつ屈折した自己認識は、きれいさっぱり、払拭されてしまっている。

たしかに、日本国の中央にリンクする威風堂々の自己認識ではある。だが、同時に、それだけに、ますますもって、日本国の側に取り込まれて、在地の人間集団ないしは「蝦夷」（アイヌ人）との本来的な紐帯が忘れ去られてしまっている、ともいわなければならない。

テーマに関して、あらかじめ、見通しを記すことが許されるならば、おおよそ、以上のようなことになるであろうか。いずれの段階においても、日本国側における言説を文化的資源として受容し、固有の事情にあわせて変容させるプロセスのなかで自家の系譜認識をかたちづくるという、日本国の辺境ならでは特徴的なありかたが貫かれていたことには変わりがない。問題は、それぞれの段階における受容と変容のプロセスの具体的な解明にある。

けれども、このような見通しに対して、どれほどの妥当性を付与することができるのか。具体的な史料に当たって検証してみなければ、話にもならない。その検証のためのささやかな場として、小論が多少の役割を果たすことができるならば、これほどにしあわせなことはない。それでは、早速に、取り掛かることにしたい。

東夷の遠酋、俘囚の上頭

大治元年（一一二六）、春三月、中尊寺「鎮護国家大伽藍」一区の落慶供養にさいして、平泉初代清衡が読み上げた「願文」には、「東夷之遠酋」、すなわち日本国の東方に住まいする蝦夷の酋長の家柄に、清衡が属することが明記されていた。同じく、「俘囚之上頭」、すなわち朝廷に服属した「蝦夷」のリーダーの地位に、清衡があったことも強調されていた。

その清衡のもとに靡く出羽・陸奥の人心は、風に従う草のようである。同じく粛慎《しゅくしん》・挹婁《ゆうろう》の海蛮《かいばん》（オホーツク海方面の狩猟民か）の人心は、太陽に向かう葵のようである。とも誇らしげに記載されていた（中尊寺文書）。

これらの表現を文字通りに受け止めるならば、古くから地元に勢力を蓄える「蝦夷」の首長の家柄に帰属する人物だった。ということにならざるをえない。学界では、戦前までは、「東夷之遠酋」ほかの自称を文字通りに受け止めて、かれらが在地に根ざした「蝦夷」の系統、すなわちアイヌの系統に属すると考える傾向が一般的であった。

だが、一九五〇年（昭和二五）、中尊寺金色堂に眠る藤原三代のミイラに学術調査の光が当てられ、清衡ほかの骨格が、「蝦夷」風にはあらず、京都人に近い相貌を呈することが明らかにされるに及んで、事態は一変した。

そのうえに、『尊卑分脈』ほかの系図に関する慎重な検討が積み重ねられ、『造興福寺記』ほかの新史料が紹介されることによって、かれらが京都藤原氏の血脈に属していたことが、疑う余地なく、解明されるにいたった。

『尊卑分脈』所収平泉藤原氏系図には、

秀郷（鎮守府将軍）― 千時（晴）（鎮守府将軍）― 千清（将軍太郎）― 正頼（下野守）― 頼遠（下総国住人・五郡太大夫）― 経清（亘権守・亘理権大夫）― 清衡（権大夫・陸奥国押領使・奥御舘）― 基衡（六郡押領使・出羽押領使・中御舘）― 秀衡（従五位下・鎮守府将軍）……

と記されていた。

それによれば、平泉藤原氏は秀郷の息子、千晴に始まる系列に属していた。かれら千晴に始まる系列に属する人物たちは、数代の間、文官・武官として、諸国に赴くという暮らしを送っていたらしい。鎮守府将軍や下野守ほかの官職が、そのあらわれである。頼遠の「五郡太大夫」は、聞きなれない言葉だが、五郡の司にして大夫、すなわち下総国司（権守の在庁官人か）を兼ねるという立場を指すものであったらしい。それに対して、経清は、亘理郡司にして大夫、陸奥国司（権守の在庁官人か）を兼ねるという立場にあった。その経清が、平泉藤原氏の直接の先祖にあたることは、言うまでもない。すべては、大石直正「藤原経清考」（大石『奥州藤原氏の時代』I二章、吉川弘文館、二〇〇一年）によって解明されている通りである。

そのために、最近では、かれらが京都藤原氏の血脈に属した側面が強調されるあまり、かれらが「東夷之遠酋」ほかを自称したことの意味が軽視されがちになってしまっている。しかし、「東夷之遠酋」ほかの自称には、それほどに意味がなかったのであろうか。その点に関して、考え直してみたい。

たとえば、秀郷流藤原氏の血脈に属する経清が奥州に入来したのは、陸奥国府の幹部職員としてスカウトされたことによるものであった。「藤氏諸大夫」（『造興福寺記』）に「経清六奥」と記されていることから、永承二年の辺りには、奥州における存在感を確かなものにしていたことが察知される。佐藤圭「永承二年（一〇四七）における五位以上の藤原氏の構成」（『年報中世史研究』八号、一九八三年）を参照していただきたい。

かれが「亘権守」「亘理権大夫」と呼ばれたのは、亘理郡の司にして、国司（権守の在庁官人）を兼ねるという立場にあったからにほかならない。国司（守）にスカウトされ、陸奥国府の幹部職員として赴任した経清が、亘理郡の年貢収入を給与されることになったという経過を推測することができるであろうか。

そのようなエリートを、地元の有力者が放って置くはずがない。経清のもとには、多くの縁談が持ち込まれることになったらしい。結局のところ、経清は、奥六郡《おく》の実力者、安倍頼良の娘を妻とすることになった。国府の幹部職員に加えて、国内随一の実力者の女婿でもあるということなれば、怖いものはない。経清の前途は、満々たるものに想われた。

その経清の息子として、安倍頼良の娘を母として、清衡は生まれることになった。父親が殺され、母親の再婚によって、清原一族の人となった清衡が、永保三年（一〇八三）、後三年合戦の勃発を契機に、独立の旗を掲げ、国内随一の実力者を目指すことになった経過については、『奥州後三年記』ほかに詳しい。

清衡が、平泉の地に、宿館《しゅくかん》（政庁）を構え、奥州北半の行政を取り仕切ることになったのは、嘉保年間（一〇九四～一〇九六）、すなわち一一世紀末の辺りだったとみなされる。

このように、平泉初代清衡による覇権掌握が可能になった大元は、奥六郡の首長、安倍氏の女婿に、父親の経清が迎えられたことにあったのである。清衡の血液の半分は、安倍氏のそれに属していた。そのうえに、清衡の辺りには、安倍氏の側に属する大勢の人びとが控えていた。かれらの醸し出す「蝦夷」風のなかで、清衡は生まれ育ったのである。したがって、「東夷之遠酋」「俘囚之上頭」の表現には、それなりの根拠があった。と言わざるをえない。

それだけではない。「東夷之遠酋」「俘囚之上頭」が清衡によってアピールされた背景には、高度に政治的な判断が横たわっていた。すなわち、それらの表現に続けて、朝廷に対して、「歳貢」（毎年の貢物）や、「羽毛歯革の贄」（鷲羽・黒貂毛・海象牙・水豹革の供え物）など、北方世界の物産を差し出すべき自身の立場を強調した文言が、しっかりと、「願文」には書きつけられていた。そのことを忘れてはいけない。

それらの北方の物産を差し出すことによって、その見返りとして、平泉藤原氏は、北方世界の王者としての地位を、朝廷から取りつけることができたのであった。それによって、安倍・清原氏のように無用の攻撃を受けることなく、北方世界の経営に専念することができたのであった。

このような安全保障上の配慮からすれば、「東夷之遠酋」「俘囚之上頭」をアピールするに如《し》くものはない。朝廷に対して、秀郷の流れをアピールしても、何の意味もない。入間田「平泉藤原氏の自己認識―公家風と武家風の挟間にて―」（入間田『中世武士団の自己認識』三弥井書店、一九九八年、初出は一九九七年）、同「系図の裏面にさぐる中世武士団の成立過程」（峰岸純夫ほか編『中世武家系図の史料論』高志書院、二〇〇七年）ほかに記してある通りである。

京都側にしてみれば、奥六郡・山北《せんぽく》三郡の特別軍管区に生活する住人は、「東夷」「俘囚」にほかならない。そして、かれら住人を統率する安倍・清原の軍事首長は、「東夷之酋長」「俘囚之上頭」にほかならない。そのような伝統的な観念からすれば、平泉藤原氏といえども、安倍・清原の後継者なのであれば、「東夷之酋長」「俘囚之上頭」にほかならない。

そのような差別的な言説の圧倒的な影響力に対して、真っ向から反論するだけの用意がなかった。すなわち、みずからの正統性を真っ向から主張する言説をかたちづくるうえで不可欠の文化的な資源の持ちあわせがなかった。ということもあったかもしれない。南北朝・室町期以降には、日本国の側から流布した「朝敵追放」または「貴種」の物語の枠組みを、自らの正統性を主張するための文化的資源として活用する条件が生み出されている。それに比べれば、大きなハンディ・キャプである。そのために、差別的な言説を取りあえず受け止めて、その論理的な枠組みに依拠するかたちで、みずからの立場を主張するという特徴的な言説のありかたを、平泉藤原氏は採用せざるをえないということになったのかもしれない。いな、むしろ、こちらの文化的資源に関わる事情の方が、安全保障上の配慮や生活基盤の自覚にも増して、かれらの正当性を主張する言説のあり方を決定づける根本的な要因をかたちづくっていたのかもしれない。

安日長髄、第六天魔王の子孫

南北朝から室町初期に、北奥羽から夷が島（北海道）、そして北方海域にわたる勢力圏を築きあげた津軽十三湊安藤氏のばあいには、安日長髄や第六天魔王のように、天皇家との覇権争いに敗れ、日本国の中央から追放されたカリスマ的な存在（「朝敵」）が先祖に当たるとする特徴的な言説がみられた。

たとえば、その古態を存するとみられる『下国伊駒安陪姓之家譜』（東京大学史料編纂所架蔵影写本八戸湊文書）においては、神武天皇に先んじて日本国を領有し、「日本国之大魔王」を称していた安日長髄が、天皇との国争いに敗れ、捕虜になり、「醜蛮」と改名させられて、「東奥都遐流卒都破魔」（津軽外が浜）に流されたとする物語が掲げられていた。その安日長髄、改め「醜蛮」が、津軽安藤氏の先祖に当たるとされているのである。（家譜の翻刻については、佐々木孝二編『総合研究　津軽十三湊《とさみなと》』北方新社、一九八八年、海保嶺夫編『中世蝦夷史料補遺』北海道出版企画センター、一九九〇年、『新編弘前市史』資料編1、一九九九五年ほかを参照されたい。）

鎌倉期に流布した語り物、『曽我物語』には、「鬼王」「安日」が「本朝」を治めること、七千年にして、神武天皇に追われて、部類（仲間）とともに、「東国外浜」に下り、「醜蛮（エソ）」の先祖になったことが記されていた（妙本寺本『曽我物語』角川書店、一九六九年）。

津軽安藤氏における安日長髄の物語がかたちづくられる背景に、その語り物の受け入れがあったことは疑う余地がない。溯っていえば、その語り物における「鬼王」「安日」追放説話がかたちづくられる淵源に、『古事記』『日本書紀』における神武天皇東征と長髄彦追討の物語の受け入れがあったことは疑う余地がない。

それによって、東国に流布した「醜蛮」（えぞ）の起源に関わる言説を受け入れることによって、「醜蛮」の首長としての正統性をアピールするという志向性が、鮮明にされていた。すなわち、平泉藤原氏のばあいに同じく、日本国の側から流入した語り物ほかにおける言説を取りあえず受け止めて、その論理的な枠組に依拠するかたちで、みずからの正統性を主張するという辺境ならではの特徴的な言説のあり方が、あらわにされていた。これまでにも、入間田「津軽安東の系譜と第六天魔王伝説」（同『中世武士団の自己認識』三弥井書店、一九九八年）。同「中世奥羽における日本紀享受―津軽安東の系譜について―」（『国文学　解釈と鑑賞』八一四号、一九九九年三月）ほかに記してきた通りである。

だが、それに止まるものではない。津軽安藤氏のばあいには、より一層に踏み込んで、天皇家のそれに匹敵する、ないしは凌駕するレヴェルにまで、みずからの正統性を高めようとする積極的な姿勢がみえていた。

神武天皇に先駆けて日本国の領有者だったのであれば、ないしは神武天皇と国争いをしたほどの実力者だったのであれば、たとえ敗れたとはいえ、日本国の本主権を主張すべき潜在的な資格が、安日長髄の側に、延いては安日長髄の子孫に具えられている、というわけである。

その端的なあらわれが、同じく『下国家譜《しものくに》』に、応永年間に繁栄の絶頂期を迎えた津軽安藤氏の当主、盛季《もりすえ》に関して、「長髄百代之後胤也」と注記されていることであろうか。それによって、折から広範囲の流布をみせていた「百王説」を逆説的に受け止めて、天皇家の衰退、その対極における長髄子孫の興隆をアピールしようとする強烈な志向性を察知することができた。すべてが、平川新「系譜認識と境界権力―津軽安東氏の遠祖伝承と百王説―」(『歴史学研究』六四七号、一九九三年七月)によって解明されている通りであった。

そのうえに、『下国家譜』には、安日長髄は第六天魔王の「孫」「内臣」「次男」に当たるとする驚くべき言説さえもが含まれていた。その第六天魔王の命令によって、安日長髄は日本国の領有者になったのだとされている。

第六天魔王から天照大神への国譲り説話は、中世日本紀のハイライトであった。天照大神(伊勢神宮)による仏法守護・皇室擁護をアピール(宣揚)する目的でかたちづくられた、この説話は、列島の全域に流布する勢いをみせていた。津軽安藤氏における第六天魔王の物語がかたちづくられる背景に、その中世日本紀の説話の受け入れがあったことは疑う余地がない。

それだけには止まらない。第六天魔王から天照大神へ日本国が譲られたのであれば、日本国の本主権を主張すべき資格は、魔王の側に、延いては魔王の子孫に具えられている、ということにもならざるをえない。安日長髄のばあいに共通する論理構成だが、こちらの方が、ずっとストレートなものになっているのではないか。

いずれにしても、津軽安藤氏の辺りには、天皇家の正統性を相対化し、いくつかの日本国を構想するような驚くべき系譜認識がかたちづくられていた。しかも、日本国側における中世日本紀ほかの言説体系を文化的資源として受容し、換骨奪胎することによって、その系譜認識がかたちづくられていた。そのことには変わりがない。これまた、入間田「津軽安東の系譜と第六天魔王伝説」、「中世奥羽における日本紀享受―津軽安東の系譜について―」（前掲）に記してある通りである。

ただし、津軽安藤氏の辺りには、「日之本《ひのもと》将軍」をもって自家の誇りとする別系統の系譜認識があったことにも、気をつけておかなければならない。

「日之本将軍」の本来は、語り物世界において、東国における武家政権の樹立というインパクトを受け止めることによって形象化された架空の栄職であった。具体的には、源頼朝が、その職にあったとされる。やがては、「平《へい》親王」将門にまで溯って、その称号が奉られることになる。そのために、「平親王」の伝説が、ないしは「平親王」の末裔に当たる「安寿と厨子王」の語り物（「さんせう太夫」）が東国に流布するなかで、「日之本将軍」の言説も広く受け入れられることになった。

津軽安藤氏のばあいには、全盛期の当主、盛季が、「日ノ下《ひのもと》将軍安部大納言盛季下国殿」と記されていた（「津軽郡中名字《みようじ》」天文一五年）。盛季の後継者、康季（泰季）については、永享八年（一四三六）に、

「奥州十三湊日之本将軍」を名乗って、若狭国羽賀寺《はがでら》の修復のために莫大な資金援助に及んだことが、確実な史料によって明らかである（「羽賀寺縁起ほか」）。

すなわち、全盛期の当主、盛季の辺りに、「長髄百代之後胤也」とする言説にあわせて、「日之本将軍」とする言説も、あわせてかたちづくられていたことが察知される。

『下国家譜』では、時代を溯って、応神天皇の御宇に「日下」（日之本）を、一条天皇の御宇に「東海日下将軍」を、後鳥羽院の御宇に「日下将軍外浜殿」を、それぞれに先祖が称していたと注記されていた。同じく、室町期に流布した語り物、『地蔵菩薩霊験記』では、鎌倉初期に「日本ノ将軍」を、先祖の「安藤五郎」が称していたと記されていた。それらの記事は、いずれも、当時の称号にはあらず、盛季・康季のそれの遡及だったのに違いない。またまた、入間田「中世奥北の自己認識—安東の系譜をめぐって—」（同『中世武士団の自己認識』前掲、初出は一九九〇年）、同「日本将軍と朝日将軍」（同）に記してある通りである。

こちらの「日之本将軍」のばあいには、安日長髄や第六天魔王のばあいのような屈折した印象に乏しい。すなわち、「朝敵」なるが故にもたざるをえない「後ろめたさ」のような気分に乏しい。「平親王」は、たしかに敗れはしたが、東国武士団の自立をめざす将門の遺志は頼朝によって成就された。そのために、「平親王」の物語を受け止めた人びとのあいだでは、「朝敵」の否定的なイメージにはあらず、英雄将門の肯定的なイメージが共有されることになった。そのような鎌倉期以来の肯定的なイメージが、津軽安藤氏のばあいにも、継承されている、ということであったろうか。

貴種の血脈を誇る

室町後期から戦国期に入る辺りからは、天皇、摂政関白、源平の将帥など、「貴種」の血脈に属することを、自家の誇りとする大名・国人があらわれる。入間田「奥羽諸大名家における系譜認識の形成と変容」（『軍記と語り物』四一号、二〇〇五年三月、本書Ⅱ三章）に準拠しながら、簡単におさらいをしてみたい。

たとえば、大名津軽氏は、同じく大名南部氏の一族の出だったにもかかわらず、摂関の近衛家に取り入って、その血脈に属しているかのような主張を繰り返している。

『前代歴譜』『陸奥弘前津軽家譜』にも（佐々木孝二編『総合研究　津軽十三湊』前掲）、鎌倉中期の当主、頼秀が、摂政近衛基通の女子を妻にして、男子秀行を産ませたこと。さらには、室町後期、明応六年（一四九七）に、関白近衛尚通が津軽に下って、当主光信の女子を近侍させたこと。などが記されていた。

その結果、津軽藩祖為信《ためのぶ》が右京大夫の官途を賜った慶長五年（一六〇〇）の辺りには、南部譲りの源姓から、「近衛殿」譲りの藤原姓に切り替えることを公認されている。長谷川成一「津軽氏・弘前藩の自己認識」（同『弘前藩』吉川弘文館、二〇〇四年）によって解明されている通りである。

『寛永諸家系図伝』（巻十）に、為信の祖父、政信が、「近衛殿後法成寺尚道」の猶子になったが故に、「藤氏」と称す。と記されているのは、津軽氏積年の主張が、徳川幕府によっても公認されたことを物語る端的なあらわれであったろうか。

北上川中流域に盤据した和賀氏のばあいには、鎌倉殿頼朝の落胤を始祖とする系譜認識がかたちづくられていた。「和賀の由来」には（『吾妻むかし物語』、『南部叢書』九冊に所収）、頼朝公が泰衡退治に下り玉ひし時に、刈田郡の宮に泊まり、小田島平右エ門の娘を召された。その娘の腹に生まれた男子が、和賀氏の先祖になった。と記されていた。

和賀氏は、正真正銘の鎌倉御家人であった。武蔵国住人中条《なかじょう》義季（平姓）に始まる鎌倉後期の確実な系図も残されている（「鬼柳《おにやなぎ》文書」東北大学大学院文学研究科日本史研究室所蔵）。それなのに、戦国期には、頼朝ほか、源姓の貴公子を先祖とする系譜認識に変化している。すべてが、司東真雄「和賀氏の姓系についての考察」（『北上市史』二巻、一九七〇年）に記された通りであった。戦国期には、鎌倉幕府の遺産が消尽され、鎌倉御家人としての伝統的な正統性よりも、頼朝ほかの落胤としての正統性の方が勝る。という風潮になっていたのに違いない。

同じく、三陸海岸に君臨した閉伊《へい》氏のばあいにも、源氏の貴公子、すなわち鎮西八郎為朝の四男、嶋冠者為頼を始祖とする系譜認識がかたちづくられていた（「閉伊郡之次第」、『岩手県史』巻二、一九六六年）。ここでも、鎌倉御家人の雄、佐々木氏（源姓）の流れに属するという本来的な系譜は忘れ去られてしまっている。

さらには、出羽国内陸部、最上川中流域は寒河江《さがえ》荘に割拠した大江氏のばあいにも、また然り。大江広元の嫡子、親広が、源姓を名乗るようになったのは、岳父にして摂津源氏の多田仁綱から当荘を相続した機縁によるものとされていた（「安中坊《あんちゅうぼう》系図」、『寒河江市史』大江氏ならびに関係史料、二〇〇一年）。ここでもまた、当荘の権益が、父親広元が鎌倉幕府から恩給された地頭職に由来するという本来的な事情は忘れ去られてしまっている。親広の源姓が公家の雄、源通親の猶子になったことに由来するという本来的な事情についても、同様である。

それらの源氏寄りの系譜認識に対して、北上川中流域は胆沢《いさわ》郡を領有して、和賀氏に匹敵する勢力を誇った柏山《かしやま》氏のばあいには、平家寄りのそれが残されていた。すなわち、小松内大臣重盛の次男、資盛の遺児、資元が落ち延びてきたのが、柏山氏の始まりとされていた（「胆沢殿の由来」、『吾妻むかし物語』所収）。ここでも、またまた、鎌倉御家人の雄、葛西氏の流れに属するという本来的な系譜は忘れ去られてしまっている。

おなじく、新庄藩戸沢氏のばあいにも、平家一門の右馬助忠正の遺孫、「平新」衡盛が、大和国吉野郡尾和の隠里を経て、奥州戸沢まで落ち延びてきたのが始まりとする伝承が残されていた（『新庄古老覚書』巻一、常葉金太郎校訂、大正七年）。ただし、「平新」のネーミングの背景には、「平親王」将門伝説の存在があった。したがって、古い段階には、「平親王」の子孫が落ち延びてきて……という系譜認識があったことが察知される。「金沢安倍軍記」（梶原正昭校注『陸奥話記』古典文庫70、現代思潮社、一九八二年）には、その断片的な記載が含まれていた。いずれにしても、ここでも、またまた、鎌倉御家人和賀氏（平姓）の一族に属するであろう本来的な系譜は忘れ去られてしまっている。そのことには変わりがない。

そして、仙台藩伊達氏のばあいには、室町・戦国期の辺りに、公家の「山蔭《やまかげ》中将」を始祖として、公家の雄、「近衛殿」との親近性をアピールする一方で、平泉の「奥州王」秀衡の後継者をも自称するという特徴的な言説をかたちづくっていた。それが明らかである。

寛正五年（一四六四）、京都にて、伊達一族の坊主が口にした物語には、九郎判官義経が「伊達秀衡」を頼ったこと。山蔭中将が一族七八〇人を率いて、頼朝の平泉攻めに参陣して、手柄を立て、奥州に所領を賜ったこと。が含まれていた（『臥雲日件録抜尤』当年四月十五日条）。同じく、一六一五年、ローマにて、シピオネ・アマティが記した『伊達政宗遣使録』には、「奥州王秀衡」の死後、牛若殿が討たれ、頼朝が復讐を遂げた（平泉藤原氏を滅ぼした）こと。奥州における藤原氏の血筋が途絶えるのを惜しんだ公家の長者、近衛殿は、「同じ家筋の他の諸兄弟」の山蔭中将を奥州に下した。が記されていた。

ここでも、またまた、鎌倉御家人に由来する本来的な系譜は忘れ去られてしまっている。

貴種の血脈を誇る（続）

大名や国人のレヴェルには止まらない。室町後期～戦国期に入る辺りには、神仏のレヴェルでも、日本国の中央から下ってきた「貴種」ないしは「貴種」の随員に始まる物語がかたちづくられることになった。入間田「塩釜大明神之御本地」（羽下徳彦編『北日本中世史の総合的研究』文部省科学研究費研究成果報告書、一九八八年、本書Ⅲ八章）、同「鹿角四頭と五の宮の物語」（『真澄学』三号、二〇〇六年、本書Ⅲ七章）に準拠しながら、簡単におさらいをしてみたい。

たとえば、室町中期、文明年間（一四六九～八七）に原型がかたちづくられた『余目《あまるめ》氏旧記』には、奥州一宮、塩竈大明神の始まりに関する興味深い物語が含まれていた（『仙台市史』資料編1、古代中世、一九九五年ほか）。

> いまた年号はしまらさる時に候、しほかまの大明神、仁王《（人皇）》十四代中《（仲）》哀天皇御孫、花その、新少将ニて、流人として、宮城高府ニ下給て、その後帰洛し、東海道十五ヶ国、北陸道七ヶ国、両国御知行有て、御一期之後、しほかまの明神とあらハれて、大同元年ニ立給ふ、

近世に流布した語り物、『塩竈大明神御本地』には、その物語の内容が、より一層に立ち入って、叙述されていた。

花園少将が配流の憂き目にあったのは、恋敵の桃園中将の奸計によるものであった。「みちのくとの（殿）」とよばれ、国人にかしづかれて、それなりに安楽な暮しを過ごしていた少将に、またしても不幸が襲った。後を追って下ってきた北の方との間に生まれた若君の「文殊王」が、山伏に連れ去られたのである。

だが、その若君が、都の寺で修行の折、外祖父に当たる内大臣に見いだされて、参内を遂げるに及んで、事態は一変した。若君は元服を許されて、花園中納言頼高を名乗り、東海道七ヶ国を賜ることになった。そのうえに、外祖父からも、安芸・周防・長門の三国を贈られることになった。そして、父の少将のもとには、赦免の使いが立てられることになった。

帰洛した父の少将は、参内を遂げ、「奥州大国」を賜り、陽明門の大殿と称して、息子の中納言は大納言に進み、「天下を我心のごとく」にするに至った。

その後、父の陽明門の大殿は老体に及び、みちのくに下り、その国の人を守らんとして、塩竈大明神

とあらわれることになった。息子の大納言も鹿島の明神となり、母の北の方も同じく、いつの宮になった。そのうえに、妹の姫君、二人の侍女、一人の老臣までもが、神になった。それらの神々を総称して、塩竈十四所という。

同じく、北奥は鹿角郡に聳える五ノ宮嶽の祭神に関しても、興味深い物語が伝えられていた。すなわち、継体天皇（敏達天皇）の五の宮が、故あって、奥州に配流された後、老年に及んで勅免を蒙って帰京することができたこと。しかし、五の宮は、「御生母の出たる地なれば」とて、鹿角郡に再来し、一生を終えることになったこと。その五の宮を供養するために、勅宣によって、小豆沢大日堂が建立されたこと。そして、五の宮の御霊は、五ノ宮嶽を祭られることになったこと。が伝えられていた（『鹿角根源記』、『秋田叢書』巻三、昭和四年ほか）。

それにあわせて、阿保・成田・秋元・奈良ら、「鹿角四頭」の面々が、五の宮に随行してきた京侍の子孫だとする物語もかたちづくられていた（同）。

かれらの本来は、鎌倉御家人の流れに属していた。それなのに、郡内に割拠して横並びの関係性をかたちづくり、「鹿角四頭」と総称されて、戦国期を迎える辺りには、京侍の子孫だとされることになっていたのである。戦国争乱の真っ盛り、天文一五年（一五四六）に記された「津軽郡中名字」（前掲）には、かれら「四人の国人」による割拠のありさまや、かれらのうち秋元氏が「公任卿ノ末孫」（大納言藤原公任の末孫）、すなわち京侍の流れに属することが見えていた。かれらが京侍の流れに……という言説が、その辺りに、かたちを整え始めていたことが察知される。

とするならば、不即不離の関係にあった五の宮の物語についても、その辺りにかたちを整え始めていた。と考えても、差支えがないのではあるまいか。その物語の生み出された基盤には、郡内の総鎮守ともいうべき地位を誇った小豆沢大日堂に対する古来の信仰や、東方に聳える五ノ宮嶽を中心とする山岳信仰ないしは祖霊信仰が存在していた。その里人の暮らしに密着した本来的な信仰の姿が、中央志向の物語によって改変されるプロセスは、「鹿角四頭」の面々が京侍の子孫に改変されるのに揆を一にして進行させられたのかもしれない。

それらの神仏のレヴェルにおける言説群のばあいにも、辺境の人間集団にルーツを同じくする「蝦夷」の首長であることに正統性の源泉を求めるというような伝統的な観念が、きれいさっぱり、忘れ去られてしまっていることには変わりがない。

同じく、日本国側に流布する各種の「蝦夷」言説を受け入れ、その差別的な含意に目をつむり、または逆転させることによって、みずからの正統性を物語る文化的資源として再利用するというような、①②の段階における精神のいとなみが、きれいさっぱり、忘れ去られてしまっていることには変わりがない。

室町後期から戦国期に入る辺りには、大名・国人、神仏、いずれのレヴェルにおいても、日本国の言説における「貴種」言説をストレートに受け入れて、先祖の物語をかたちづくることによって、すなわち「蝦夷」とは無縁の存在をアピールすることによって、みずからの正統性をかたちづくろうとする流れになっていたのである。

屈折した精神のいとなみではなく、日本国側に広汎に流布する「貴種」言説を受け入れる率直ないとなみによって、みずからの正統性をかたちづくることが可能な時代になっていたのである。

奥州を日本国の外側に位置づけることにリンクする各種の「蝦夷」言説の影響力が、それほどに弱まっていた、ということであろうか。あるいは、日本国側に広汎に流布する「貴種」言説の影響力が、それほどに強まっていた。日本国の言説空間が、それほどに広がりをみせていた。いいかえるならば、かれら大名・国人、神仏が日本国の言説空間の内側に取り込まれる度合いが、それほどに強まっていた、ということであろうか。

新田一郎『中世に国家はあったか』（日本史リブレット19、山川出版社、二〇〇四年）によって、日本国の統治権を下支えする役割を担っていたとされる「社会的言語の基本的な構造」（言説空間）のありかたが、辺境においては、より一層に鮮明に立ちあらわれる。ということでもあったろうか。

いずれにしても、奥州の大名・国人、神仏が、日本国の権威「貴種」の側に身を寄せることによって、在地の人間集団とは、ないしは「蝦夷」とは隔絶した正統性を誇ることになった。それには変わりがない。

むすびにかえて

室町後期から戦国期の辺りに、夷《えぞ》が島（北海道南部）に勢力を築き、「狄」（アイヌ人）と対峙していた大名蠣崎《かきざき》氏のばあいには、奥州の大名・国人らにも増して、在地の人間集団と隔絶した正統性の主張が鮮明に立ちあらわれていた。入間田「北方海域の戦国史」（入間田・豊見山和行『北の平泉、南の琉球』中央公論新社、二〇〇二年）によって、簡単におさらいをしてみたい。

たとえば、『新羅之記録《しんら》』（『新北海道史』七巻、一九六九年）には、若狭国守護武田氏を介して新羅三郎義光にさかのぼる源氏の血統を誇る自己認識があった。

「神武天皇正統十五世之孫、応神天皇八幡大菩薩正統十八世之孫、人王五十六代惟仁親王清和天皇七代之苗裔、新羅三郎刑部丞常陸守義光朝臣正統十五代之後胤、当家之元祖信広朝臣以来代々年譜并名誉奇特之記」とする記録本文の表題（タイトル）、ないしは「松前当家之元祖鎮狄大将武田彦太郎若狭守新羅氏信広朝臣者、若州之屋形第一代武田伊豆守信繁朝臣在男子三人、（中略）、信広朝臣者、為国信朝臣之子也」とする本文の書き出しを掲げるだけでも、それが明らかであろうか。

大名蠣崎氏の元祖（始祖）、武田信広が、上之国《かみ》花沢の館主、蠣崎修理大夫季繁の婿養子に取り立てられて、蠣崎の家督を継ぐことができたのは、長禄元年（一四五七）、コシャマインの蜂起にさいして、「惣大将」として、「狄之酋長胡奢魔犬父子二人」を射殺すという華々しいはたらきを示したことによる。とも、本文には記されていた。

そして、天文一七年（一五四八）、信広の曾孫、季広が、若狭国守護武田氏のもとに使節を派遣して、元祖信広が若狭守護家の生まれなれども、浪人となって夷が島に来住した由来を申し立て、若狭国守護家との外交関係を樹立することができた。とも、本文には記されていた。

同じく、天文一九年には、檜山屋形安東舜季《きよすえ》を招いて歓待するとともに（「東公之嶋渡《とうこうしまわたり》」）、わが娘を舜季次男に嫁がせる約束を取りつけて、夷が島における覇権掌握を内外に印象づけることに成功した。とも記されていた。

大名蠣崎氏が、若狭国守護武田氏を介して新羅三郎にさかのぼる源氏の血統を誇り、アイヌ人を「狄」と見下して、かれらを鎮圧する尖兵たることをもって、自家の誇りとする自己認識をかたちづくるに至った画期は、季広による活発な外交戦略が繰り広げられた天文年間にもとめられるのではあるまいか。

すなわち、上之国花沢の館主、蠣崎修理大夫季繁のもとに身を寄せる浪人に過ぎなかった武田信広が、若狭国守護武田氏の生まれとするフィクションがかたちづくられたのは、天文年間における若狭国守護家との外交関係の樹立を契機とするものだったのではあるまいか。

同じく、アイヌ人を鎮圧する「鎮狄《ちんてき》大将」としての自己認識がかたちづくられたのも、天文年間における「東公之嶋渡」を契機とするものだったのではあるまいか。そして、慶長九年（一六〇四）、徳川家康によって、季広の息子、慶広が、「夷仁」（アイヌ人）との交易の独占的な取り仕切利を公認される辺りには、いよいよもって、「鎮狄大将」としての自己認識が強化されることになったのではあるまいか。（入間田「北方海域の戦国史」前掲では、徳川家康による権限付与を重視するあまりに、「鎮狄大将」には、そのような自己認識がかたちづくられていなかったかのような記述に陥っている。その誤りを訂正させていただきたい）。

ただし、「鎮狄大将」としての自己認識については、元祖信広が「惣大将」として、「狄之酋長胡奢魔犬父子二人」を射殺したとする記事によって、一世紀近くをさかのぼった当初から存在していたとする考える向きもあるかもしれない。だが、その当時、信広が属した「道南十二館」の「和人」集団は、アイヌ人との交易をもって存立基盤としていたのであった。そのために、「和人」とアイヌ人との間には、親近の関係が保たれて、両者の生活圏が入り混じることさえも珍しくはなかったのである。信広によって築かれ勝山館の内部でも、アイヌ人のそれを想わせる居住施設が発掘されたり、同じく、隣接の墓地（「夷王山《いおうさん》」）でも、アイヌ人の遺骨が「和人」集団のそれにまじって発掘されたりしている状態である。かれら「和人」集団が、日本国側によって「渡党《わたりとう》」、すなわち渡海して「蝦夷」に同化した集団に由来すると認識されていたのは、無理もない。その段階における信広の自己認識を推測するならば、「渡党」の首長ということから出なかったに違いない。すなわち、平泉藤原氏や津軽安藤氏のそれに共通するレブェルを出なかったに違いない。

　したがって、「和人」とアイヌ人との間には戦争状態ばかりが存在していたとか、蠣崎氏が終始一貫してアイヌ人を鎮圧する役割を果たし続けていたとか、とするフィクションが、当初から存在していたとする考えが成り立つ余地はない。すなわち、「東公之嶋渡」の辺りになって、いいかえれば夷が島における覇権掌握を内外に印象づける必要に直面した辺りになって、そのような在地の人間集団と隔絶した正統性の主張がかたちづくられて、『新羅之記録』の原型が生み出されたと考えるほかにはない。そういうことだったのである。

　そういえば、道南の「和人」集団のリーダーとして、当初においては、蠣崎氏を凌駕する権勢を誇っていた下国安藤氏のばあいには、同族の津軽安藤氏の系譜を継承して、安日長髄や第六天魔王に由来するそれを維持していた。そして、大名蠣崎氏の傘下に入った後においても、いな近世松前藩の重臣となった後においても、それを変更することはなかったことが知られる。前節において、津軽安藤氏の系譜を復元するさいに最大の手がかりにした『下国伊駒安陪姓之家譜』は、その下国安藤氏によって伝承されたバージョンにほかならない。

『新羅之記録』においても、その下国茂別《もべつ》安藤氏の伝承が、しっかりと書き上げられていた。「下国安日盛季朝臣、其先祖者、他化自在天王之内臣、安日長髄、従天此下国、居住大和国伊駒山、雖令成神武天皇与国諍、軍不利、被虜改其名於醜蛮、配流東奥津軽外之浜安東浦、彼安日長髄之末孫、押領津軽、住十三湊、繁盛」と。

このような書上げがなされた意図は、ほかでもない。それに対比するに、若狭国守護武田氏を介して、新羅三郎にさかのぼって源氏の血統に連なる系譜をもってすることによって、自家の優越性をことさらに際立たせることにあった。それによって、当初においては、下国安藤氏の下風に属していた立場からの脱却を印象づけようとすることにあった。たとえば、「彼安日長髄之末孫、押領津軽」とする否定的な表現が用いられていることによっても、それが明らかであろうか。そのうえに、他化自在天王《たけじざいてんのう》（第六天魔王）や安日長髄を尊ぶという本来的な含意も、完全に否定されてしまって、かれらを「朝敵」として貶める日本国側の観念に舞い戻ってしまっている。

それにつけても、若狭国守護家との外交関係の樹立が果たした役割は絶大だったと痛感せざるをえない。それによって、新羅三郎義光に関する伝承を、新たな文化的資源として獲得することができなかったならば、『新羅之記録』に結実する固有の系譜伝承をかたちづくることはできなかったかもしれない。すなわち、「和人」集団のリーダーたちから隔絶した存在として、自家の系譜をアピールすることがかなわずに、依然として、「醜蛮」や「渡党」に関わる前代以来の言説群を文化的資源にするという状態に止まることになっていたかもしれない。

そのような、アイヌ人とも、「和人」集団とも、隔絶した正統性をかたちづくることがなければ、夷が島の主として、蠣崎氏の地位を確立することは不可能であった。そのことが明らかである。だが、それによって、蠣崎氏の立場が、完全に日本国の側に取り込まれて、在地の人間集団との本来的な紐帯が否定されてしまった。さらには、蠣崎氏の割拠する夷が島（道南）の地、そのものが日本国の境域に取り込まれて、異域としての本来的な性格が薄められてしまった。そのことを、見逃してはならない。

さいごに、日本海に突き出す男鹿半島に鎮座する赤神《あかがみ》権現が、景行天皇一〇年、漢の武帝の飛来に始まるとされている縁起に関して一言するならば、遠藤巌「出羽国小鹿島赤神縁起の世界」（新野直吉・諸戸立雄両教授退官記念歴史論集『中国史と西洋世界の展開』みしま書房、一九九一年）ほかによって解明されている通り、「十二世紀の華北地方に興りながら十三世紀に宋朝とともに滅びた太一派道教の思想的影響を強く帯びた」鎌倉末期の思想状況を受けて形成されたものに違いない。「景行十年ヨリ正中二年（一三二五）マテ、凡一千二百二十九年也」と記された古態の伝承の末尾によっても、それが明らかである。すべてが、遠藤氏によって指摘されている通りである。

そのような異域のカリスマ的存在が始まりにあげられていることからしても、鎌倉末期の思想状況を受けて……とする指摘に賛同することにならざるをえない。すなわち、小論において、②の段階に、安日長髄や第六天魔王など、日本国の正統なカリスマにはあらず、異質のカリスマを体現した存在が始まりにあげられていたことに共振する精神のはたらきを感取することにならざるをえない。さらには、天竺の王族が飛来して、熊野権現になったとするような「本地物語」に共振する心情のありかたを感取することにならざるをえない。

逆にいえば、①の段階では、そのようなカリスマ的な存在が辺境に入来（飛来）する物語が形成される条件が熟していない。③の段階では、日本国の正統なカリスマが優先的に受容されるなかで、そのような異質なカリスマが受容される条件が失われる。ということであったに違いない。

ただし、西日本方面における異質なカリスマの受容がどうなっていたのか。比べてみれば、別の解釈もできるかもしれない。

§コメント§

小論は、九州史学研究会大会シンポジウム「境界権力の自己認識—系譜と伝承—」（九州大学、二〇〇六年一〇月）における研究報告を文章化したものである。報告にさいしては、伊藤幸司・服部英雄ほか、みなさまから多大なご好意を忝くした。あらためて、御礼を申しあげる。

九州史学会編『境界のアイデンティティ』（岩田書店、二〇〇八年）には、小論について、「中世奥羽権力の系譜認識のあり方を類型化し、段階的整理を行ったものである。奥羽の地域権力は中央（論文中では「日本国側といった表現も用いられている）から発信されるさまざまな言説内容を、ある時は主体的に受け止め、あるときは換骨奪胎して自らの系譜認識を形成した。結果的に中世奥羽の諸権力は、「朝敵」や「蝦夷」などを自らの始祖に戴くという系譜認識を示している。中央（ないし「日本国」）の論理より、地域の論理を重んじることで領域支配を実現しようとしたわけであり、そこに境界・境界権力としての特質を見いだすことが出来る」。と記していただいている。中野等「総説　境界のアイデンティティ」によるものである。

なほ、平泉開府の時期については、これまで、康和年間（一〇九八～一一〇四）と記してきたが、嘉保年間（一〇九四～九六）とする記述に改めている。その根拠に関しては、入間田「中尊寺成立史考」を準備している。

また、金沢安倍軍記については、阿部幹男「論考『御領分神社仏閣縁起』構成と性格」（『伝承文学研究』三六・七号、一九八九年）、ならびに志立正知『〈歴史〉を創った秋田藩―モノガタリが生まれるメカニズム―』（笠間書院、二〇〇九年）を参照されたい。

二章 『新羅之記録』を脱構築する
——中世北方史の見直しによせて——

はじめに

今から三〇年ちょっと前でしょうか。私が学生、大学院生のころは、日本の歴史は京都や鎌倉を中心に議論をする。東北大学であっても、東北のことをやるなんていうと、先生から怒られました。そんなことをやると、まともなものにならないからやめなさい。破門をするという感じで。私なども、はじめの頃は、京都や鎌倉や、日本の中心のほうの勉強をしてきました。

けれども、生まれが東北ですし、少しずつ東北の勉強を始めまして、北のほうから日本の歴史を見つめなおしてみたいと思うようになりました。

京都や鎌倉のほうから日本の歴史をみていると、高いところから見下ろすという感じで、冷たい見方になりますね。それに対して、東北の地元の住民の息が傍で感じられる、そういう立場で京都や鎌倉のことを見つめ直す。そうすると、これまでとは違ったものが見えてくるのではないかという想いでした。

それでも、北海道までは手がつけられなかった。北海道は文字に書かれた史料が少なくて、やりづらいんです。東北地方についていては、若干の史料があり、それを生かすことができるようになってきました。

しかし、北海道はもっと少ない。じゃあ、どうするかということで迷っていたのですけど、ここ数年の間に、何となく取っ掛かりが見つかってきたように思います。今日は、その話をいたします。

史料といっても文字に書かれたものだけではない。考古学の発掘現場から、いろいろな情報が出てくるわけです。その考古学の情報ということでいえば、北海道は大いに恵まれている。そのような考古学の成果を取り入れて、数少ない文献の史料を組み合わせる。そうすれば、これまでにないものができるかもしれない。

私は、大学一年と二年のときに考古学をやろうと思って、夏は炎天下の発掘現場にいました。今はベルトコンベアがありますけれども、当時は猫車という一輪車で土を運んでいたのです。それで、考古学の現場感覚が身についていまして、そのあと、考古学と文献史学のドッキングということを試みたときに、その経験が活きましたね。

そういうことで、どうにか取っ掛かりができて、ようやく北海道のことが書けるようになった。津軽海峡を越えて、片足ぐらい踏み出したという感じで、まだまだ本格的な北海道史の研究者といえないのですが、呼んでいただいたので、がんばって努めたいと思っております。

『新羅之記録《しんらのきろく》』という書物があります。これは江戸時代の正保三年（一六四六）に、松前藩がつくった歴史の本です。この書物は北海道に関する文字に書かれた史料としては、ほとんど信頼するに足りる唯一のまとまった文献ということで昔から有名です。『新北海道史』などにも全文引用してあります。これまでの北海道の歴史は、『新羅之記録』に書いてあることをそのまま信じるか、あるいは少し疑うか。とにかく、それをもとに書いてありました。北海道の歴史は『新羅之記録』がなければ始まらないというふうに言われるぐらいであります。すなわち、高倉先生がおっしゃった有名な言葉なのですけれども、北海道の『記紀』、北海道の夜明けを物語る『古事記』『日本書紀』に当たるものが、この『新羅之記録』ということになっています。

ところが、権力者がつくるわけですから、自分たちに都合のいいことが書いてあって、都合の悪いことは書いていないわけですよね。ですから、『古事記』『日本書紀』についていえば、津田左右吉を始めとして、大勢の学者が記事をばらして、徹底的に批判して、良いものだけを残して、組み立て直すということをしてきたわけです。北海道の『記紀』といわれる『新羅之記録』についても、脱構築して、良いものだけを残して組み立て直すということをしなければならないのです。しかし、『新羅之記録』を徹底して疑って、組み立て直すということは、まだまだ足りないように思うんです。そこで今回は、それをやってみようということです。その上で、最近どんどん発展している考古学のほうの成果と組み合わせれば、北海道史あるいはアイヌ民族の歴史についても、これまでとは違った見方ができるのではないだろうかということです。今日はそのいくつかのポイントについてお話ししたいと思います。

『新羅之記録』というのは、極端にいうと四つぐらいの特徴のある組み立てになっております。新羅《しんら》三郎という源氏の武将がおりまして、松前藩の先祖は、その人の子孫だという「新羅三郎伝説」が一つの柱になっています。二番目は有名な安東（藤）氏にかかわる伝説。三番目は、鎮狄ということです。『新羅之記録』ではアイヌ民族のことを狄というわけです。北のように住んでいる後れた異民族のことを狄といいますから、そういう見方で差別し、アイヌ民族を鎮める、やっつける。それが松前藩の、あるいはそれ以前の蠣崎氏からの一貫した歴史的使命であるといって胸を張っているわけです。それから四番目には、落人・流人伝説があります。蠣崎の先祖、武田信広が渡ってくる以前にも、たくさんの和人が北海道に渡ってきて、交易に携わっているわけです。かれらはろくでもなかったという伝説なのです。鎌倉幕府に敗れて止むを得ず津軽海峡を渡ってきた平泉の残党であるとか、あるいは京都のほうで山賊・強盗・海賊を働いて流されてきた流人だというんですね。ちゃんとした和人が北海道に渡ったのは、蠣崎氏が最初だといって威張っているのです。この話なんか、つい最近まで、そのまま信じられているところがあったりします。

今日、お渡しした『新羅之記録』の抜粋は、『新北海道史』からコピーをしたものです。ここ数年、『新羅之記録』をまゆにつばをして、脱構築をして、考え直そうという風潮が高まっています。

新羅三郎伝説

それでは、皆さんと一緒に読みながら考えていきたいと思います。『新羅之記録』の最初に、松前氏の先祖でありますす武田信広の話が出てくるのですけれども、その肩書きがすごくて、「神武天皇正統十五世の孫」ですね。続いて「応神天皇八幡大菩薩正統十八世の孫、人王五十六代惟仁親王清和天皇七代の苗裔」とあって、具体的には「新羅三郎刑部丞常陸守義光朝臣正統十五代の後胤」。それが「当家の元祖信広朝臣」というわけですよね。それ以来、「代々の年譜、あるいは名誉奇特の記録」というのが『新羅之記録』なのです。

本文を読んでいきますと、「松前当家の元祖鎮狄大将武田彦太郎若狭守新羅氏信広朝臣は」とくるんですけど、これが問題です。室町時代の一四五〇年代に一介の浪人として、北海道にやってきた武田信広について、ここではこういう麗々しい肩書きがつくわけです。その特徴ですけど、新羅三郎義光という人物の子孫だといっている。源氏の将軍、八幡太郎義家の弟に新羅三郎義光というのがおりました。滋賀県の三井寺の境内に新羅神社という神社があったんですね。そこにお宮参りをして、成人元服をして、ひとかどの武将になったので、新羅三郎といったのです。その源義光の子孫というのが全国に広がって、常陸の佐竹や、若狭の武田、あるいは甲州の武田というふうに、室町時代に名門武士として存在していたのです。信広もその名門の血を引いているんだぞというふうに言いたい。もともと武田と名乗る浪人だったのだけれども、同じ武田の名字だから、若狭の武田氏の生まれということにしたのです。

若狭国守護の武田氏の家に生まれたのだけれども、家を出て北海道までやってきたという話が書いてありますが、嘘ですね。若狭を逃れて、「家の子佐々木三郎兵衛尉源繁綱、郎等工藤九郎左衛門尉祐長」をつれて奥州田名部に来た。そして、近くの蠣崎湊に住み着いたとあります。しかし、佐々木・工藤というのは津軽・糠部方面における北条氏所領の代官の子孫たちでして、若狭から連れてきたというのは考えられない話です。蠣崎を知行していたというのも、危ない話です。あとから蠣崎になるのです。当初は蠣崎とは関係がなかったというふうに考えられる。そうすると、何が信用できるかというと、武田を名乗って、ぶらっとやってきて、北海道の上ノ国町の花沢館の辺りに養われていた。そこには蠣崎修理大夫季繁という人物がいて、それの雇われ用心棒みたいな格好で暮らしていたというのが本当だろうと思います。

その蠣崎修理大夫季繁が若狭から亡命して来たというのも全くの嘘です。かれは蠣崎湊を根拠とする地元の武士でした。そして季繁という名前がおもしろい。十三湊安藤（東）氏の家来はみんな季が頭につく。ですから、名前から言っても、蠣崎季繁はもともと蠣崎湊にいて、この時期には北海道の上ノ国花沢館にいた武士であって、そこに厄介になっていたのが武田信広ということであります。

石井進さんが『中世のかたち』という本を書いておられます。それが大変おもしろい。日本中世の総まとめの本なのです。その本は、全一〇章のうちの五章が北海道・東北の話になっています。石井さんいわく、日本の中世は、北から出来上がってきたので、北の歴史を知らなければ、日本の中世は理解できないのだというのです。その中心になっているのが、北海道の上ノ国の勝山館の話です。学界をリードする石井さんが、全体の半分以上のスペースを当てて、北のほうの歴史が分からなければ、日本の中世の歴史が分からないといってくれたわけですから、影響が大きい。学界の風向きが変わったと思います。

その本で石井さんは、武田という名乗りそのものも危ないかもしれない。あとから若狭の守護と外交関係を結ぶようになってから武田と名乗ったので、蠣崎のほうが最初なのかもしれないと言っているのです。これにには反対です。蠣崎があとからというのは明白です。武田の名乗りだけは信じてもいいのではないかというのが私の立場です。『古事記』や『日本書紀』には、いろいろな人物の名前が出てきて、こういうことをやった、ああいうことをやったということが書いてあるのだけれども、それらをみな疑っていくと、名前だけが残るのです。時代によって名前の特徴があるわけだから、名前をグルーピングして、もとの年代に並べ替えるということが脱構築のテクニックとしてあります。つまり、名前だけは信用する、そのほかはみな疑うというのが、私の立場なんです。

私は武田という名前だけは信じる。しかし、かれが若狭守護の武田の一族だなんていう話は信じない。佐々木・工藤という人物が家来にいたことも信じる。ただし、かれらが若狭からつれられてきたという話は疑わしい、というふうに読むんです。そして、蠣崎季繁という人物が、上ノ国にいたことも信じる。しかし、かれが若狭から追われて、こっちへ来たという話は信じない。信じることができるのは、武田という名前、あるいは蠣崎という名前、あるいは佐々木・工藤という名前だけと思います。

若狭守護の武田氏に関係づけ、新羅三郎という源氏の武将の血統を引いているということにして、自分の家の歴史に格好をつける。そのために『新羅之記録』という名前までつけているわけですからね。逆にいえば、そうしないと、蠣崎氏の支配をみんなに受け入れてもらえない。そういうことだったのだと思います。

落人・流人伝説

二番目は落人・流人伝説です。「抑も往古は」、「此国」には、北海道ですけれども、上り下り二〇日程の行程で、松前から東側は噴火湾の向こうの鵡川《むかわ》。今の苫小牧の辺りです。あの辺まで。西側は余市。あそこ辺りまで、「人間」が住んでいた。「人間」というのは和人のことです。アイヌは人間でないのです。非常にけしからん話で、人間扱いをしていないんです。

どうやって和人が広がったかというと、三つの契機があった。一つは、一一八九年、頼朝が平泉を攻略したときに、平泉の残党が海峡を越えて逃げてきた。これが最初に北海道に渡った和人。そのときに、なぎなたを櫓櫂として、舟を操ってきたというわけです。そのとき以来、北海道の小舟は必ず車櫂《くるまかい》といって、なぎなたの形をかたどったものを用いているというふうにいいます。そのときに逃げ込んだ和人の子孫は、アイヌ民族と同じような、見分けのつかない格好となって住んでいると書いています。

これが最近に至るまで、定説になっていました。『北海道史』その他に書いています。北海道に和人が渡った最初のきっかけはこれだと。だが、信じられるものではありません。車櫂は秋田県の能代辺りから、北海道、千島、サハリン、オホーツク海、あるいはアリューシャン列島の辺りまで広がっています。北方の諸民族は、大昔から今に至るまで、このようなオール式の車櫂を用いているわけで、平泉の残党が、なぎなたを使ったのがもとになったという話は全然ありえないことです。

二つ目には、同じく鎌倉時代ですけれども、実朝が将軍の時期に、京都の辺りで捕まった強盗や海賊、数十人が捕まって、奥州外が浜、今の青森市の海岸部ですけれども、そこに島流しになり、さらに北海道に渡ってきたという歴史があったわけです。かれの子孫が「渡党」であると記されています。

ところが、「渡党」については、『諏訪大明神絵詞』といって、南北朝時代に作られた本があるのですけれども、別の書き方になっているんですね。北海道の住人には三種類ある。一つは「日ノ本《ひ》」、一つは「唐子《からこ》」、一つは「渡党」。いずれも、アイヌ人と思われる人たちのグループです。「日ノ本」というのは釧路とか、根室とか、道東のほうの住人です。言葉も何も通じないといっているわけです。「唐子」というのは、サハリン経由で中国につながっている、西側のグループです。それに対して、「渡党」というのは、道南にいたグループで、日本語で話せば、少しは通じる人たちだと書いています。すなわちそれなのに、『新羅之記録』では、京都や鎌倉で捕まって流されてきた人の子孫のことを、「渡党」といっているわけです。そのまま受け止めるわけにはいかない話です。

それから三つ目に、嘉吉三年（一四四三）に、津軽十三湊に安藤氏という海の大名がいたわけですけれども、それが南部氏に追われて、北海道に逃げてきます。「嘉吉三年の冬、下國安東太盛季」が、小泊《こどまり》の柴館を落とされて海を渡る。そのあとどんどん人がやってきたというわけです。

したがって、武田信広が北海道へ渡る以前にいた和人というのは、平泉の落人か、あるいは京都・鎌倉方面からの流人か、さもなければ十三湊安藤氏の落人かというふうに、極端に言えば、ろくな人たちは来ていないといっているのです。これは問題なんですね。実際はそんなことないんですね。

考古学の発掘現場に行って調べてみれば、志苔《しのり》でもそうですし、あるいは余市の大川遺跡でもそうですし、いたるところに和人が住み着いて、アイヌ人と近いところで暮らしていました。そこで昆布をとり、集落をつくり、集落のうえのほうに方形館を構えていました。函館東郊の志苔館が有名です。

道南の辺りには海岸段丘があって、所々に小さい小川が流れ込んでいる。そこを澗《ま》というんです。大澗というのは、その大きいやつですね。澗には小川が流れ込んで、豊かなプランクトンが生れて、昆布が生えたり、漁場になったりする。その澗を見下ろす方形館ができるのです。

島流しになったとか、戦争に負けて止むを得ず逃げてきたというのではなくて、経済活動、交易をするために、自主的に、日常的に、平和的に、和人が広がってきたわけです。人の名前等からいうと、津軽あるいは糠部に住んでいた、特に北条氏の家来だった、例えば佐々木や工藤という人々が、移住してきたというのが、主流だったようです。

それなのに、逃亡したり、あるいは捕まったりした普通でない和人が主体になって北海道を開拓したみたいな話をこしらえるのは、事実に反するだろうと思います。オーストラリアとか、アメリカ大陸でも、囚人の移住が開発の最初のきっかけだったという言い方があって、北海道史についても、そのようにいわれることが多いんですけど、しかし、これは事実ではないだろう。松前藩の先祖が渡る以前には、和人がいるにはいるのだけれども、ろくなものではない。そういう文脈でいっているわけですからね。ここは疑ったほうがいいと思います。武田氏にとっては、先に住んでいた和人は手ごわいライバルです。ですから、かれらはろくなものではないと言っているんです。それを真に受けてはいけないわけです。

ウスケシの和人鍛冶屋によるアイヌ人の殺害

三番目は、非常に有名な記事です。「中比《ごろ》」とあるのは真ん中ぐらいの昔。「内海の宇須岸、夷賊に攻め破られし事」と書いてあって、「内海《うちうみ》」というのが問題なのです。狭くとれば函館湾、それから広くとれば津軽海峡という感じです。「宇須岸《うすけし》」というのは函館の古い地名です。アイヌ語に詳しい人の話だと、湾の端のほうという意味です。函館ドックになるあたりですね。島陰ですから、波が来なくて、そこに志苔と同じように土塁で囲まれた箱型の館ができたから、「箱館」なのです。

その「宇須岸」がアイヌ民族に攻められた。その理由というのは、志苔館の近くに鍛冶屋が数百軒あって、康正二年（一四五六）に、アイヌ人のオツカイが来て、マキリ（劘刀）を打ってもらおうとしたところが、値段をめぐって、あるいは品質のことをめぐって争いになり、和人の鍛冶屋がアイヌ人のオツカイを突き殺した。それでアイヌ人が怒って一斉に蜂起をして、当年の夏から大永五年（一五二五）に至るまで、東西数十日ほどの村々里々を破り、シャモ（和人）を殺すことになった。その結果、生き残った和人は、松前と上ノ国《かみのくに》天河《あまのがわ》（いまは上の国町）という道南の一角に追い詰められて、勢力範囲が狭まったという話になるわけです。

この記事もいろいろな読み方があるのですけれども、和人の鍛冶屋が盛大に営業を営んでいて、そこにアイヌ人の男性がやってくるということですから、和人とアイヌ人は経済関係を通して、共存しているわけです。商売ですから、値段をめぐって争いがあって、事件が起きることがあるのですけれども、もともと日常的には共存の関係があったということがわかる。このときは、たまたま、これがきっかけになって、アイヌ民族が和人を攻撃する。和人の側は敗れて、半島の一角に追い詰められるということが起きたというわけです。その翌年の長禄元年（一四五七）には、有名なコシャマインの蜂起ということになるわけです。

従来の解釈では、和人がアイヌ民族を経済的に追い詰めて困らせるものだから、アイヌ民族が受身の戦いに立ち上がったのだとされてきました。アイヌ民族は経済能力もないし、交易の能力もないという考え方があって、和人の圧迫→アイヌ民族の抵抗という筋書きで、これらの事件を描くということが主流になってきました。和人のほうが経済的に優位で、アイヌ人は受身の立場であったというのは、江戸時代になるとそうなんです。しかし、中世では、わからない。いつでも、和人が優位、アイヌ人が劣位ということができるのかどうか。確かめなければならない。

コシャマインの「蜂起」と武田信広の自立

そこで、四番目の史料です。もともと十三湊に安藤氏がいたのですけれども、それが滅亡します。南部氏という大名にやられて、覇権争いで負けて滅亡する。そこで、南部氏は安藤（東）一族の少年を捕まえて、田名部《たなぶ》に置いて傀儡政権にするんですね。それが安東師季《もろすえ》（のちに政季）なのです。それが、成長して、田名部から大畑《おおはた》を通って北海道に逃れるんですね。独立する。もともと北海道は十三湊安藤氏の領域でありましたし、蠣崎季繁という十三湊安藤氏の有力な家来で、南部氏に追われて北海道の上ノ国のほうにいた人物もありました。そういった人たちが師季を立てて、北海道に独立の旗を立てて、南部氏打倒ののろしをあげる。

ところが、師季（のちに政季）は、同族が秋田にいて、土崎湊とか、あの辺にいるのですけれども、それと連携して秋田に移るんですね。享徳三年（一四五四）に師季が南部氏から逃れて、道南に独立の旗を立てるのですけれども、数年後の康正二年（一四五六）には、今で言えば男鹿半島、「小鹿嶋《おがしま》」に移住して、そちらのほうから十三湊を奪回しようということになるわけです。

そのときに留守居役として道南に仲間を置いていくわけです。北海道の函館方面は、下《しも》の国と言ったわけですが、弟の茂別《もべつ》八郎太輔家政に預けて、それの副として河野（越知）加賀守政通を取り立てる。松前方面は同じく安藤一族の山城守定季、その副が相原政胤。上ノ国方面は蠣崎武田若狭守信広。これは嘘で、実際は副の蠣崎修理大夫季繁が正で、副が信広なんですけれども。これは逆転しています。みんなが注意していることです。松前藩の記録だから、仕方がないですね。

ところが、長禄元年（一四五七）には、コシャマインが蜂起をし、「志濃里《しのり》」、「箱館」、「中野」、「脇本《わきのもと》」、「穏内《おんない》」、「覃部《およべ》」ほか、ほとんどの和人の拠点が攻め落とされてしまう。わずかに残ったのが、上ノ国花沢の蠣崎季繁と下ノ国茂別の八郎太輔家政の二人だけです。そのときに、武田信広が総大将として、「狄の酋長」コシャマイン、「胡奢魔犬」という字は悪いですね。いかにも悪そうに、漢字で書いているので、本人がこう書いているわけではありません。「胡奢魔犬」の親子二人を撃った。

その活躍で、武田信広は一挙に名前を知られるようになった。そして、蠣崎修理大夫には子供がいなかったために、修理大夫の養女（実は安東師季の息女）を妻として、蠣崎の名跡を継ぐことになった。ここで初めて、信広は蠣崎を名乗って、実権を自分が掌握する。コシャマインの乱で、だれが一番得したかといえば、信広ですね。今までは厄介になっていた蠣崎季繁の娘を妻にして家を乗っ取った。これは、下克上の最たるものです。

康正二年に安東師季が北海道から主力部隊を率いて秋田へ移ったので、道南の辺りに政治的空白が生じました。そこを見計らって、志苔方面のアイヌ民族が、それに引続いてコシャマインに率いられたアイヌ民族が一挙に勢力の拡大を図ったというのが真相なのでした。南部と、安東師季、それにアイヌ人の首長のコシャマイン、かれらが三つ巴になって争っていたわけです。そのバランスが崩れたときに、アイヌ民族の大攻勢が起きていたということです。南部氏も、安東政季も、あるいはコシャマインも、同等の政治的立場、交易をめぐる縄張り争いに参加している対等の仲間だったということですね。

コシャマインは、そういう政治状況を計算に入れて、主体的な行動をしているわけですから、立派なものだと、私は思います。アイヌ民族は自分自身の利害を考える人ではなくて、縄文時代から、自然と共生していた無欲の人だというふうに考える人がいるかもしれないけれども、それは違います。そのように考えるのは、アイヌ民族を判断に欠けた幼児のような人だと決めつけることになって、かえって失礼に当るのではないでしょうか。そういう政治的判断ができる立派なリーダーだったと、コシャマインのことを、私は考えます。

コシャマインの乱、あるいはコシャマインの蜂起について一言。何となく悪いイメージですね。受身のイメージですね。コシャマインは独立の集団のリーダーだったのですから、南部氏や安東氏と並ぶ独立の勢力として、堂々と戦っているわけですから、乱や蜂起というのは変で、軍事行動なんですよね。

コシャマインの軍事行動によって、だれが一番得をしたかというと、武田信広です。武田信広は蠣崎の家を乗っ取って、上ノ国の須崎《すざき》に館を構える。やがて勝山館《かつやまだて》ができる。勝山には、海岸から離れて、山の上に、大勢の家来を住まわして、そこにアイヌ人も一緒に暮らしているような一種独特の住宅団地のようなお城ができます。権力が発展して大きくなったあらわれです。

『新羅之記録』が、コシャマインの軍事行動を大きく取り上げているのは、それを肯定的に評価するためにというわけでは、もちろん、ありません。そこでは、武田信広によるリーダーシップの確立、延いては松前藩の成立が、コシャマインに代表されるアイヌ民族との対立のなかで準備された。そのことを、強調する。ただ、それだけのために、いわば恰好の適役、悪役として取り上げられたものであったことは、いうまでもありません。

蠣崎氏による松前大館の奪取

五番目の資料です。その五〇数年後の永正一一年（一五一四）、光広、良広という、信広の息子と孫の時代になりまして、上ノ国から松前に小船一八〇艘を仕立てて攻め込んで、松前を乗っ取って、道南の和人のグループを統轄するということに、蠣崎氏は成功します。

こう書いています。「永正十年六月二十七日の早朝、夷狄（アイヌ人）が発向して、武力行動を起こして、松前の大館を攻め落とした。守護の相原彦三郎季胤、家来の村上三河守政儀を殺した。」と。ここでも副将だった相原氏が家を乗っ取って守護になっていたのでした。

そして、翌年の三月一三日に光広・良広の父子が松前に移住したと書いているのですけれども、これが非常に難しい。変なのですよね。前の年にアイヌ人が松前の大館を占領したとなれば、翌年三月に光広父子が攻め込んできたときにはアイヌ人がいたはずです。だけど、そこでアイヌ人と接触したという話は出てこない。これは何だということで、今のところ二説あります。一つは、アイヌ人の首長と蠣崎氏が同盟関係を結んで、松前の城を乗っ取ることに成功したのではないかというものです。研究者の多くが、その説です。もう一つは、下ノ国茂別安東氏と手を組んでいたから、こういうことができたのではないかというものです。

いずれにしても、松前を奪取したからには、檜山《ひやま》屋形安東氏にあいさつに行って、今までは松前の守護家が北海道の代表として認められてきたのだけれども、これからは私を認めてくださいと、お願いをしなければなりません。

そのために、使者を派遣したが、数カ月経っても、戻ってこない。安東氏は怒っているわけです。上ノ国から攻めてきて、アイヌ人と手を結んだかどうかは別として、松前を乗っ取ったわけです。そう簡単に承知したとはならないわけです。

ところが、紺《こん》備後という浪人がぶらっとやってきて、非常に口達者なものだから、蠣崎氏の意向を受けて、檜山に上って、うまく話をつけるのです。紺というのは三陸海岸に多い名字で、普通は金と書きます。あるいは、今・昆とも書きます。三陸の海民で、古代に朝鮮半島のから移住してきた人たちの子孫です。

すなわち、「諸州より来る商船旅人をして年俸を出さしめ、過半を檜山に上る《たてまつ》」。松前に日本列島の各地から商船が入ってくる。それに対して入港税みたいなのを取るんです。関税ですかね。その収入の半分を檜山に献上するかわりに、夷が島の代表者として、守護として、蠣崎氏を認めてもらうということになりました。しかも、関税を取る責任者には、紺備後を任命するという条件です。これで、ようやく、光広・良広父子が、「国内（夷が島）を守護すべき由」のお墨付きをもらうことができたという話です。

蠣崎氏とアイヌ人首長の関税協定

六番目です。天文一九年（一五五〇）には、檜山屋形の舜季《きよすえ》を松前に呼んできて接待をします。それを「東公の嶋渡」といいます。舜季の次男を婿にとることにもなりました。その前の天文一七年には、若狭の国守護の武田氏と付き合いを始める。

この天文一七年、一九年ぐらいになって、ようやく、若狭、あるいは秋田方面との外交関係が出来上がってきて、若狭守護武田氏の同族であるとか、あるいは檜山安東氏の近しい家来だということになった。名前も季広朝臣になった。蠣崎氏が若狭武田家のなれの果てであるとか、あるいは安東氏の委任によって蝦夷が島を支配したというフィクションが出来上がるのは、この頃でしょうか。

次には、アイヌ民族との間にも、外交折衝が行われます。蠣崎季広は、いろいろな宝物を用意して、それをどうぞというわけです。アイヌ民族は喜んで、「神位得意《かむい》」といって、信頼するようになってきた。

その次が大事です。「勢田内《せたない》」という、上ノ国と小樽の中間に貿易の拠点があったのですけれども、そこに有力なアイヌ人の首長がいた。ハシタインです。それから、道南の「志利内《しりない》」には、チコモタインという首長がいた。その東西の首長のうち、ハシタインを呼び寄せて、「天河」に住まわせて、「尹《いん》」に任命した。「尹」というのは首長、リーダーですね。それから「志利内」のチコモタインを、東夷(東部のアイヌ民族)を取りしきる「尹」に任命した。そのうえで、関税の取り分に関する協定を決めたのです。

諸国から松前の港に入ってくる船に対して、関税を出させる。その集めた関税の半分を、二人のアイヌの首長にくれてやるというのです。これを「夷役《えぞやく》」といいます。

さらにおもしろいのは、西のほうから来る、石狩・小樽方面から松前に来るアイヌの船は、必ず上ノ国天河のところで、帆を下げて一礼をする。それに対して噴火湾方面、東のほうから来るアイヌの船は必ず「志利内」で帆を下げて一礼する。これは松前の蠣崎季広朝臣に対しての礼儀であると書いてある。

これはひどい話で、全くの嘘偽りです。大石直正さんが書いている通りです。中世では、瀬戸内海の海賊が関所をつくって、通りかかる船を見張っています。そこで挨拶をして何がしかのお金を出すとフリーパス。無断で通ると捕まって、身ぐるみはがされるのです。だから、瀬戸内海にもあった日本共通の海の作法であって、「天河」と「志利内」で帆を下げるということは、二人のアイヌ人の首長が関所を設けていて、沖を通るアイヌ人の船は、挨拶のために帆を下げるということなのでした。松前の蠣崎氏に対して挨拶をするのではなくて、関所を設置している二人の首長に対する挨拶だったのでした。

さらに言えば、「天河」と「志利内」に住まわせて、「尹」に任命したというのも嘘です。もともと、そこに、二人のアイヌ人の首長が関所を構えていて、松前に出かけてくる船を取り仕切っていたわけです。アイヌ人の船に対しては、松前のほうでは、手をつけられない。関税をかけられないわけです。関税を取っているのはアイヌ人の首長のほうです。松前の蠣崎氏ができることは、本州のほうから松前へやってくる船から関税を取って、その半分をアイヌ人の首長へ渡すということだけでした。

交易の主導権は、二人のアイヌ人の首長が持っていて、関所の沖を通る船をストップすれば、松前はいっぺんに干上がってしまうわけです。そういうことをしないでくださいという代わりに、収入の半分を差し出して、どうかお願いしますといっているわけですから、これは圧倒的にアイヌ人側に有利の協定ですね。対等平等なんてものではない。

ところが、江戸時代に出来上がった『新羅之記録』では、そうは書けないものだから、蠣崎氏が二人の首長を「尹」に命じる。しかもアイヌ人の船に、帆を下げさせる。お辞儀を、蠣崎氏に対してしたように書いているわけです。

『新羅之記録』には、アイヌ人の首長を呼び寄せて、一杯飲ませてだまし討ちにした話がたくさん出てくる。蠣崎氏がアイヌ民族と妥協せず、場合によってはだまし討ちなどをしながら、常に敵対してきたという形になっています。「鎮狄将軍」ということですね。しかし、実際には大事なところで、アイヌ人の首長と手を結び、対等か、対等以下の条件で同盟関係を結んだりして、共存している。

上ノ国の勝山館などでは、イクパスイといって、日本の箸がパスイの語源になるのだけれども、アイヌの使う食器が発掘されている。上ノ国の夷王山《いおうさん》では、アイヌ人のお墓が和人の墓の一角にあったりします。勝山館の発掘現場では、チセという家のそばに高床式の倉があって、アイヌ人が多く居住していたことが想定されます。

アイヌ人と和人というのは平和的に交易していることが圧倒的に多くて、争いもあったでしょうけど、和人がアイヌ人を一方的に傷めつけているという状況ではない。交易というのは利益を共有しながら共存している関係でしょ。当時の北方海域は、交易によってつながっている世界でした。南部氏、大浦(津軽)氏、檜山の安東氏、蠣崎氏、それにアイヌ人の首長らが、利害はそれぞれ違うけれども、共存関係を結んでいたと思います。『北の内海世界』という本で、「内海」という言葉を使って表現しているのは、そのような考え方によるものです。

ところが、織田信長、豊臣秀吉、そして徳川家康が登場することによって、このようなアイヌ人も含めた緩やかな共存関係が壊されます。それによって、アイヌ人が一方的に締め出されるという歴史が起こる。劇的に変わります。これから読んでいきたいと思います。

統一政権の成立とアイヌ民族の締め出し

豊臣秀吉が天下をとって、朝鮮半島に攻め込もうという頃です。「文禄二年正月二日」、一五九三年です。「肥前州名護屋の御陳（陣）」、これは秀吉が全国の大名を集めて、朝鮮半島へ攻め込むためのベースキャンプで、二〇万人とか、三〇万人という町ですね。そこに蠣崎氏が挨拶に行きます。すると、秀吉曰く、これから高麗国、朝鮮を攻めようと思っているときに、「思ひも寄らず狄の千嶋の屋形」、蠣崎氏が挨拶に来たというのは、誠にめでたい。幸先がいいと、喜ぶわけです。それで、蠣崎氏を「志摩守」に任命する。「志摩国」は三重県の志摩国なんですけれども、「志摩」は「島」なんですね。だから、夷が島にも通じるニュアンスがあって、それで「志摩守」なんですね、

そのうえで、「諸国より松前に来る人が、志摩守」蠣崎氏に断らないで、勝手に夷か島に入り込んで、自由に往来して商売をしたりするのはけしからん。志摩守の命令に背いて、アイヌ人に対して理不尽なことをしてはいけないと、秀吉は言っています。

秀吉は全国の大名に対して、同じようなことを言っているんですね。民百姓に対して理不尽なことをしてはいけない。民百姓をあまりいじめると税金が取れなくなるから、ひいては秀吉の収入に響くわけですから、民百姓をあまり極端にいじめることがないようにと言うのです。アイヌ人に対しても同じ気持ちで言っているわけです。

同年三月二八日に、蠣崎慶広《よしひろ》が帰ったときに、お父さんの季広が、こう言ったというんです。私の代には若狭国の屋形に書札を通じて、武田氏と一族の付き合いを始めた。さらには「河北檜山の屋形を主

君と仰ぐ」、すなわち安東氏の家来となることができた。そうやって、外交関係を整えてきた。ところが、息子のおまえは日本国の大将軍である豊臣秀吉公の家来になった。めでたいと。

次には、秀吉公からもらってきた御朱印を見せるというので、東西のアイヌ人を集める。それをアイヌ語に訳して読み聞かせて、こう言ったというのです。これからは「志摩守の下知」、蠣崎氏の命令に従いなさい。もし、その命令に違反して、「諸国より往来のシャモ（和人）に対し、夷狄猛悪の儀有るに於いては、速やかに其旨趣を言上せしむ可し」。諸国からやってくる和人に対して、アイヌ人が悪さをしたときには、即刻そのことを通報せよ。そうすれば、関白秀吉公が数十万の人数を遣わして、アイヌ人を退治するであろう。それを聞いたアイヌ人たちは平伏して、平和になった。それで、商売が安心してできるようになった。国が豊になった。

これはものすごい話でしょ。秀吉の本来の命令と、それを訳したというこの話とは、全く違うでしょ。秀吉のもとの命令では、諸国から渡ってきた和人がアイヌ人に対して理不尽の儀を、けしからんことをした場合には、斬るぞと言っているのです。ところが、こっちでは、諸国からやってきた和人に対して、アイヌ人が悪さをしたならば、秀吉が何十万という軍隊を派遣して、アイヌ人をやっつけるから、そう思えと言っています。ものすごい、すり替えですね。

秀吉が蠣崎氏に渡した元の文章が残っています。確かめましょうか。「太閤秀吉公朱印之写」とあって、「松前に於いて、諸方より来たる船頭商人等」が、「夷人、同じく地下人に対して」、すなわちアイヌ人に対して、同じく北海道に渡っている和人の民衆に対して、「非分義」を申し懸けてはいけないと書いてある。そのうえで、「船役之事」、港に入るときの関税なのですけれども、これは昔の通り、蠣崎氏が取りなさい。と書いてある。それ以上ではないんですね。

徳川家康が天下を取ったときにも、同じように命令を出しています。「諸国より松前へ出入之者共」が、「志摩守」蠣崎慶広に断らないで、勝手に「夷仁」アイヌ人と商売してはいけないと言っています。ただし、アイヌ人はどこに行って商売しても勝手である。例えばアイヌ人の商船が南部のほうへ行って商売をする。津軽海峡を渡ることについては手をつけてはいけないと書いてあります。そのうえで「夷之仁に対して、非分を申懸くる者、堅停止事」とあって、アイヌ人に対して、非分を申しかけるものを、やめさせなさいという命令です。素直に読めば、アイヌ人の従来の権利を保障し、そして和人が勝手なことをするのをチェックをする。そういう主旨の法令です。

ところが、わざわざ東西のアイヌ人を呼び集めて、アイヌ人がけしからんこと、猛悪の儀をした場合には、速やかにその結果を言上し、太閤秀吉に言いつける。日本の中央から何十万という軍隊を派遣してもらって、アイヌ人を皆殺しにするぞと言っているわけです。これは大変なペテンですね。今まではアイヌ人の首長に対して、和人の船から取り上げた関税の半分はどうぞといって渡していたわけでしょ。それで平和的に共存していたわけでしょ。それが、このように居丈高な態度に変わったわけです。これが歴史の変わり目なのだと思います。これまでは、村井章介『海から見た戦国日本―列島史から世界史へ―』（ちくま新書、一九九七年）によって注意されてきただけですが、これは大変な変化だと、私は思うのです。

蠣崎氏だけが良い子になる。秀吉のお墨付きをもらって、しかも、お墨付きだって、蠣崎氏に特別の権利を保障しているわけではなくて、従来の権利を保障しているだけなのだけれども、それを利用して、私のうしろには秀吉がいる。今までとはまるっきり違うよというわけです。虎の威を借るきつねというわけです。よその権威を借りて、今までは対等平等に付き合ってきた人たちを下に降ろして、リーダーシップを握るという、すごいことをここでやっているわけです。これは大変です。

蠣崎氏だけではないのです。南部氏もそうなのです。南部の勢力は、一戸、三戸、四戸、七戸、八戸、九戸ほか、いろいろな家があって、横並びの一族連合によって支えられていたのです。ところが、豊臣秀吉の政権ができると、南部一族の中でも、三戸の南部氏だけが挨拶に行って、お墨付きをもらってくるのです。今までは談合して、やってきたわけです。当時は談合という言葉は良い言葉だったのです。三戸の南部氏だけが偉くなるものだから、みんなはおもしろくないわけです。そこで、九戸政実《まさざね》が三戸南部に対して猛烈に抵抗して、戦争になるわけです。そうすると、秀吉は日本全国の軍勢を動員して、九戸城を攻め落すんですね。

今までの日本は、いくつもの勢力が連携して、談合しながら、地域をつくってきているわけです。なかでも、津軽海峡を挟んだ地域には、和人の大名にアイヌ人の首長が交わり、さらには、一向宗、真宗の教団。浄土真宗ですね。あの教団が一大勢力をつくっていて、多極的な「国際関係」ができている。その世界が続いたら、おもしろかったんだろうなと思います。

それなのに、特定の人物に権力を集中して、タテ型の人間関係に変えていこうというのですから、大変です。その結果、被害を受けて、つらい立場に陥った人がたくさん生じました。なかでも、大きな被害を受けたのがアイヌ人であります。

むすびにかえて

ただし、そうなっても、アイヌ人の主体性が簡単に失われてしまったというわけではない。アイヌ人は、自分なりの稼ぎを守って、がんばっている。アイヌ人の暮らしが根こそぎ否定されるのは、近代の明治国家になってからのことです。

最初から、アイヌ民族は弱者で、被害者で、かわいそうな人たちと思うのは、近代国家の枠組みに捉えられた日本人の思い上がりかもしれませんね。中世までは、我々が想像する以上に主体的な活動を繰り広げていた人たちだったのです。それなのに、縄文時代以来、狩猟とか、漁労に携わってきて、常に和人に被害を与えられて、有効な抵抗ができなかったというように考えるのは、間違っているし、失礼ではないかと思います。

和人を向こうに回して、何人もの首長が現れ、盛大な交易活動を繰り広げていた。アイヌ人はパワーに満ち溢れた主体的な人間集団であった。かれらは、和人との間に、話し合いをつけて、共生していたのです。そのことが大事です。

『新羅之記録』では、意図的に、その部分を落として、蠣崎氏は、始めからアイヌに敵対し、アイヌを追い払うことを目的としてきたと書いてある。そういう虚構を取り払っていけば、そして考古学の発掘成果に学んでいけば、和人とアイヌ人が、交易をしながら、自然体で肩を寄せ合って暮らしているという当たり前の姿が見えてくるのではないかなと思います。

二〇世紀の歴史学は国家を中心にして組み立てられてきました。たまたま国家をつくることができた、優位に立つことができた民族を中心として、組み立てられてきました。しかも、国家の中心である京都や鎌倉からの視線によって組み立てられてきました。二一世紀には、それでは通用しないだろうと思います。これからは、目線を変えて、人びとの暮らしの現場から観察することが求められます。それが人として大事なのではないかと、私は思います。どうもご清聴ありがとうございました。

§コメント§

小論は、アイヌ文化振興・研究推進機構「平成14年度普及啓発セミナー」（二〇〇二年八月）における報告を文章化したものである。その文章が、『平成14年度普及啓発セミナー報告集』（二〇〇三年）に収められている。あわせて、ネットにも載せられている。その小論の再録にあたっては、アイヌ文化研究推進機構側からのお許しをいただいた。記して、感謝を申し上げる。ただし、そこにおいては、「中世北方史―『新羅之記録』を脱構築する―」のタイトルが用いられていた。

あわせて、報告のさいに配布のレジュメには、「参考文献」として、『新羅之記録』（『新北海道史』七巻）、海保嶺夫編『中世蝦夷史料』（三一書房、一九八三年）、同『中世の蝦夷地』（吉川弘文館、一九八七年）、上村英明『北の海の交易者たち』（同文館出版、一九九〇）、村井章介『海から見た戦国日本―列島史から世界史へ―』（ちくま新書、一九九七）、大石直正ほか『周縁から見た中世日本』（『日本の歴史』一四、講談社、二〇〇一年）、石井進『中世のかたち』（『日本の中世』一、中央公論新社、二〇〇二年）をあげていた。

そのうち、『新羅之記録』については、その後、『青森県史』資料編中世三（二〇一二年）によって、「松前氏関係資料」の一部として、公刊されている。

なほ、この報告の土台になった小論としては、入間田「糠部・閉伊・夷が島の海民集団と諸大名」（入間田ほか編『北の内海世界』山川出版社、一九九九年）、同「北の内海世界としての津軽海峡」（『東北学』五号、二〇〇一年）、同『北方海域における人の移動と諸大名』（網野善彦ほか編『北から見直す日本史』大和書房、二〇〇一年）、同「日本史のなかの南部氏」（七戸町教育委員会編『中世糠部の世界と南部氏』高志書院、二〇〇三年）がある。さらには、「北方海域の戦国史」に関する総論的な叙述がある（入間田・豊見山和行『北の平泉、南の琉球』日本の中世五、中央公論新社、二〇〇二年）。あわせて、参照していただければ、さいわいである。

『新羅之記録』については、その後、『新羅之記録』の書誌ならびに史料的な価値（信憑性）について真っ向から取り組んだ新藤透『松前景広『新羅之記録』の史料的研究』（思文閣、二〇〇九年）が公刊されている。新藤氏には、『北海道戦国史と松前氏』（洋泉社、二〇一六）の著作もあった。

それら新藤氏の著作によって、『新羅之記録』については、大いに分かりやすくなった。また、小論についても言及されている。すなわち、「近年は入間田氏の指摘により、その史料としての活用が疑問視されており、一度『新羅』を外しての、研究が模索されている」と。さらには、「入間田氏の指摘は歴史学的にいえば、後世に成立した史料を重要視しないという基本に立ち返ることの呼びかけであり、北方領域の歴史研究に新たな息吹を吹き込む端緒にもなろう」とも。

けれども、蠣崎・松前氏の自己認識というアプローチということからすれば、またまだ、議論が尽くされているとはいえない。さらにいえば、「後世に成立した史料を重要視しない」というのではなく、「重要視する。ただし、そのためには脱構築のプロセスを経なければならない」。言い換えるならば、「その記録の虚構性を明らかにするのに止まらない。それらの虚構性に着目することによって、そこに反映されている独自の自己認識のありようをさぐる」ということなのであった。

　そのために、いささか時期遅れの感がないでもないが、二〇〇二年の小論を本書に再録させていただくことにした。

　なほ、澗については、菊池勇夫「松前・蝦夷地の廻船と懸り澗―澗《マ》・泊《トマリ》地名―」（『北の歴史から』2号、二〇二〇年）を参照されたい。

Ⅱ　語りもの文学から歴史学へ

三章　奥羽諸大名家における系譜認識の形成と変容

はじめに

室町・戦国期、奥羽の諸大名家においては、ご多分に漏れず、物語風の系譜認識が形成されていた。いまから見れば、荒唐無稽の類に属する系譜認識が、何の疑いもなく、口の端に上っていた。

ところが、近世に入り、統一政権の威令が及ぼされる辺りからは、確実な根拠に基づいた系譜認識が求められるようになって、それまでの物語風の認識では、肩身の狭い思いをせざるをえないことになった。すなわち、物語風の系譜認識から歴史学的な系譜認識への転換を迫られることになった。

それぞれの大名家では、幕府からの尋問に備えて、さもなければ自前の歴史編纂事業に向けて、学者に古文書・古記録を収集させ、系譜認識を刷新する作業に取り組まざるをえないことになった。

それればかりではない。幕府筋には、新井白石が控えていた。甲府藩主徳川綱豊（のちに将軍家宣）の命令により、かれが記した『藩翰譜』には、三百余りの大名家の系譜が掲載されていた。それぞれの系譜を確定するにあたっては、諸家の所伝を鵜呑みにすることなく、確実な根拠に徴して吟味するという厳しい姿勢が採用されていた。

「其事のまことしきのみをとれり、一事も徴なくして敢えてみづからの説つくらず、疑を闕し所もっとも少からず、又疑をば疑と伝へし所もあり」と、白石みづからが凡例に記している通りである（『新井白石全集』第一、明治三八年、発行人吉川半七）。

ごくごく最近に至るまで、歴史の学問は、諸大名家の学者や新井白石の姿勢に学んで、諸家の所伝を疑い、時には先学の仕事まで疑い、信頼度の高い系譜を確定することに傾倒してきた。すなわち、物語風の系譜認識を「敵」と見做して、厳しく対峙するなかで、自己の認識を確立することに集中してきた。

それによって、相当な成果がもたらされたことは否定することができない。近世にまで存続できず滅亡してしまった大名家などについては、徴すべく確実な根拠が乏しく、いまだに物語風の系譜認識が改められていないケースが見受けられる。だが、多くの大名家については、それなりに信頼度の高い系譜認識が確立されているといって差支えがない。

しかし、これで、満足してしまって、よいものであろうか。物語風の系譜認識に敵対するあまりに、それ自体が歴史の所産だとする考え方を忘れてしまって、よいものであろうか。物語風の系譜認識が、いかにして形成され、何故に人心に受け入れられることができたのか。そのような人間理解の基本に関わる重大な設問を放棄しておいて、よいものであろうか。

これからの歴史学は、物語風の系譜認識など、「不確実な」材料にチャレンジし、国文学など、隣接の学問分野との交流を深めるなかで、「確実な」古文書・古記録にばかり固執する狭い枠組を乗りこえて行かなければならない。そのように、痛感せざるをえない。今回の企画に積極的に参加させていただ所以である。

ただし、今回が最初というわけではない。中世文学会一九九六年秋季大会（山形県羽黒町）において、「伊達の平泉伝説」のテーマで話す機会をいただいている。その概略を、『中世文学』四十二号（一九九七年）に載せていただいている。その機縁によって、『中世武士団の自己認識』（三弥井書店、一九九八年）をまとめさせていただいてもいる。しがって、今回は、再度のチャレンジということで、それ相応に新たな展開を試みるということにならざるをえない。

津軽安藤氏の系譜認識

「下国伊駒安陪姓之家譜」には（八戸　湊文書）、室町期における津軽安藤氏の系譜認識が、そのままに記載されていた。その文言のなかには、中世日本紀ほかの言説によって構成された世界が鮮明に立ち現れていた。入間田「中世奥羽における日本紀享受」（『国文学解釈と鑑賞』六四巻三号、一九九九年三月）、同「津軽安東の系譜と第六天魔伝説」（入間田前掲書）における叙述の繰り返しになるが、要点を記すことにしたい。

津軽十三湊に栄えた安藤氏の遠祖、「安日長髄」は、「第六天魔王」の内臣とも次男とも称される存在であった。この長髄は、魔王に命じられて、この国に降り立ち、「大和国伊駒嵩」に住まいして、「日本之大魔王」になる。しかし、神武天皇に敗れて、「醜蛮」を名乗らされて、「東奥都遐流卒都破魔」（津軽外が浜）に放逐される。

この長髄が、日本書紀における神武東征説話に登場する敵役だったことは言うまでもない。日本書紀では殺された長髄が、津軽に流されて、「醜蛮」（えぞ）の始祖になるという言説は、妙本寺本曽我物語に見えていた。したがって、津軽安藤氏の遠祖伝承は、曽我物語における中世日本紀の基本的モチーフを主体的に受容した産物にほかならない。

長髄は「日下」（ひのもと）と号した。それに続いて、国東《くにはる》・貞季らについても、「日下将軍」と記されている。これについては、室町期に繁栄した津軽安藤氏の当主らが、盛季・康季を名乗り、「日之本《ひのもと》将軍《しょうぐん》」と称されていことを反映したものに違いない。その「日之本将軍」の呼称は、曽我物語に同じく、鎌倉期に関東方面で流布した『源平闘諍録』に見えていた。さらには、室町以降に広範に流布した「さんせう太夫」にも、同様な認識が見えていた。しがって、津軽安藤氏系譜における「日之本将軍」「日下将軍」の文字は、それらの語り物類における言説を、すなわち平将門を東国自立の象徴として尊び、かれの血統を「日之本将軍」のそれと認識する特徴的な言説を、主体的に受容した産物にほかならない。

同じく、津軽安藤氏系譜には、国東・盛季らについて、「安《あん》大納言」とする表記があった。そのうち、「安」は安陪の姓。溯って安日の名前に由来することが知られる。それに対して、「大納言」は、いかにも不自然である。だが、さまざまな貴種流離譚においては、必ずといってよいほどに、京都下りの貴公子が、「大納言」「中将」ほかの官途をもって呼ばれていた。それによって、かれらの尋常ならざる出自が表現されていた。津軽安藤氏系譜のばあいにも、そのような語り物世界における通有の表現構造が生かされていたに違いない。

そして、盛季については、「長髄百代之後胤也」と記されて、室町期に盛行した「百王説」の裏返しの受容形態が顕わにされていた。平川新「系譜認識と境界権力—津軽安藤氏の遠祖伝承と百王説—」(『歴史学研究』六四七号、一九九三年三月)、ならびに入間田「津軽安東の系譜と第六天魔王伝説」(前掲書)によって、指摘されている通りである。

ただし、長髄・貞季・盛季らについて、「安東太」と表記されていることには、これまでのように物語風の根拠にあらず、しっかりした歴史的な根拠が具えられていた。「安藤太」、すなわち安藤太郎は、津軽安藤氏における惣領筋を表示するブランド・ネームであった。嘉吉年間(一四四一~四四)、十三湊の盛季・康季父子が没落し、惣領家が交代した後には、「安東太」と表記されるようになったが、その基本には変化がない。入間田「北方海域における人の移動と諸大名」(網野善彦ほか編『北から見直す日本史』大和書房、二〇〇一年)に指摘してある通りである。だとするならば、そのブランド・ネームが、長髄・貞季らに溯って用いられていたとしても、不思議でも、なんでもない。そういうことだったのである。

ところが、近世に入って、交代した惣領家の子孫に当たる、秋田氏の当主、安東(秋田)実季によって系譜が再編成される辺りには、物語風の記述が大幅に削減され、反対に歴史的な根拠があるかのごとき記述が大幅に採用される。同時に、「醜蛮」の子孫たるを恥じない姿勢から、「夷狄」「蝦夷」を討って恩賞に預かることを誇りとする中央(朝廷)寄りの姿勢に転換する。ということになった。「秋田家系図」によって(東北大学附属図書館所蔵秋田家文書)、それを確めることにしたい。

たとえば、安日長髄は、同一人の姓名にはあらず。兄弟の名前だったとされている。そのうち、「北海ノ浜」「津軽卒土浜」に放逐されてきたのは、安日だけだったとされている。すなわち、長髄は殺されたとする日本書紀の記載に背馳しないような改変が行われている。

そのうえに、安日の子孫、安東《やすはる》は、「安倍将軍（建沼）河別命」に従って「夷狄」を討ち、先祖が蒙った「勅勘」を許され、安倍の姓を賜ったとされている。すなわち、建沼河別命《たけぬまかわわけのみこと》に始まる中央貴族、安倍氏に連なるかのような改変が行われている。

同じく、子孫の到東《むねはる》・国東らも、「蝦夷」を討って、恩賞に預かり、「奥州日下ノ将軍」を賜ったとされている。

室町期における伝承には、そのような記述はなかった。「夷狄」「蝦夷」を討ったとか、「勅勘」を許されたとか、安倍の姓氏や日ノ本将軍を賜ったとか、なんとしても、中央（朝廷）側に身を寄せようとする姿勢は微塵もなかった。それどころ、「長髄百代之後胤也」として、天皇家に敵対する血統を誇る傾きさえ存していた。大きな違いである。

そして、中頃には、前九年合戦（一〇五一～六二）に活躍した頼良（頼時）・貞任父子が、安日の子孫として登場させられることになる。さらには、かの父子が滅亡後、「津軽ノ藤崎」に落ち延びた高星《たかあき》が、津軽安藤氏の始祖として特記されることになる。あわせて、その子孫、尭秀《あきひで》が、「平《たいら》ノ義時カ代官」となり、「東夷」を「守護」したとして顕記されることになる。初めて十三湊に住んだのは、その次の愛秀《ちかひで》の世代であったとも記されている。さらに、その曾孫に当たるのが、盛季であったとも記されている。

室町期における伝承には、そのような記述はなかった。頼良（頼時）・貞任父子は、安日の子孫にあらず、「天子」（天皇）を恨んで奥州に下った「安陪広庭」（仲麻呂の遺児）のそれだとされていた。すなわち、奥六郡の軍事首長として圧倒的な存在感を誇った安倍氏に連なって、自家の成り立ちを誇示しようとする姿勢は微塵もなかった。それに対して、安日の子孫、長国は、「朝敵」として猛威を振るった頼良（頼時）らに「同心」（味方）する存在とされるに止まっていた。それとこれでは、大きな違いである。

ただし、それらの改変を裏づけになる確実な古文書・古記録類が存在してわけでは、決してない。どちらかといえば、思い込みによる牽強付会の要素が勝っていた。そのように言わざるをえない。新井白石『藩翰譜』においては、安日長髄や頼良（頼時）・貞任父子ほか、中頃までの人物を削除して、安倍貞季―盛季―康季、に始まる系図が採用されていた。牽強付会ぶりが歴然という判断による措置であったのに違いない。現在の学問水準においても、確実に辿れるのは、盛季―康（康）季、から三代を遡った又太郎宗季の辺り、すなわち鎌倉末の辺りであるから（入間田「北方海域における人の移動と諸大名」前掲書ほか）、白石の判断は、大筋において当たっていたと言わざるをえない。それに対して、『藩翰譜』本文においては、安日長髄に始まる人物が削除されることなく、きちんと紹介されていた。だからといって、信用されていたというわけではない。そのコメントには、「神孫未だ此国を知し召さゞりしさき（前）に、此国を知れる人の子孫、今の世に至て、其家を絶たず、郡邑をも知ると云ふ事は、猶他の国には、例あるまじき事にて、本朝の一奇事なれば、疑をば疑を伝へ、又今按を加へて、こゝに注しぬ」と、記されていた。

したがって、近世においては、同じく津軽安藤氏（→大名秋田氏）の系譜認識といっても、秋田家内部のそれと『藩翰譜』に示される外部のそれとの間には、すなわち位相を異にする二つの認識体系の間には、大きな違いが横たわっていた。そのように言わざるをえない。

大名津軽氏の系譜認識

津軽藩四代信政の舎弟、可足権僧正が記した「古代系譜」には（「可足権僧之筆記写」として、佐々木孝二編『総合研究津軽十三湖』北方新社一九八八年に収録）、室町・戦国期における津軽氏の系譜認識が、そのままに保存されていた。入間田「中世奥北の自己認識―安東の系譜をめぐって―」における叙述では足りないので、改めて内容を紹介することにしたい。

津軽の曩祖、左衛門尉藤原秀栄《ひさ》は、平泉藤原秀衡の舎弟であった。津軽一円を賜って、十三湊に住まいした。二代目の秀元は、高館を落ち延びてきた九郎判官義経に味方して討死した。三代目の秀直は、藤崎の安東（藤）家と争って討死した。

四代目の頼秀は、新庄戸沢に逃れて領主吉次《きちじ》某に匿われていたが、最明寺時頼入道廻国の機会を捉えて、本領安堵の願いを果たすことができた。頼秀の妻は近衛殿の姫君であった。姫君が外が浜に流されてきたのは継母の讒言によるものであった。そのうえに、頼秀の母、唐糸の前は、時頼入道の妾であった。その母の追善供養のために頼秀が造営したのが、万蔵寺だとも伝えられている。ただし、唐糸の前が津軽に流されてきた事情については伝えられていない。

五代目の秀末が、母親ともども、祖父の近衛殿に拝謁し、さらには禁裏に黄金を献上して、「津軽全郡三十六人の旗頭」を安堵されたのは、鎌倉後期、正和年中（一三一二～一七）であった。

だが、元信・光信父子の世代には、南部の勢力が強大になり、後見役として派遣された金沢右京亮による取り仕切りを甘受せざるをえない状態になった。光信は右京亮の娘を配され、金沢の名跡を名乗って、南部の二・三男に準じられるということにもなった。そのうえに、父子は、南部の人質として、久慈に連行されるまでになった。

元信が久慈に客死したのち、光信は、「南部と縁類に成ニ付」、津軽大浦に入部、種里《たねさと》に居住して、華和（鼻和）郡を領地するまでになった。すなわち、大名津軽為信にとって高祖父に当たる信濃守光信の世代に、津軽藩成立の根本の土台が築かれた。したがって、津軽藩にとって、南部は「恨深き」存在であったと言わなければならない。

このように見てくるならば、みちのくの世界に広がるさまざまな語り物を組み合わせることによって、津軽氏の古い系譜認識が形成されてきた。それが明白と言わざるをえない。その基本的な主張に注目するならば、始祖を平泉藤原氏の分れとすること、鎌倉期に近衛殿との縁が生じたこと、そして室町期に南部氏との縁が生じたこと。だが、南部氏との関係は良好ではなかったこと、などが挙げられるであろうか。

ただし、南部氏との縁類、それ自体については、それなりの歴史的な根拠が具えられていた。すなわち、津軽氏の本来は、久慈に住まいする南部の分れであった。室町期になって新たに縁が生じたわけではない。それが津軽種里に転居することになったのは、南部惣領家による北方海域防衛の大戦略に従ったことによるものであった。南部氏との関係は良好そのものだったのである。入間田「北方海域における人の移動と諸大名」前掲ほかに記した通りである。

ところが、近世に入って、『寛永諸家系図伝』における津軽家系譜、すなわち江戸幕府によって認定された正式の系譜では、為信の祖父に当たる正信が、「近衛殿後法成寺尚道」の猶子となり、藤原氏を称したことから始められている。すなわち、それ以前の世代に関わる、平泉藤原氏の分れとか、南部氏の縁類とか、その種類の言説は、きれいさっぱり払拭されてしまっている。

そのような大幅な改編が行われた背景には、津軽藩の成り立ちに関わる根本的な事情があった、すなわち為信が南部惣領家に叛して津軽を伐り取ったという事情があった。長谷川成一「津軽氏・弘前藩の自己認識」（同『弘前藩』、吉川弘文館、二〇〇四年）によって、詳しく論じられている通りである。

南部惣領家→南部藩と敵対して、自らのアイデンティティーを確立するためには、南部氏との縁を認めるわけにはいかない。ましてや、同族関係においておや。それならば、公家の盟主、近衛殿の権威にすがるしかない。南部氏に由来する源姓を捨て、近衛殿に連なる藤原姓を名乗るしかない。ということだったに違いない。

そのような大幅な改編、なかでも源姓から藤原姓への転換は、慶長五年（一六〇〇）、為信が右京大夫の官途を賜った辺りに始まったらしい。その後、津軽藩では、「系図道中」と称して、京都近衛殿に系図を持参して証判を賜るという儀式が、参勤交代に匹敵する重要行事になる。いずれも、長谷川氏による指摘の通りである。

したがって、近世においては、同じく津軽氏の系譜認識といっても、在地に伝承される内向けのそれと『寛永諸家系図』に示される外向けのそれとの間には、すなわち位相を異にする二つの認識体系の間には、大きなギャップが横たわっていた。「近世を通じて、津軽藩は系譜問題に苦悩した」。これまた、長谷川氏による指摘の通りである。

だからといって、近衛殿の猶子云々に始まる系譜認識に、しっかりとした歴史的根拠があったわけではない。これまた、牽強付会の域を出るものではなかった。それに比べれば、南部氏との縁類を、屈折したかたちながら、それなりに歴史的事実を反映した古くからの言説の方がましだ、という感がなくもない。

したがって、『藩翰譜』においては、近衛殿の猶子云々に関わる言説は採用されず、為信に始まる系譜が掲載されるに止まっている。その本文においても、「右京亮藤原為信は、世々南部が被官として、津軽の地に住しけり」と記している。それに、「世に伝ふる所は近衛殿の庶流と云ふ、何れの時にか、津軽の地に流され給ひし人の、此処にて設けられし息男の後なりと云ふ」と付記するに止まっている。

和賀・閉伊・大江・柏山の由来

それらの諸家は、戦国末期に滅亡してしまった。したがって、古い系譜認識が改変を蒙ることはなく、近世を通じて、さらには近代に至るまで、そのままの姿を維持することになった。津軽安藤氏（秋田安東氏）や大名津軽氏が、近世まで存続し系譜認識の改変を余儀なくされたのとは、大きな違いである。

そのうち、北上川中流域に盤踞した和賀氏には、鎌倉殿頼朝の落胤を始祖とする系譜認識が伝承されていた。

たとえば、「和賀の由来」によれば（『吾妻むかし物語』、『南部叢書』九冊に所収）、頼朝公が泰衡退治に下り玉ひし時に、刈田《かった》の宮《みや》（地名）に泊まり、小田島《おだしま》平右エ門の娘を御酌に召された。その娘が産んだ男子は、やがて、鎌倉に上り、実朝公から刈田郡を下し賜り、小原《おばら》の城に居住することになった。さらに、その子孫は和賀郡の主となり、更木《さらぎ》村梅ヶ沢に下着することになった。それが、和賀氏の始まりだとされている。

このような系譜認識が、近代に至るまで、改変を蒙ることなく、在地に伝承されてきた。司東真雄「和賀氏の姓系についての考察」（『北上市史』二巻、一九七〇年）は記している。頼朝落胤説は、「和賀郡の近世における郷土史的信仰になっていた」と。

だが、その伝承は誤っていた。真実は、武蔵国住人中条成（盛）尋の次男、義季が、和賀氏の始祖であった。義季は、文治五年（一一八九）奥州合戦に参加して、陸奥国刈田郡地頭職を賜った、そのうえに和賀郡地頭職を賜った。義季が、本来の小野姓を捨て、平姓を名乗ったのは、鎌倉御家人の雄、和田義盛の猶子になったことによる。すべてが、司東氏によって解明されている通りであった。『角川日本地名大辞典』岩手県（一九八五年）では、「和賀郡」の項目に、自分なりの解説を記させていただく機会があった。あわせて参照されたい。

確実な古文書・古記録、なかでも和賀氏の分れたるべき鬼柳《おにやなぎ》氏によって伝来された鬼柳文書（東北大学文学研究科日本史研究室所蔵）に当たれば、鎌倉期を通じて、そのような系譜認識が、和賀氏によって保持されていたことが一目瞭然である。

それなのに、戦国期には、鎌倉殿頼朝ほか、源姓の有名人を始祖とする系譜認識に転じている。その理由について、司東氏は記している。源姓の多田氏が、和賀氏の構成員として参入して、優位を占めるようになった。そのうえに、「多田氏に関係のない頼朝へ結びつけたり」、「奥浄瑠璃の流行」もあったりして、そのような「和賀物語」が成立させられた、と。さらには、徳川将軍家が姓を五転させるなど、その他の諸豪族にも、「こうした類例が多すぎるほど存在している」と。源姓の多田氏が参入云々の経過については不鮮明ながら、源姓の系譜認識が成立させられてくる大筋については、司東氏の想定に従って差支えがない。

そういえば、奥羽山脈を越えた出羽国山本郡本堂村の辺りに勢力を扶植した和賀氏の分れたるべき本堂氏の家譜にも、「頼朝の子、千鶴《せんつる》（伊東祐親の女の腹に生まれる）、死せずして、猟田平右衛門尉（一に南部光行）これを養育し、和賀の御所と号す、其の三男、本堂に住す、子孫よりて氏とし、天照大御神の霊夢により、代々伊勢守と号す」と記されていた（太田亮『姓氏家系大辞典』）。これをもってしても、頼朝落胤伝説を醸成するメンタリティーの在地における広がりが察知されるであろうか。

三陸海岸に君臨した閉伊氏には、鎮西八郎為朝の四男、嶋冠者為頼を始祖とする系譜認識が伝承されていた。たとえば、「閉伊郡之次第」によれば（『岩手県史』巻二、一九六六年）、父の死後、大島に成長した嶋冠者為頼は、鎌倉に上って、頼朝公に拝謁した。そのうえで、御家人の雄、佐々木四郎高綱の猶子になって、佐々木十郎行光を名乗って、閉伊郡半分の地頭職を賜ることになった。行光が現地に下向して、田鎖《たぐさり》城に住まいしたのは、建久元年（一一九〇）であったとされる。

この鎮西八郎為朝に関わる始祖伝承のばあいにも、和賀氏に共通するような形成過程があったに違いない。すなわち、閉伊氏が、近江源氏にして御家人の雄、佐々木氏の流れに属することは間違いないとしても、為朝の遺児が佐々木氏の猶子となって……という伝承は歴史的事実にはあらず、室町・戦国に及んで、田鎖城の惣領家によるリーダーシップが確立される辺りに形成されたものに違いない。同じく、『角川日本地名大辞典』岩手県で、「閉伊郡」の項目に解説を記しているので、参照されたい。

出羽国内陸部、最上川中流域に盤踞した大江氏のばあいにも、また、然りである。たとえば、「安中《あんちゅう》坊系図」（『寒河江市史』大江氏ならびに関係史料、二〇〇一年）によれば、鎌倉幕府の政所別当、大江広元の嫡子、親広が寒河江《さがえ》荘の地頭職を領有したのが、大江氏の始まりとされている。親広が、大江の本姓を捨て、源姓を称したのは、岳父にして摂津源氏の多田仁綱から、寒河江荘を相続した機縁によるものとされる。「京師守護職」に任命された親広は、得意の絶頂を迎えた。しかし、承久合戦（一二二一年）にさいして、京方に味方したために、没落して、寒河江荘に落ち延び、出家して、安中坊に住まいすることになった。坊内には、自作の弥陀尊像にあわせて、源満仲朝臣の念持仏ならびに先考（岳父仁綱）の遺骨が祀られていたという。

だが、その伝承は誤っていた。真実は、父親の広元が、親広に寒河江荘を譲与したのであった。また、親広が源姓を称したのは、公家の雄、源通親の猶子になったためであった。それによって、分家して、父親を超える声望を得るためであった。親広が京都守護職に任命され、承久合戦に敗れたのは事実だが、寒河江荘に落ち延びて……という伝承は事実ではない。親広は、没落した後、死去したと見られる。それなのに、寒河江荘が没収されずに済んだのは、親広の息子らが鎌倉方に属したためであった。父親の広元のバックアップもあったに違いない。入間田「文献資料からみた大江氏」（山形県立米沢短期女子大学附属生活文化研究所編『中世の山形と大江氏』、二〇〇〇年）に記している通りである。

すなわち、鎌倉期には、多田仁綱はもちろん、摂津源氏に関わる人物は、だれ一人として存在していなかったのである。それなのに、室町・戦国期に及んで、摂津源氏の本流に身を寄せるような言説がかたちづくられるようになったのは、安中坊に住まいする宗教者のはたらきによるものか、それとも大名大江氏の求めによるものか。判断に迷わされるところである。

それらの源氏寄りの系譜認識に対して、北上川中流域に和賀氏に伍して勢力を振るった柏山《かしやま》氏のばあいには、平家寄りの始祖伝承が残されていた。

たとえば、「胆沢殿の由来」（『吾妻むかし物語』前掲）には、胆沢《いさわ》郡の主、柏山殿は、小松内大臣重盛の次男、資盛の遺児、資元が、出羽国に落ち延びて、柏山屋敷に住まいする羽黒山伏や那須川左エ門に助けられ、鎌倉殿頼朝公から、胆沢郡を賜ることができたのに始まると記されている。そのさいに、「陸奥の留守」葛西壱岐守清重による斡旋が功を奏したとも記されている。

だが、それは当たらない。胆沢郡は、奥州惣奉行葛西清重の所領、五郡二保の内に存在していた。そして、柏山氏は、葛西の一族として、胆沢郡の取り仕切りを任せられる代官的な存在であった。その称する平姓、その掲げる三つ柏《かしわ》紋、いずれも、葛西氏に由来するものであった。現在の学問水準からすれば、そのように言わざるをえない。『角川日本地名大辞典』岩手県における「胆沢郡」の項目に記しておいた通りである。

それなのに、後になって、鎌倉御家人葛西氏寄りの出自が忘れ去られ、平家寄りの始祖伝承が形成されることになったのは、羽黒山伏や那須川らのはたらきによるものか、それとも郡主柏山氏の求めによるものか。これまた、判断に迷わされるところである。

戸沢・伊達の系譜認識

新庄藩戸沢氏のばあいには、平家落人の伝説に、平親王《へいしんのう》将門の伝説を絡めたユニークな始祖伝承が残されていた。

たとえば、「新庄古老覚書」巻一（常葉金太郎校訂、大正七年版）によれば、保元合戦（一一五六年）に敗れた平右馬助忠正の四男平九郎通正が処刑された後に、大和国吉野郡尾輪《おわ》の隠れ里に生まれた遺児、「平新」衡盛が、戸沢氏の始まりである。「平新」は、木曽義仲に与して、飛騨守を賜った後に、奥州に下り、南部境滴石《しづくいし》の戸沢館に住まいすることになったともいう。同じく、「戸沢家系」「戸沢氏系図」によれば、その後、衡盛は、屋島合戦（一一八五年）の活躍によって、四千町余の領地を賜った。そして、息子の兼盛の世代には、出羽国山本郡に移り、和賀御所親朝に属して、門屋《かどや》庄小館千貫文を賜ったる。

ともいう。加藤民雄「戸沢氏」(『日本の名族』東北編Ⅰ、新人物往来社、一九八九年)に記された通りである。

このうち、「平新」盛衡が奥州に下って……とする言説には、「全国各地に残る平家落人伝説との関連を想起させる」。これまた、加藤論文による指摘の通りである。

そのうえに、『藩翰譜』には、「系図に云ふ、尾輪の平親王の御子、飛騨守平兼盛、陸奥岩手の郡滴石の庄戸沢と云ふ所に住み、尾輪を改め、戸沢と名のると云々、按ずるに、世々の帝の御子には、未だ尾輪平親王と申せしは見え給はず、又平姓を賜ひし人々にも、尾輪と聞えしを見ず、不審」として、疑問視されている。

だが、それだけに止まっていてはいけない。尾輪「平新」「平親王」のネーミングには、平親王将門伝説との関連を示唆するものがあった。そのことに注目しなければならない。

たとえば、「金沢安倍軍記」(梶原正昭校注『陸奥話記』古典文庫70、現代思潮社、一九八二年)には、戸沢の由来に関わる古態の伝承が織り込まれていた。そこには、平親王将門伝説との関連が、疑いの余地なく、鮮明なかたちで、提示されていた。この記事のありかについては、今回のシンポジウムの最中、志立正知氏によって教えていただいた。記して、御礼を申し上げる。

そこには、「平親王政門とて御門に逆心を起こし、田原藤太にい(射)おとされしなり、(中略)、其弟にぼうしうと云人、正かどの若君を連れ、(中略)、南部戸沢と申所に館をかまへ、かくれいたししが」、「正門すへ子、南部戸沢と申所に罷有」、などと記されていた。

平親王将門の伝説は東国全般に流布し、奥州においても、早くから広がりを見せていた。岡田清一

「将門伝承の成立と展開」（『六軒丁中世史研究』五号、一九九七年）ほかに論じられている通りである。将門伝説は、「さんせう太夫」ほかの語り物に組み入れられ、津軽安藤氏に受容されるなかで、「日の本将軍」の自己認識を生み出すことにもなった。入間田「中世奥北の自己認識」（前掲）に記した通りである。したがって、こちらの将門伝説に則った系譜認識、すなわち将門の若君が戸沢に落ち延びて……という言説の方が古いかもしれない。

いずれにしても、戸沢氏の称する平姓が、平家の名門に由来するとか、平親王将門に由来するとか、伝説・語り物類に則った言説には、歴史的根拠を見出すことができない。

現在の学問水準を踏まえるならば、戸沢氏の称する平姓は、和賀郡に勢力を扶植した鎌倉御家人、和賀氏の平姓に由来すると考えるのが妥当かもしれない。すなわち、出羽国山本郡に移り、和賀御所親朝に属して、門屋庄小館千貫文を賜ったとする言説の背景に、それなりの歴史的根拠ありと考えるのが妥当かもしれない。

加藤民雄「戸沢氏」（前掲）にも指摘されているように、戸沢氏または滴石氏が、岩手郡に活躍するのは、南北朝期に入ってからであった。そして、出羽国山本郡へ移住したのは、南北朝期の半ばを過ぎる辺りであった。

山本郡には、奥羽山脈越しに、和賀氏の影響力が及ぼされていた。和賀の御所の三男に始まる血統を誇る本堂氏、すなわち和賀氏の同族が、郡内に盤踞していたことも知られる。したがって、戸沢氏も、和賀氏の同族だったかもしれない。さもなければ、和賀氏の配下だったかもしれない。戸沢氏が出羽国山本郡に移り、和賀御所親朝に属して、……とする言説の背景には、そのようなことがあったかもしれない。

戸沢氏が、鎌倉御家人として、すなわち和賀氏と肩を並べる存在として、岩手郡滴石戸沢に住まいしたとする言説には、歴史的根拠が具えられているとは考えられない。鎌倉期における岩手郡の地頭職は、鎌倉御家人工藤氏によって掌握されていて、他の御家人が介在する余地は残されていなかったのである。加藤論文のように、戸沢氏が鎌倉以前から「開発領主」として岩手郡内に住まいしていたと推測する根拠には乏しいのである。平家落人伝説を批判するならば、最後まで徹底しなければならない。

だからといって、戸沢氏が、南北朝期から滴石戸沢に住まいし、後に山本郡に移住した。そのうえに、戸沢氏が和賀氏に親近の存在だった。そのような歴史的な経過が実在し、言説体系の核になっていたことまでを否定することはできない。

そういえば、「延沢《のべざわ》軍記」(『尾花沢市史資料』九輯、一九八五年)には、出羽国小田島《おだしま》荘東根《ひがしね》に住まいした小田島備前守長義に関して、「北条氏の氏族」なりとする言説が見えていた。その長義が、武者修行の旅に出て、諸国漂泊の末に、東根に辿り着いた。そして、息子の北条大学助満定の代に、延沢に移住したのが、豪族延沢氏の始まりだとされている。だが、小田島氏が鎌倉御家人和賀氏の分れだったことは、今日では周知の事実になっている。『角川地名大辞典』山形県(一九八一年)における「小田島荘」ほかを参照するまでもない。平姓を称するとはいっても、鎌倉北条氏の流れにはあらず、小田島荘地頭を兼ねる和賀氏の分れだったのである。それなのに、北条氏の側に身を寄せる言説が生み出されたのは、戸沢氏における平家落人伝説の採用に通底するメンタリティーのはたらきによるものであったろうか。

新庄藩主、戸沢氏によって幕府方面に提出され、したがって『藩翰譜』による検討対象とされた系図には、「尾輪の平親王の御子、飛騨守平兼盛、陸奥岩手の郡滴石の庄戸沢と云ふ所に住み、……」と記されていた。すなわち、平家落人伝説と、滴石戸沢に鎌倉期から住すという言説が選択されていた。逆にいえば、平親王将門の伝説に由来する本来的な言説（「金沢安倍軍記」）の方は、選択されることがなかった。後者の方は、荒唐無稽に過ぎて憚られる。という認識によるものであったろうか。近世に入って、多少なりとも歴史的根拠に基づいた合理的な系譜認識が模索されたことによるものであったろうか。その結果であろうか。後には、「平親王」の本来的な意味さえも、忘れられてしまっている。「新庄古老覚書」に、大教坊（山伏か）が考案になる「平新」衡盛の名乗りについて、「平の御家を新に御輿し可有との儀也」と記されているのが、それである。

『藩翰譜』には、「尾輪の平親王」の表現、すなわち将門伝説の微かな名残が疑問視されたものの、新庄藩が差し出した系図の基本的な内容が、そのままに、採用されていた。その意味では、新庄藩による選択の意図は達成されたものと考えて差支えがない。自他ともに、騙しおおせたといっても差支えがない。ただし、現在の学問水準からすれば、その言説体系の多くの部分が、核心部分を除く多くの部分が、真実にはあらずと言わざるをえないのである。これまでに、見てきた通りである。

それに対して、仙台藩伊達氏のばあいには、室町・戦国期の系譜認識を捨て、現在の学問水準から見ても遜色のない歴史的根拠を具えたそれに改変することに成功している。

室町・戦国期における伊達氏の系譜認識には、「近衛殿」に近い家筋の「山蔭中将」が、「奥州王秀衡」の後継者として登場したことが、大名伊達氏の始まりとされていた。その周辺には、平泉藤原氏の当主、その人を、「伊達次郎泰衡」と呼ぶなど、平泉と伊達の同族関係を物語る風潮さえもが広がっていた。入間田「伊達の平泉伝説」(前掲)ほかに、記した通りである。

ところが、近世に入ると、平泉伝説の色彩は完全に払拭されて、常陸国中村に居住する鎌倉御家人の先祖、朝宗《ともむね》が、文治五年奥州合戦(一一八九年)の手柄によって、陸奥国伊達郡を賜ったことを始まりとする系譜認識に、見事に改変されることになった。「山蔭中将」、その人が始祖とされていることには変わりがないが、平泉滅亡時の人にはあらず、朝宗よりも九代を遡った平安前期の人だということにされた。この方が、歴史的事実に即していることはいうまでもない。

このような抜本的な改変が行われた背景には、伊達氏、そのものによる政治的姿勢の転換があった。すなわち、「奥州王秀衡」の後継者として独立王国を維持・形成しようとする姿勢から、徳川幕府に従属するなかで鎌倉御家人の出自を誇りにして朋輩に勝る発言力を確保しようとする姿勢へという、大きな転換があった。それに違いない。

そのうえに、伊達氏のばあいには、『吾妻鏡』ほかの古記録や若干の古文書に、先祖の名前が見えていて、学者を雇うなど、しかるべき手立てを講ずれば、鎌倉御家人の出自を裏づける根拠を見いだすことが可能な状態にあった。その点では、秋田(津軽安藤)氏や津軽氏や戸沢氏とは比較にならないほどに有利な条件に恵まれていた。

したがって、仙台藩伊達氏による系譜認識の改変には、大きな障害がなく、内外ともに、スムーズな進行を見ることになった。『藩翰譜』においても、大筋において、その内容が採用されることになった。

むすびにかえて

室町・戦国期、奥羽の諸大名家には、『曽我物語』『源平闘諍録』『さんせう太夫』ほかの語り物、ないしは中世日本紀に関わる諸言説、平親王将門伝説、平泉伝説、さらには頼朝落胤伝説・平家落人伝説など、さまざまな材料から構成された物語風の系譜認識が行われていた。

鎌倉から室町初期までは、鎌倉御家人の出自を誇っていた多くの家々が、その誇りを捨て、物語風の系譜認識に身を委ねるようになったのは、鎌倉・室町の幕府秩序が失われ、御家人の出自を掲げても意味がないという事情が生起したためであったろうか。それとも、さまざまな語り物が民衆の喝采を集め、古代の貴種流離譚に発する落胤・落人伝説の枠組が受容されるなかでは、それらの主人公に身を寄せて、自家の系譜を物語るほかはない。さもなければ、民衆の信服を確保することができない。という事情が生起したためであったろうか。そのような系譜認識の形成にさいして、山伏ほかの知識人（宗教者）は、いかほどに促進的な役割をはたすことがあったろうか。判断に迷わされるところである。

いずれにしても、荒唐無稽といって済ませてしまうわけにはいかない深くて重い内容が、そこには籠められていた。それを否定することはできない。

「ここに、室町〜戦国期の奥州国人らに共通のメンタリティー、土着の自立を志向するかれらの心情を読みとることは、そう見当ちがいなことではあるまい」と、入間田「中世奥南の自己認識」（同『中世武士団の自己認識』前掲）に記したのは、早とちりではなかった。そのように言わざるをえない。

ただし、そのようなメンタリティーは、奥州国人の専売特許ではなかった。列島各地に共通した言説の存在を見ることができる。たとえば、薩摩藩島津氏の始祖忠久に関わる頼朝落胤伝説がそれである。それが、近世・近代に至るまで、生命力を失うことなく、存在感を保ちつづけたことは、周知の通りである。『藩翰譜』による疑いの提示だけでは収まらず、近代に入って、朝河貫一「島津忠久の生ひ立ち—低等批評の一事例—」(『史苑』一二—四、一九四〇)による本格的な批判が必要とされることになったのは、然るべしと言わざるをえない。

そのような土着の自立を志向する心情によって生み出された物語風の系譜認識が、近世に入って、そのままの姿で存続することは叶わず、さまざまなレベルにおける改変を余儀なくされることになった。わけても、幕府方面に差し出す系譜類においては、古文書・古記録など、歴史的な根拠が求められることになった。そのうえに、土直の自立にはあらず、幕府や朝廷に対する従属の姿勢が尊ばれることになった。あれや、これやで、鎌倉御家人の出自という本来的な拠り所が忘却の彼方から再登場させられることになった。伊達氏のばあいに、その典型的な成功例を見ることができる。

だが、そのように支障なく捗ったケースばかりではない。古文書・古記録類に恵まれずに、奥六郡の安倍氏、京都の近衛殿・平家ほか、本来は無関係の歴史的存在との系譜関係ありと主張して、歴史的根拠に代えるという苦渋に満ちた牽強付会の営為を余儀なくされるケースが少なくなかった。秋田(津軽安藤)・津軽・戸沢ほかのケースが、それである。それらのばあいには、無理を重ねたために、幕府方面からの尋問に脅えたり、内外における認識のずれに苦しんだりする、ということにもなった。

だが、それらのケースにしても、牽強付会によって創作された系譜認識に、歴史的根拠ありと主張された。少なくとも、当事者側にとっては、その建前を崩すことは許されなかった。そのことには変わりがない。

それに対して、和賀・閉伊・大江・柏山など、滅亡した諸大名家のばあいには、そのような苦渋に満ちたプロセスを強制されることなく、物語風の系譜認識が、そのままの姿で、在地に保存されることになった。ある意味では、その方が、気苦労がなく、幸せだったかもしれない。

§コメント§

小論は、軍記・語り物研究会大会シンポジウム「十六・十七世紀の奥羽世界と武家の物語」（東北大学、二〇〇四年八月）における研究報告を文章化したものである。シンポジウムにさいしては、佐倉由泰・志立正知ほか、みなさまから多大なご好意を忝くした。あらためて、御礼を申しあげる。

大名津軽氏の系譜認識については、その後、千葉一大「北奥大名津軽家の自己認識形成」（『歴史評論』七五四号、二〇〇三年二月）によって、くわしく論じられている。それによって、「津軽家は、一七世紀のうちに、幕藩関係や領域支配の正当性を問われるさまざまな事態からに生じた必要性に迫られる形で自己認識を整えたこと、そこで求められたのは実証的な資料収集・史料批判に基づく言及ではなく、家伝や伝承、さらには創作物を基礎とした叙述で、同家に関わる正確な歴史を見いだそうとする姿勢が見当たらないことを明らかに」している。

同じく、「可足之筆記」についても、「当時の人々に受容された伝承・物語を寄せ集めて成立していた。それに大名の家格を示す表象物の由来も織織り交ぜ、『高屋覚書』で示された事柄（発祥地、金沢親子の存在）

なども盛り込み、由緒と格式を持つ大名津軽家の出自を形作ってみせたものだった」。と記されている。

入間田が、「『可足筆記』に室町・戦国期における津軽家の系譜認識の反映をみている」と記したとされる部分については、「一七世紀に成立した津軽家の系譜史料に、室町・戦国期の同家の系譜認識が反映するとは思われない」。とする批判をいただいている。

たしかに、「可足筆記」は一七世紀における系譜認識を示したものである。だが、その材料として寄せ集められ、「筆記」に紹介された伝承・物語のなかには、津軽家の出自に関わって室町・戦国期に遡るものが存在していた。そのことは、千葉論文においても、踏まえられている。とするならば、「筆記」には、「室町・戦国期における津軽家の系譜に関わる情報が反映されていた」。とまでは、いうことができるかもしれない。

けれども、小論のように、「みちのくの世界に広がるさまざまな語り物を組み合わせることによって、津軽氏の古い系譜認識が形成されてきた」。「室町・戦国期における津軽家の系譜認識」などの記述に及んだのでは、戦国末期に津軽為信による簒奪によって、大名津軽家が誕生する以前から、すなわち室町・戦国期から、津軽家が存在していたかのような誤解を与えかねない。したがって、そのような記述については、撤回することにさせていただきたい。ごめんなさい。あわせて、千葉氏の御教示に御礼を申しあげる。

ただし、千葉論文において、「同家に関わる正確な歴史を見いだそうとする姿勢が見当たらない」。と記されている部分が、気にかかる。津軽藩には、南部家の別れなのに、本宗家を裏切って、為信が津軽を伐り取った。という根本の事情があった。けれども、それを認めるならば、いつまでも、南部家の下風に立つことにならざるをえない。だからこそ、津軽家では、近衛家に連なる。ほかの虚構にしがみつかざるをえない。すなわち、「正確な歴史を見いだそうとする姿勢が見当たらない」のにはあらず。そのような姿勢をとりたくても、取りえない。ということだったのではあるまいか。「近世を通じて、津軽藩は系譜認識に苦悩した」とする長谷川氏の名言は、そのような事情を踏まえたものだったのではあるまいか。千葉氏にとっては、百も承知。ということではあろうが、その表現だけに限って、一言だけ。

なほ、「可足之筆記」については、その後、『青森県史』資料編中世二（二〇〇五年）によって、「津軽氏・浪岡北畠氏関係資料」（東京大学史料編纂所影写本「津軽文書」）の一部として、公刊されている。

そして、伊達の系譜認識、わけても近世前期における抜本的な改変の過程については、その後、入間田『平泉と仙台藩』仙台・江戸学叢書七六（大崎八幡宮、二〇一七年）にて、くわしく記すことになった。参照していただければ、さいわいである。

その『平泉と仙台藩』については、近日に刊行の伊藤喜良『伊達一族の中世』（吉川弘文館、二〇二〇年）において、「伊達氏が頼朝ではなく近衛殿との間柄を強調するのは、その間柄をアピールする必要があったからであり、新たなアイデンティティの確立の必要に迫られたからであるという。このような近衛氏との関係の強調は、政宗の曽祖父稙宗のあたりからであったという。伊達氏の伝承に関する入間田氏の指摘は的確である」。と記されていた。あわせて、仙台藩による修史事業のなかで、「(平泉）藤原氏や近衛殿との関りが消えていったのは、徳川幕府の傘下に入ったことにより、伊達家の立ち位置が変わったので、伊達氏による系譜認識の大転換がなされたことが理由であるといっているのは、入間田宣夫氏である」。と記されてもいた。

なほ、伊達氏に伝えられる系図類については、羽下徳彦氏による本格的な研究が積み重ねられている。羽下「仙台市博物館所蔵の伊達氏古系図四種」（『仙台市博物館』研究報告二一号、二〇〇一年）、「奥州伊達氏の系譜に関する一考察」(『歴史』九六輯、同年)ほか、一連の仕事を参照されたい。
また、黒嶋敏「伊達氏由緒と藤原山蔭―中世人の歴史認識―」(『日本歴史』五九四号、一九九七年)には、「『伊達神話』の嘘には、それぞれに合理性とも必然性とも取れる背景があり、伊達氏が政治的に捏造した嘘とするのには、ためらわれるのである」。「(伊達氏)自らが信じていたものを、『高度に政治的な主張』とするのは困難である」。として、注意を要することが記されていた。

さいごに、伊達氏などの系譜認識は、藩政レベルにおいては、物語風のありかたを払拭できた。けれども、民間レベルでは、そうはいかなかった(本書Ⅲ五・六・七八・章、Ⅳ九章、Ⅴ一三章ほか)。ましてや、滅亡した諸大名家の系譜認識においてをや。だが、それだけではない。近世民間レベルでは、「奥浄瑠璃」ほか、多くの物語・伝説・伝承類が広がりをみせていた。その豊饒な世界が、阿部幹男・志立正知・菊池勇夫氏ほかによって解明されつつある。そのことを忘れてはいけない。

四章　津軽一統志における系譜認識の交錯

はじめに

享保一六年（一七三一）に編纂された『津軽一統志』には、「当郡の事跡」を明らかにする本文一〇巻のほかに、諸家に伝わる「雑記」を採録する附巻が具えられていた。その「雑記」については、「いまだ信ぜざるところありといえども、旧伝に錯るに忍びず、よりて聚めてもって附巻に属す」と、「凡例」に記されていた。

今回は、附巻に採録された「雑記」のうち、弘前藩主津軽家の系譜に関するそれを取り扱うことにしたい。それらの記事群を比較・対照することによって、列島の北辺ならではのユニークな系譜認識がかたちづくられる途中経過を浮き彫りにする作業ノートを記すことができれば、さいわい、これに過ぎたることはない。

津軽家の系譜認識がかたちづくられるプロセスにおいて、大名南部氏の分れという本来的なありかたを直視することから離れて、公家の近衛家の分れだとか、平泉藤原氏のそれだとかとする捏造を余儀なくされたことについては、端緒的には入間田「中世奥北の自己認識」（同『中世武士団の自己認識』九章、三弥井書店、一九九八年。初出は一九九〇年)、本格的には長谷川成一「近世奥羽大名家の自己認識」(同『北奥羽の大名と民衆』I四章、清文堂出版、二〇〇八年。初出は一九九七年)、同じく『青森県史』資料編・中世二における津軽氏・浪岡北畠氏関係資料の「解題」「解説」(二〇〇五年)などによって、かなりの程度に解明されつつある。そのうえに、『県史』には、国文学研究資料館ほかに収める関連の文書・記録類が掲載されていて、きわめて有益である。

たとえば、『一統志』附巻に採録された津軽家の系譜に関わる記事群を比較・対照するうえでも、それらの文書・記録類の存在を踏まえることによって、格段の信頼度を期待できることになった。これまで、『一統志』の枠組のなかで右往左往していたことにくらべれば、大きな違いである。そのために、小論におけるような比較・対照の作業が可能になった。というわけである。

ただし、それらの文書・記録類に早くから親しんできた長谷川氏や「解題」「解説」を執筆した斉藤利男・若松啓文氏ほかの先学からみれば、なにを、いまさら、という作業内容に終始してしまう恐れなしとはしない。そのために、あくまでも、部外者による「覚書」ということで、その旨をタイトルにも付記させていただいた次第である。ご理解を賜りたい。

それらの『一統志』附巻に採録された記事群には、大別して、A 戦国期は天文一五年(一五四六)に津軽平野に割拠していた三人の大名のひとりとして、「鼻和郡三千八百町は、大浦の屋形、南部信州盛信」、すなわち津軽家当主の名前そのほかを記した部分、B 平泉藤原秀衡の舎弟、「津軽左衛門殿」、すなわち津軽家の先祖として捏造された人物の名前そのほかを記した部分、C 南部一族の「右京亮様」

が下久慈（いまは岩手県久慈市）に他界した後に、その息子の「光信様」が「津軽御入部」を果たして、大名津軽家の出発点をかたちづくったこと、そのほかを記した部分が含まれている。それらに付随して、D 岩木山祭神の物語、十三湊の繁盛を寿いだ「十三往来」、津軽三千坊を滅亡させた津波の物語などを記した部分が位置づけられている。そのことにも注意しておかなければならない。

したがって、比較・対照の作業は、A・B・C、それぞれの記事内容について吟味する。あわせて、Dの記事内容についても目配りをする。ということにならざるをえない。

なほ、『一統志』のテキストは、『新編青森県叢書』一、歴史図書社、一九七四年によることにしたい。『一統志』の多くの伝本のうち、容易に閲覧可能であるがための取りあえずの措置ということで、ご理解をいただきたい。

津軽郡中名字

Aの部分、すなわち「鼻和郡三千八百町は、大浦の屋形、南部信州盛信」の名前そのほかを記した記事は、戦国期は天文一五年（一五四六）、浪岡《なみおか》御所北畠氏の周辺で編纂された『津軽郡中名字《みょうじ》』のそれに、全面的に依拠したものであった。

そこには、「東日流《つがる》」「行岳《なみおか》」の文字論にはじまり、「京役三郡」「鎌倉役三郡」に関わる奥法《おきのり》・馬・江《え》流末《るま》・平賀・田舎・鼻和ほかの郡郷名を列記しながら、大浦の屋形南部信州盛信、大光寺《だいこうじ》南部信州源政行、伊勢国司浪岡御所源具永《ともなが》卿なる三人の大名が割拠する政治情勢などを解説して、「津軽中名字終」

の書き止めるにいたる内容が盛り込まれていた。

その記事内容が、浪岡御所北畠氏の時代に相応しいものになっていることについては、たとえば、「今都遐流（つがる）三郡の大名は、鼻和三千八百町は大浦の屋形南部信州盛信と申也。平賀郡二千八百町は大光寺南部信州源政行と申也。田舎郡二千八百町・奥法郡二千余町・沼《ミ》（泥か）洳保《ソキフカ》（深か）内《ナイ》一千貫は伊勢国司浪岡御所源具永卿也。」とある一節によって明らかであろうか。ないしは、「昔日の下将軍安部大納言盛季卿下国殿知行の時、津軽六郡に四百八十人の侍・七千騎と言伝ふ。今は衰微して、纔に三郡の中に大名三人、侍五十人・五百騎」とある続きの一節によっても、明らかであろうか。さらには、「十湾の沼」（十和田湖）が大同二年（八〇七）、南蔵坊によって開かれたとする伝説の末尾に、「今天文十五年まで及八百歳也」と注記されていることによっても、明らかであろうか。

このような表面的な観察に止まらずに、より一層に踏み込んで、その記事内容を吟味してみるならば、ますますもって、それが明らかになるに違いない。ところが、その大事な作業は、遠藤巖「津軽郡中名字と浪岡御所」（『浪岡町史』二巻、Ⅳ部・一章・三節、二〇〇四年）によって、ものの見事に成し遂げられていた。したがって、ここでは、その作業内容の一端を紹介するに止めることにならざるをえない。

それによれば、記事内容の根幹をなす地名列記の部分については、大浦屋形や大光寺の側にはあらず、浪岡御所の側からみた書き順になっている。そのことだけでも、浪岡側の編纂主体なることが明白なりという。ないしは、浪岡御所の知行する当初の分郡が山辺郡だったことに準拠した特別の記載がみられたことによっても、明白なりという。

そのうえに、鎌倉役三郡・京役三郡の記載部分からしても、近世における編纂にあらず、中世におけるそれなることが、明白なりとされていた。

すなわち、『郡中名字』の冒頭に、「奥州五十四郡ノ内、東ノ終《はて》、東日流郡也。三郡者王領、三郡者鎌倉ノ知行也。当字ニ津軽ト書也。鎌倉九代将軍守邦親王ノ御時、祐筆三郡書出下也。奥法郡二千余町、馬郡三百町、江流末ノ郡五百町、十三ノ湊郡トモ言也。此三郡ハ京役也。田舎ノ郡二千八百町、平賀郡二千八百町、鼻和郡三千八百町、此三郡ハ鎌倉役也。弘長二年最明寺殿御日記被附也。右筆者中原大外記師直腹立当字今書来、本跡者東日流也」と記されている。それによって、田舎・平賀・鼻和の三郡が、「鎌倉ノ知行」「鎌倉役」。奥法・馬・江流末の三郡が、「王領」「京役」。と認識されていたことが判明する。

そのうち、鎌倉役の三郡については、鎌倉建長寺系列の大伽藍、藤崎護国寺の「供給《くごう》の費《ついえ》」（管理・運営費）として、田舎・鼻和・平賀三郡の税収（具体的には棟別銭か）が幕府によって寄進・安堵されたことに由来していた。そのことが、入間田「鎌倉建長寺と藤崎護国寺と安藤氏」（同『北日本中世社会史論』I三章、吉川弘文館、二〇〇五年、初出は一九九五年）の指摘を踏まえつつ、より一層の説得力をもって論述されている。それによって、「鎌倉九代将軍守邦親王ノ御時、祐筆三郡書出下也」、「弘長二年最明寺殿御日記被附也」などとする記載が虚構にあらざることが、より一層に明らかにされている。

そして、京役三郡については、京都に在住する陸奥守に所役を納付する「京進」と同じ意味で表記したと解釈すれば、有りえない事態ではない。と記されている。

だが、それならば、平賀・鼻和・田舎の三郡についても、「京役」と記されていても不思議ではない。それらの三郡の棟別銭が護国寺に寄進されたとはいっても、年貢・公事の類までが、陸奥守に進上されなくなったというわけではない。

それよりは、むしろ、奥法ほかの三郡が、古代末期〜中世成立期に編成された本来的な郡にはあらず、室町後期に及んで浪岡御所北畠氏によって編成されたという歴史的な経過、そのものを重視すべきなのではあるまいか。南部一族による武家支配の拡大に対抗するに、「奥州国司顕家卿右大臣」の後裔を誇り、「伊勢国司」の官途を顕示してきた北畠氏のことである。「京役」「王領」など、京都や天皇にリンクする表現の創案に及んだとしても、不思議でも、なんでもない。そういうことだったのではあるまいか。

「鎌倉役」の表現にしても、鎌倉期には存在していなかったのに違いない。すなわち、鎌倉幕府によって護国寺に寄進・安堵された三郡棟別銭の権益が、後代に及んで、時頼廻国物語の広がりにリンクさせられることによって、そのように表現されることになったのに違いない。それが浪岡御所によって受け止められなかで、「鎌倉役」「京役」を対比させる地域認識の枠組がかたちづくられた。ということだったのではあるまいか。

いずれにしても、遠藤氏に同じく、浪岡御所北畠氏による「鎌倉役三郡」「京役三郡」の地域編成、延いては『郡中名字』の編纂を想定することにならざるをえない。

とするならば、弘前藩祖、津軽為信にとっては、曽祖父に当たるとされる信濃守盛信が、『郡中名字』によって「鼻和三千八百町は大浦の屋形南部信州盛信と申也」、すなわち南部の文字を冠して記されていたとしても、不思議でも、なんでもない。

事実、その当時、大浦の屋形に住まいする津軽氏の当主は、大光寺南部信州源政行に同じく、南部の一族として、糠部の南部宗家を補佐するような存在に止まっていた。少なくとも、南部宗家と覇を争うような存在ではなかった。それを疑う研究者はいない。

したがって、『一統志』附巻には、津軽氏の先祖を南部の分れとみなす戦国期の他者認識、すなわち浪岡御所北畠氏側によって形成された他者認識が、そっくり、そのまま、採録されていたのだ。ということにならざるをえない。

驚きである。公家の近衛家の分れだとか、平泉藤原氏のそれだとかとする後代に形成された津軽家の自己認識にはそぐわない異次元の他者認識が、その威風堂々の風情を打ち消されることなく、このようなかたちで採録されているとは。

「いまだ信ぜざるところありといえども、旧伝に錯《まじわ》るに忍びず、よりて聚《あつ》めてもって附巻に属す」と、「凡例」に記されたのは、そのためであったか。

平泉藤原の分れか

Bの部分、すなわち平泉藤原秀衡の舎弟、「津軽左衛門殿」の名前そのほかを記した部分は、四代藩主信政の舎弟、可足権僧正による筆記によって新たに形成された津軽家の自己認識に、全面的に依拠したものであった。

四代藩主信政は、津軽家が南部の分れなることを嫌い、系図のうえでも南部から離れることをめざした。それにしたがって、可足の筆記がつくられて、秀衡の舎弟、津軽秀栄、すなわち「津軽左衛門殿」を始祖とする「十三湊藤原氏＝津軽氏」の物語が創作されることになった。『青森県史』「解題」(六六四ページ)に論述されている通りで、間違いはない。

その可足の筆記の写本が、同じく、『青森県史』(資料編　中世二)に採録されている。その註記によれば、筆記がつくられたのは、元禄一〇〜一六年(一六九七〜一七〇三)の間であった。とするならば、享保一六年(一七三一)に編纂される『一統志』附巻によって、その筆記の趣旨が、そっくり、そのまま、収録されることになったとしても、不思議でも、なんでもない。

可足の筆記には、御館《みたち》次郎秀栄《ひさ》が、父基衡より「津軽の内」「三郡」を、兄秀衡の代には津軽「一円」を賜って、「十三《とさ》」(湊)に住まいしたこと。それ故に、津軽とも、「十三の左衛門尉殿」とも名乗ったこと。さらには、「十三」は、「奥州の内」「下の果の地なり」とて、「下ノ郡」と称したこと。などが述べられていた。

『一統志』附巻、Bの部分には、それを踏まえつつ、より一層に具体的に、「津軽左衛門殿」が始めに賜ったのは、「津軽六郡之内」「平賀・鼻和・田舎三郡」なること。そして、秀衡の代になって「左衛門殿御領分一等(一統)」、すなわち一円知行を賜って、「十三ノ湊」に居城して、「下の郡津軽左衛門殿」を使用したこと。が記されていた。

そのうえに、『一統志』の本体(巻一)においても、「津軽左衛門佐殿」が、「藤氏の餘裔」なりと明記されることになった。

ここに至って、浪岡御所北畠氏による他者認識の類にはあらず、津軽氏みずからによる自己認識が構築され、ようやくにして内外にアピールされることになった。その画期的な意味を痛感せずにはいられない。

だが、それだけではない。『一統志』附巻、Bの部分には、鎌倉役三郡・京役三郡に関しても、『郡中名字』におけるそれとは本質を異にする、荒唐無稽ともいうべき言説が盛り込まれていた。そのことにも、注意しなければならない。

すなわち、「津軽左衛門殿」は平賀・鼻和・田舎三郡を「御領分」として、「鎌倉御役」を「御勤」めになった。それ故に、鎌倉役三郡の呼称が生じた。とする言説が盛り込まれていた。『郡中名字』では、鎌倉幕府によって護国寺に寄進・安堵された三郡の税収（棟別銭か）を、住民の側に立って読み替えて、鎌倉幕府に対する広義の税負担、役務と捉えることによって、「鎌倉役」三郡の認識がかたちづくられていた。「鎌倉ノ知行」なりとする認識についても、その延長線上に位置づけることができようか。それなのに、『一統志』では、「津軽左衛門殿」が鎌倉幕府に負担すべき役務と受けとめることによって、その認識がかたちづくられている。いうまでもなく、後者の方が、歴史的な事実から離れて、勝手な憶測に委ねている度合いが圧倒的に大きい。

同じく、京役三郡については、「王領」なりとされ、奥法・馬・江流末（珀瑙麻）の三郡がそれに比定されることには変わりがないが、「狄」退治の「御祈願所」として朝廷によって建立された「三千坊の寺社」に対して「寄附」された「寺社領」であったとされることにおいては、大いに相違している。「十三（湊）に千坊」、「阿闍羅《あじゃら》に千坊」、「高野に千坊」、あわせて「三千坊の寺社」とされるような寺社群に、それなりの存在感が具えられていたことは事実としても、それらが朝廷によって「狄」退治の「御祈願所」に認定されていたとか、それらに対して三郡が「寄附」されて「寺社領」になっていたとかするに足りる根拠には欠けている。「狄」退治の言説が、藩政期における政治的な虚構の産物だったことは、いうまでもない。すなわち、『郡中名字』においては、京役三郡の内容に浪岡御所北畠氏の知行という実質が込められていいのに対して、後者においては、「狄」退治のため、朝廷によって「寄附」された「寺社領」とする虚構の産物に入れ替えられてしまっている。

そのうえに、「王領」すなわち「内裏様御領分」の時代を経過した後に、「南部領」になったとも記されている。それによって、京役三郡が浪岡御所の領分だった事実も、鎌倉役三郡を始めとする津軽一円が南部領だった事実も、きれいに抹消されてしまっている。これまた、歴史的な事実から離れて、勝手な憶測に委ねている度合いが大きい。といわざるをえない。

南部の分れか

Cの部分、すなわち南部一族の「右京亮様」が下久慈（いまは岩手県久慈市）に他界した後に、その息子の「光信様」が「津軽御入部」を果たして、大名津軽家の出発点をかたちづくったことを記した部分には、「右京亮様」の先代が南部の三男に生まれたこと。その三男が「仙北の郡司」として秋田方面に差し置かれた（派遣された）ものの、「一揆」に攻められて、「御切腹」を余儀なくされたこと。その三歳の若君が、家来の大曲《おおまがり》和泉守によって助け出され、下久慈に逃げ戻って、「右京亮」「信濃守」を名乗ったこと。などが前段の物語として、しっかりと、盛り込まれていた。そのうえで、「南部様と申も、津軽様と申も、御家は御一体也」と、両家の血縁の大なることが、鮮明にアピールされていた。

あわせて、「津軽屋形様御先祖次第」として、「金沢右京亮様」（仙北にて御他界）を初代、「南部右京亮様」（「金沢若君」、「久慈にて御他界」）を二代、「同右京亮様」「源光信公」（「津軽鼻和郡御知行」「大浦へ御入部始也」）を三代として、「津軽右京太夫様」「藤原為信公」の七代に及ぶユニークな系図が採用されていた。ここにおいても、「為信様中古迄は、何事も南部様同前（然）に被遊也」として、南部との一体性を強調する文言が付け加えられていた。

このように津軽家が南部の分れなることを主張する言説は、その三歳の金沢若君を助け出した忠臣とされる大曲和泉守の子孫、そのほかによって、根強く伝承されていたらしい。

『県史』（資料編中世二）には、大曲和泉守の子孫に当たる高屋豊前守浄久の執筆になるとみられる覚書、「津軽屋形様御先祖ヨリ之覚」「高屋豊前守先祖之覚」ほか、系図類をあわせて、一一通が一括して採録されている（一三四三〜五三号文書）。それによって、『一統志』附巻Cの部分における記事内容の出所が明らかにされることになった。

そして、同じく、『県史』「解題」（津軽氏関係資料）によれば、高屋豊前守浄久覚書の一連の主張は、単なる伝承などではなく、紛れもない歴史的事実の反映であった。津軽家の歴史は、まさに三戸南部氏（宗家）の遠隔地所領、仙北金沢の地に始まると言ってもよいであろう。とも指摘されていた。まことに、然るべしと、いわざるをえない。

たとえば、『郡中名字』において、「同右京亮様」「源光信公」（「津軽鼻和郡御知行」「大浦へ御入部始也」）

の次の世代に当たる当主が、「鼻和郡三千八百町は大浦の屋形、南部信州盛信と申也」と記されている一事をもってしても、津軽と南部との一体性は、明らかと言わざるをえない。

それなのに、四代藩主信政の代に及んで、南部の分れなることを嫌い、可足の筆記がつくられて、秀衡の舎弟、津軽秀栄、すなわち「津軽左衛門殿」を始祖とする「十三湊藤原氏＝津軽氏」の物語が創作されることになった。それによって、『一統志』附巻におけるBの部分がかたちづくられることになった。それらのことについては、前段に記した通りである。

四代藩主信政や可足の周辺では、高屋豊前の家に伝承された「南部一族、金沢右京亮」の物語が、目の敵になっていたらしい。なんとしても、それらの南部の分れを主張する言説を否定して、平泉藤原の分れなることをアピールしようとする心情に駆り立てられていたらしい。

たとえば、「可足権僧正筆記之写」には、末尾に、「高屋豊前旧家之処より書立之一件、何共分明無之歟との儀、少々心得違居候、南部家二三男と申事者、大浦古信州長勝寺殿御代四十年計前、金沢父子後見にて、長勝寺殿ニハ右御名蹟に御立なとの間違たるへく候」、と記されていた。

そのために、『一統志』の本体（巻一）においては、南部の分れなりとする伝承は退けられて、平泉藤原の分れなりとする主張が採用されることになった。すなわち、「信濃守藤原光信公」が、「東奥津軽の内、種里と云ふ所に御住城」になって、「藤氏の餘裔、津軽左衛門佐殿」の威風を蘇らせたことに始まる物語が採用されることになった。

ただし、「藤氏の餘裔、津軽左衛門佐殿」、その人については、「文武兼備の大将にて」、「当国において肩を双る人なかりし」と記されるのみで、立ち入った記載には及んでいない。『一統志』附巻、Bの部分において、「津軽左衛門殿」による鎌倉役三郡、ひいては津軽一円の知行が、あれほど鮮明に描き出されていたことに比べれば、踏み込みの不足を感じないわけにはいかない。

平泉の分れなりとする、新しく言い出した主張を押し通すことには、ためらいのような気持ちがあったのかもしれない。南部の分れなりとする伝統的な主張が根強く存在していて、それなりの対応が求められていたのかもしれない。

そういえば、『一統志』の本体においても、「信濃守藤原光信公」の輝かしい事跡を羅列した後に、「或説」に曰くとして、「光信公、甲斐源氏にて、南部の支流、御祖父右京兆（実名尚以不詳）、羽州仙北の領主として、金沢に住居の処、前の国人背き、火急に城へ取懸、防戦不合期して、京兆生涯あり。其幼息を、従臣大曲某（高屋豊前祖）と云ふ者、抱き取」（中略）、「南部へ引退き」（中略）、「其後、件の幼息（実名不詳）成長に至り、下久慈に当郡を合せ令領掌、其長子光信公の御時、津軽へ越しめ、則御家領（同上）相続在し、大曲（後号和泉守）を以つて補佐せしむる由」を主張する伝承の大意が採録され、詳細は附巻にありとされていた。

ただし、その伝承の趣旨を受け入れるのではない。その伝承の大意が掲載されたのに続いて、「此説、誤りと謂うべし」、「御家は藤原にして、近衛親昵の由緒あり」、「南部家は源氏にして、疑う所なければ、すなわち其家系、天地を隔つ」（原漢文）とするような拒否反応の言辞が連ねられていた。

その辺りの事情を省みるにつけても、高屋豊前ほかによって伝承されてきた、南部の分れなりとする伝統的な主張の根強さを痛感しないわけにはいかない。

岩木山祭神ほかの物語

Dの部分には、岩木山の物語、十三湊の繁盛を寿ぐ「十三往来」、津軽三千坊の寺社（伽藍）を滅亡させた大津波・大洪水の伝説などが盛り込まれていた。

そのうち、岩木山祭神の物語については、「岩木山始リ、寛文十年迄、八百九十九年ニ成ル」、すなわち岩木山の開山が宝亀二年（七七二）の辺りだったとする書き出しに続けて、「篠原《しのはら》の国司花の長者の御子、花若殿」と申す人による岩木山の鬼退治の次第が盛り込まれていた。それによれば、「花若殿」は、まんじ（卍）・錫杖を旗印にして、鬼神を攻め平らげた上に、鬼の娘四人の命を助けて、人畜に「仇を為さず」との誓文を書かせ、赤倉山の洞窟に住まわしめたという。ならびに、「御当家」（津軽家）にて、万字の旗、錫杖（の馬標）を用いるのは、その鬼退治の故事に因んだものという。

『一統志』の本体（巻二）においても、津軽三郡ならびに糠部《ぬかのぶ》ほかの鎮守として、もっぱら当家（津軽家）の守護神として、岩木山が崇敬されてきた次第が、「大権現の神勅」を引用するかたちで叙述されていた。だが、その附巻、Dの部分において、「花若殿」が携えていたとされるまんじ（卍）・錫杖を旗印については、藩祖津軽為信の夢中に現れて、ありがたい神勅を伝授してくれた「其容《かたち》けだかき異容、二人」の「性（姓）名」だったことにされている。それに因んで、津軽家では、「御旗の御紋には卍字、御馬印には錫杖」を用いることになった、ともされている。それならば、「卍之籏」「錫杖の馬標」は、藩祖為信が権現宮から下されたものだ、ということにならざるをえない。ただし、「或説」に曰くとして、「田村将軍が狄退治」の折に携えてきて、任務を果たして帰京の折に岩木山大権現宮に奉納していったのが、「卍之旛」「錫杖の馬標」だったとする伝承も採録されていた。

まんじ（卍）・錫杖は、「花若殿」の持物だったのか。それとも、大権現の神勅を伝授した「異容」二人の名前だったのか。はたまた、「田村将軍」の持物だったのか。『一統志』編者、その人も告白しているように、判断に苦しむ。

だが、いずれにしても、岩木山が崇敬される歴史の流れにおいて、まんじ（卍）・錫杖が、津軽家のシンボル・マークとして採用されることになった。そのことには変わりがない。

実をいうと、『一統志』附巻における岩木山祭神の物語については、そのルーツともいうべき記録が、元禄一四年（一七〇一）、岩木山百沢《ひゃくたく》寺光明院十世の住持、朝祐によって編纂されていたことが知られる。その『岩木山百沢寺光明院（縁起）』（弘前市立図書館所蔵、GH185.43）には、「諸書の端に記すところ、あるいは古老の僧俗の転語することを見聞するに」として（原漢文、以下同じ）、「此山、往昔は阿蘇辺《あそべ》の森といえり」、「ここに魍魎《もうりょう》の精鬼住まいして、人民を取り悩ますの由、帝都に聞ゆ、則ち江州篠原の領主、花輪何某、退治すべきの宣旨を蒙る、故に熊野・住吉・天王寺に詣て、このことを祈る、則ち霊夢を得て後、越前国敦賀の津より船に乗って、当国深浦に着岸す」、（中略）、「中春の頃、新たなる霊夢の告あり、いわゆる錫杖の印と曼字の旗の紋と、これを用いて、かれを責めるべしと、うんぬん」、（中略）、「果たして、件の魑魅《ちみ》その形を顕す、故に即時にこれを責伏す、かの棟梁たるものの強ちに降を乞う、故に今より以後、人民に怨をなすことなく、山神給仕の眷属となって、登山仰信の衆人を擁護すべきの旨、堅く誓約を致さしめ、しこうしてこれを免す、則ち右峰の赤倉に住まわせしむと、うんぬん」

と記されていた。

『一統志』附巻における記載と、この文章とを比べるならば、一目瞭然。その附巻における記載は、その岩木山百沢寺のトップによって取りまとめられた在地における古態の伝承を、二〇数年の間隔を置いて、そのままに踏襲したものであった。以上、すべては、入間田「岩木山と花若殿・安寿姫の物語」(『真澄学』四号、東北芸術工科大学東北文化研究センター、二〇〇八年一二月、本書Ⅲ五章)に記している通りであった。くわしくは、そちらに拠っていただきたい。

同じく、岩木山祭神の物語には、花若殿による鬼神退治の記事に続けて、「其後、岩木判官正氏の姫君、安寿の前と申奉る御人、飛来り給ひ、則明神と現し及ひ、此山に止り給ふ、其志るし有て、阿そへの森、忽に大山となり、諸々の山に勝れて最高し」とする、花若殿＝祭神の伝承とは位相を異にするそれが採録されていた。

ただし、こちらの側には、ルーツともいうべき在地における確実な記録類を見いだすことができない。どちらかといえば、在地の側にはあらず。そのルーツは、日本海方面に流布した「さんせう太夫」の語り物に求められるべきものであったかもしれない。これまた、入間田「岩木山と花若殿・安寿姫の物語」(前掲)に記している通りである。

次に、十三湊の繁盛を寿ぐ「十三往来」については、菅江真澄が十三地方を廻遊した寛政八年(一七九六)の頃における、当地方の児童達が所持していた「冊子」であった。すなわち、当時にあっては民衆の間に親しまれていた往来物の一つであった。確かに、真澄の「外浜奇勝」には「遠きいにしへ（昔）、此あたりに、その世には家居おほく栄えたりけん、わらはべ（童）のもてあそぶ『十三往来』という冊子に、近き世まで、都にたぐ（類）ふばかり、里とみ（富）て、にぎ（賑）はゝしかりしよし（由）をかい（書）たり。安東も此あたりに住て、そのやから（族）も、いと多く、安倍氏のたぐひ（類）ひろ（広）ければ、此あたりをさして、安日氏とや、もはら（専）いひつらんを、今の世に、相内《あいない》とや、人のいふらんかし」と記されていた（『菅江真澄全集』三巻、未来社、一九七二年、一三九ページ）。すべては、長谷川成一氏の論考、「津軽十三湊津波伝承の成立とその性格――『興国元年の大海嘯』を中心に――」（佐々木孝二編『総合研究　津軽十三湊』北方新社、一九八八年）による指摘の通りであった。

『一統志』が編纂されたのは、それよりも六〇年あまりも遡った享保一六年（一七三一）のことであった。そのために、『一統志』の記事が元になって、「十三往来」の冊子がつくられて民間に流布するに至ったのではないか。とする疑問が生じるかもしれない。だが、それについても、長谷川氏による周到な指摘が用意されていた。すなわち、『津軽一統志』は、藩政時代にあっては、版行されたことがなく、ましてて官撰史書であるので、領内の民衆に広く読まれることがないとみるのが常識的であろう。とされていた。

蛇足ながら一言すれば、「十三往来」の記事は、『一統志』の文脈のなかで、「津軽左衛門殿」が十三湊を居城にした。ないしは十三湊に「館構」「御目代の居城」があり、千軒の町もあって、大いに繁盛した。と記されていた。それによって、「十三往来」における架空の言説を根拠づけるかのような役割を担わされていた。けれども、「十三往来」の記事内容の何処を探しても、「津軽左衛門殿」のことは出てこない。それとは逆に、真澄が見聞した冊子の内容には、十三湊安東（安藤）氏の繁盛という歴史的な事実が色濃く反映されていた。その色彩は、類本とも見られる「十三湊新城記」の方では、より一層に濃厚になって、「花園帝御宇正和年中、安倍貞季公所築之城郭也」と明記されている（東北大学附属図書館所蔵秋田家文書、古田良一「津軽十三湊の研究」『東北大学文学部研究年報』七号、一九五六年）。その辺りの事情に触れるにつけても、「十三往来」の先行性を察知することができようか。

ただし、津軽三千坊の寺社（伽藍）を滅亡させた大津波・大洪水の記事については、分明にしがたい。「高倉の明神と岩木の権現」との間に繰り広げられた「御取合」（争い）、ならびに「白髭水《しらひげみず》」（大洪水）に関する何らかの言説が存在していて、記事をかたちづくるベースになったらしいことは想定できるとしても、先行する具体的な素材を明らかにすることができない。

ここでは、津軽三千坊があったのが、「河はら」（阿闍羅）に千坊、高野に千坊、十三に千坊とされるのにあわせて、「三のはさま（迫）に三百町」と申すはとして、「高野に百町、吉田に百町、新庄に百町」とされている。それに続けて、「吉次の領分は六郡の外に候由」と記されている。そのことに注意するに止めておきたい。

前に紹介した「可足権僧正筆記之写」には、平泉藤原秀衡の舎弟、「左衛門尉秀栄」の曾孫、藤太頼秀が、安東氏に攻められて、父を失い、乳母に抱えられて、「新庄」に落ち延びて、領主の「吉次」某を頼んだ。そして、戸立沢にて炭焼の最中に、「最明寺時頼入道廻国」の機会に遭遇して、家運の挽回を図ることができた。とする荒唐無稽な物語が盛り込まれていた。ここにおける「新主に百町」、「吉次の領分は六郡の外に候由」なる文言は、その荒唐無稽な物語を踏まえることによって生起させられることになったのに違いない。とするならば、ここにおいても、またまた、「可足権僧正筆記之写」によってかたちづくられた「津軽左衛門尉」をもって始祖とする、すなわち平泉の分れを主張する系譜認識が、『一統志』の叙述を決定づけている。そのことを確認することにならざるをえない。

むすびにかえて

『津軽一統志』附巻に採録された津軽家の系譜に関わる記事群の背景には、それぞれの主張を支える記録類が存在していて、みずからの存在感を強烈にアピールしていた。そのために、位相の異なる系譜認識が交錯して、『一統志』本体（巻一）において藩政に適合的な系譜認識、すなわち公家の近衛家の分れだとか、平泉藤原氏のそれだとか、する表向きの系譜認が掲げられているのにもかかわらず、全体的に混沌として印象をかたちづくることになってしまっている。

その本体（巻一）にしても、平泉の分れなりとする主張を掲げるだけには止まらず、「或説」に曰くとして、南部の分れなりとするそれを敢えて紹介して、強引な反駁を展開している。それなのに、平泉の分れなりとする主張に豊かな説得力を付与してくれるはずの鎌倉三郡・京役三郡や津軽三千坊の物語については、真っ当にとりあげることなく、附巻Bの部分に掲載するに止めている。なんとなく、腰が引けている感じである。

同じく、本体（巻二）における岩木山の物語にしても、まんじ（卍）・錫杖のシンボル・マークが、藩祖津軽為信の夢中に現れて、ありがたい神勅を伝授してくれた「其容《かたち》けだかき異容、二人」の「性（姓）名」に因んだものと記す一方で、「或説」に曰くとして「田村将軍」が岩木山に奉納したそれを頂戴したものとする異説を紹介して、「両説、何れか是なることを知らず」（原漢文）と記して、判断を留保している。

そのうえに、附巻、Dの部分においては、万字の旗、錫杖の馬標は、「花若殿」の持物だった。それに因んで、「御当家」のシンボル・マークになったのだと記している。これまた、不徹底ないしは腰砕けの印象を免れない。

『一統志』の編纂を命じられた喜多村校尉らにとっては、苦心惨憺の連続であったに違いない。四代藩主信政の代に及んで、にわかに主張されるようになった系譜認識、すなわち公家の近衛家の分れとか、平泉藤原のそれとかする系譜認識に、そもそもの無理があったのだ。その無理を押し通そうにも、高屋豊前の家に伝承された「南部一族、金沢右京亮」の物語ほか、南部の分れを裏づける記憶が濃厚に残存していて、無視するわけにはいかない。鎌倉役三郡・京役三郡の伝承にしても、平泉藤原の分れを根拠づけるには覚束ない。『郡中名字』を引用して、鎌倉役三郡・京役三郡の文字を掲げてみたところで、その事態には変わりがない。

十三湊の繁盛の物語を引用して、そこは「津軽左衛門殿」の居城なりとして、平泉藤原の分れによる津軽一円の領有を根拠づけようとしてみたところで、「十三往来」の文章そのものに、その文字を見いだすことができない。したがって、その踏み込んだ内容については、附巻に紹介するに止まらざるをえない。

同じく、岩木山の始まりの物語にしても、「花若殿」の持物が、「御当家」のシンボル・マークになった由来を説いてみたところで、異説が錯綜していて、ものの役に立ちそうにもない。そもそも、「御当家」にとって、「花若殿」は何に当たるのか。それさえも、分明にしがたい。したがって、これまた、踏み込んだ内容については、附巻に紹介するに止まらざるをえない。

あれや、これやで、『一統志』は、位相の異なるさまざまな伝承・物語のオン・パレードの色彩を濃厚に帯びることになってしまった。史書としての一貫性を尊ぶ立場からすれば、残念至極というべき事態である。編者らにとっても、不本意な結果だったかもしれない。

だが、さまざまな伝承・物語のなかに、豊かな内実を読み取ろうとする立場からすれば、これほどに興味深い書物はない。すなわち、編者らの意図したレベルを超越したそれにおいて、『一統志』は偉大な史書たりえている。そのように言えるであろうか。

弘前藩では、簒奪者の常として、公家の近衛家の分れとか、平泉藤原氏の分れとする無理筋の系譜認識を掲げるほかはなかった。そのために、さまざまな異説との格闘に終始しなければならなかった。

そのうえに、それなりの合理性・開明性を宗とする幕府筋の思考様式に合致すべく、不都合な言説は後景に退け、好都合の言説を証拠立てる。などの作為を繰り返すことを余儀なくされた。すなわち、弘前藩では、系譜改変の血の滲むような努力を続けなければならなかった。

だが、それにもかかわらず、さまざまな異説の存在を払拭することには成功しえなかった。「近世を通じて、弘前藩は系譜問題で苦悩した」と、長谷川成一氏によって喝破されている通りである（長谷川「津軽氏・弘前藩の自己認識」、同『弘前藩』、吉川弘文館、二〇〇四年）。ないしは、入間田によっても、概略のおさらいが試みられている通りである（入間田「奥羽諸大名家における系譜認識の形成と変容」、『軍記と語り物』四一号、二〇〇五年三月、本書Ⅰ三章）。

『一統志』における系譜認識の交錯は、そのような弘前藩の置かれた複雑な立場によって生み出された象徴的な事態だった。と言っても、差支えがないのかもしれない。

§コメント§

小論の、しばらくして後、工藤大輔「『津軽一統志』の方法―二つの叙述からみる大浦（津軽）氏の家督継承―」『（弘前大学国史研究』一三〇号、二〇一一年）が公刊された。そこでは、近年、「津軽一統志」に関して注目すべき研究が目につく。として、長谷川成一・入間田の両論文を取りあげている。そのうち、長谷川「一体の像から―大浦光信像と津軽氏―」（北原かな子ほか編『津軽の歴史と文化を知る』岩田書院、二〇〇四年）については、「『津軽一統志』の編さんという、津軽家のアイデンティティを確立する過程のなかで、光信という存在がシンボル的に取り込まれたというのである」と紹介されている。そして、小論については、「『津軽一統志』附巻に採録された津軽家の系譜に関する記事を分析し、『津軽一統志』の編者は、四代藩主信政のころから主張されるようになった、近衛家であるとか、平泉藤原氏の分かれであるといった、津軽家のいわば無理筋とでもいうべき系譜認識を掲げるほかなかった事情が明らかにされた」。と紹介されている。

そして、工藤論文そのものにおいては、初代藩主為信による大浦為則の跡目相続ならびに為信から信牧への家督継をめぐって、『津軽一統志』には、「幾重にも塗られた潤色の跡がみられる」ことを明らかにしている。そのうえで、それらの潤色の跡を、「どのようにして、一枚づつはがしていくのか」ということが、『津軽一統志』の読みに求められるのではなかろうか。とする文言によって、結ばれていた。

なほ、『津軽一統志』首巻・附巻については、その後、『青森県史』資料編中世三（二〇一二年）によって、「日記・記録・法令関係資料」の一部として、公刊されている。

Ⅲ　人から神へ

―本地物語における基本的なプロットについて―

五章　岩木山と花若殿・安寿姫の物語

津軽一統志には

享保一六年（一七三一）、弘前藩によって編纂された『津軽一統志』の附巻には、「津軽郡中名字」「十三往来」ほか、興味深い古記録の内容が紹介されていた。たとえば、霊峰岩木山の始まりを物語る一節には、

岩木の根本は、阿そへの森とて、少（小）な森にて有ける。是そ、鬼の住よし、宮古（都）へ聞こえ、篠原の国司、花の長者の御子、花若麿殿と申人に、熊野・住吉・天王寺の御夢想にて、上下六人にて、当国深浦といふ所へ御下り、夫より大浦へ御越、奥州勢を催し、山を猟り給へとも、験し是なきに付き、右山に逗留、まんじ（卍）錫杖を旗印として、鬼神を攻平げ給ふ、鬼の娘四人有、是を助置、人間は言に及はす、畜類までも、仇を為さずとの起請文をかゝせ、約を堅ふさせ、命を助け給ふ、今言ふ赤倉と言ふ洞に住居する由。

其後、岩木判官正氏の姫君、安寿の前と申奉る御人、飛来り給ひ、則明神と現し、及ひ此山に止り給ふ。其志るし有て、阿そへの森忽に大山となり、諸々の山に勝れて最高し、御当家に万字

（卍）の旗、錫杖（の馬標）を用ひ給ふは、往古花若殿鬼神を責平け給ふ故によりてなり。此故に花輪郡と名附伝ふる也。

と見えていた（テキストは、『新編青森県叢書』一、歴史図書社、一九七四年による。句読点ならびに括弧注は私案による）。

ここに記された「篠原の国司、花の長者の御子、花若麿殿」「岩木判官正氏の姫君、安寿の前」のように、やんごとなき貴公子や姫君が登場して、在地の霊峰や霊社の始まりをかたちづくる、という物語が伝えられているのは、岩木山に限らない。北奥は言うに及ばず、列島の各地において、数多くの事例が確かめられる。

たとえば、同じく北奥は、鹿角郡の霊峰、五ノ宮嶽には、何がしの帝の五の宮が左遷されてきたことに始まる興味ぶかい物語が伝えられていた。それより南下した塩竈大明神にも、中（仲）哀天皇御孫、花園新少将が流人として多賀国府に到来したことに始まる物語が伝えられていた。しかも、花園新少将の物語の原型は、室町中期、文明年間（一四六九〜八七）には形成されていたことが確かめられる。それぞれ、入間田「鹿角四頭と五の宮の物語」（『真澄学』三号、二〇〇六年、本書Ⅲ七章）、同「塩釜大明神の御本地」（羽下徳彦編『北日本中世史の総合的研究』文部省科学研究費報告書、一九八八年、のちに東北学院大学中世史研究会編『中世陸奥国府の研究』一九九四年に再録、本書Ⅲ八章）に記している通りである。

「御当家に万字（卍）の旗錫杖を用ひ給ふは、……」と記された辺りに、あるいは深浦や大浦の地名に着目されている辺りに、弘前藩政期に相応しい観念が反映されていることは言うまでもない。けれども、花若殿や安寿の前の登場、そのものについては、室町〜戦国期に固有の在地伝承のありかた、すなわち本地物語や貴種流離譚に彩られた在地伝承のありかたが反映されている部分あり、とすることができるのではあるまいか。

弘前藩政期には、坂上田村麻呂の征夷伝説が大々的に導入されて、在地の社寺の始まりが田村麻呂の物語によってかたちづくられるようになる。ないしは記紀に登場する古代の神々が呼び込まれて、在来の神々が後景に退けられるようになる。という「文化大革命」とも称すべき変革が推進されていた。田中秀和「幕末期の藩と民衆—近世北奥の寺社縁起と田邑麻呂伝承—」（田中『幕末維新期における宗教と地域社会』清文堂出版、一九九七年、初出は一九九〇年）ほかによって、その一端が解明されている通りである。さらには、平川新『伝説のなかの神—天皇と異端の近世史—』（吉川弘文館、一九九三年）によって、仙台藩の事例が俎上に載せられ、広域的な視野から論じられている通りである。

それなのに、花若殿や安寿の前の物語には、田村麻呂や記紀の神々にリンクする要素がまったく含まれていない。すなわち、藩政期における「文化大革命」によって「汚染」された痕跡がまったく含まれていない。これによっても、旧記の物語における古態のありかたが察知されるであろうか。

それに対して、『一統志』首巻の本文においては、百沢の岩本山神社について、「大堂には弥陀・薬師・観音を安置す、三山の本地垂跡（迹）なり」、「往昔、延暦十五丙子年、桓武天皇御草創云々」と記すのみで、附巻に収められた花若殿の物語については、まったく触れることがない。なんとしても、かれのことを認知したくはないような態度である。その物語の反映を強いて見いだそうとするならば、赤倉の洞窟に住まいする二鬼が、里人に恐れられていることが記されている。それだけであった。ただし、二鬼の名前は「汁字」「鎹杖」なりとする。位相を異にする解説が付加されていて、「汁字」「鎹杖」をもって花若殿の持物なりとする「附巻」のそれとは齟齬をきたすことになっている。

同じく、安寿の前のそれについては、「奥州岩城領司判官正氏之二子」「姉安寿・弟津志王」のうち、姉の霊を祭るとする、『和漢三才図絵』(正徳三年・一七一三)に収められた「今俗」の説を紹介している。そのうえで、「按ずるに、此説もっともなるべきか」とする評言を記している。

さらには、安寿が山神に誓って山に止まって、「相殿」に住まいしている。姉弟を苦しめた「山椒太夫」が住まいした丹後国人が近づくと、いまでも、お山が荒れる。そのために荒天には、浦々に停泊する船舶を捜索して、丹後国人を追い返す。それによってもたらされた晴天を「丹後日和」という。など、「世俗」の取り沙汰が肯定的に紹介されている。だが、それらにしても、安寿の前の物語を、積極的に掲げようとするレベルにはない。

しかし、寛政五年(一七九三)に、『津軽編覧日記』が同じく藩命によって編纂され、その付録として『本藩濫觴実記』(弘前市立図書館所蔵)がまとめられる辺りには、後景に止められていた『一統志』附巻の物語が積極的に受け止められたうえで、それなりの改変が及ぼされ、田村麻呂の征夷伝説ほかにリンクさせられて、本文のなかに採り入れられるようになっている。そのことが明らかである(『本藩濫觴実記』については、工藤弘樹氏のご好意によって、コピーを閲覧することができた。記して、御礼を申しあげる)。

たとえば、花若殿については、田村麻呂の父親、苅田麻呂による征夷事業を助けた「花若丸」ということに変身させられている。花若殿が夢想を得たのも、熊野・住吉・天王寺にはあらず、田村麻呂の信仰する「清水《きよみず》」（観音）によるということにされている。さらには、「花若丸」の正体は、「苅田麿ノ嫡子、花輪ノ王子」だった。すなわち田村麿の舎兄だったとる奇想天外な解説がほどこされるまでになっている（『濫觴実記』坤巻）。

安寿の前についても、藩政期になって、記紀の神話にリンクするかたちで考案された物語の主人公、すなわち「田光ノ珠」ないしは「国安ノ玉」をもたらした龍女の「上国安珠姫命」ということに変身させられている。

けれども、「或説ニ」ということで、「永禄三辛酉年又元年トモイフ、岩木判官正氏ノ姫、安寿ノ前、権現ト現レ、阿曽部ノ森ニ飛来テ、此処ニ止リ玉フ、其験シ有テ、阿曽部ノ森、一夜ノ中ニ、大山トナル、号シテ岩木山ト云、安寿前、丹後国山椒太夫ニ被仕、其憤アルニ依テ、丹後ノ人、登山ハ勿論、郡内ニ入ル時ハ、天気荒ルヽト云」とする風聞が紹介されていた（同前）。それを見逃すことはできない。すなわち、『一統志』附巻の物語における古態が、「文化大革命」によっても、改変し尽くされることなく、打ち消しがたい生命力を保ちつづけていたことを見逃すことはできない。

そのような古来の伝承が根強く生き続けているかぎりは、安寿の前を「上国安珠姫命」に変身させるという観念的操作だけでは在地の心情を満足させることはできない。そのためには、どうしても、龍女にはあらず、岩木判官正氏ノ姫としての安寿の前を、「或説ニ」ということで、登場させないわけにはいかない。そのような事情が察知されるであろうか。

花若殿の由来

そのようにして、『一統志』附巻に紹介され、やがては藩レベルの正統な言説体系を揺るがすまでになった岩木山のルーツをめぐる花若殿と安寿姫の物語には、室町～戦国期に固有の在地伝承のありかた、すなわち本地物語や貴種流離譚に彩られた在地伝承のありかたが色濃く反映されていた。それを疑うことはできない。

それならば、具体的に、いかなる素材によって、藩レベルの言説体系の余所に、その在地伝承の古態のありかたをさぐることができるのか。それが問題である。

たとえば、元禄一四年（一七〇一）、岩木山百沢寺光明院十世朝祐によって編纂された『岩木山百沢寺光明院（縁起）』（弘前市立図書館所蔵）には、「諸書の端に記すところ、あるいは古老の僧俗の転語することを見聞するに」として（原漢文、以下同じ）、「此山、往昔は阿蘇辺の森といえり」、「ここに魍魎《もうりょう》の精鬼住まいして、人民を取り悩ますの由、帝都に聞ゆ、則ち江州篠原の領主、花輪何某、退治すべきの宣旨を蒙る、故に熊野・住吉・天王寺に詣て、このことを祈る、則ち霊夢を得て後、越前国敦賀の津より船に乗って、当国深浦に着岸す」、（中略）、「中春の頃、新たなる霊夢の告あり、いわゆる錫杖の印と曼字の旗の紋と、これを用いてかれを責めるべしと、うんぬん」、（中略）、「果たして、件の魑魅《ちみ》その形を顕す、故に即時にこれを責伏す、かの棟梁たるものの強ちに降を乞う、故に今より以後、人民に怨をなすことなく、山神給仕の眷属となって、登山仰信の衆人を擁護すべきの旨、堅く誓約を致さしめ、しこうしてこれを免す、則ち右峰の赤倉に住まわせしむと、うんぬん」と記されていた。

『一統志』附巻における記載と、この文章とを比べるならば、一目瞭然。その附巻における記載は、その岩木山百沢寺のトップによって取りまとめられた在地における古態の伝承を、二十数年の間隔を置いて、そのままに踏襲したものであった。すなわち、前者における「篠原の国司、花の長者の御子、花若麿殿と申す人」は、後者における「江州篠原の領主、花輪何某」を踏襲・美化したものであった。そのことが明らかである（『岩木山光明院（縁起）』の調査にさいしては、青森県史編纂室若松啓文氏による懇切な教えを忝くした。心より御礼を申しあげる。なほ、小舘衷三『岩木山信仰史』北方新社、一九七五年には、その読み下し文が載せられていて、重宝である）。

それより下って、寛政三年（一七九一）に編纂された『岩木山百沢寺旧記』（弘前市立図書館所蔵）によれば、「岳神花若の慈母」が化したと「土人」に語り伝えられる「姥石《うばいし》」の巨岩には、お参りの女性が少なからず。同じく、「岳神」が赤倉の「老鬼女」に、「眷属となりて、永く此の山を擁護」せよとて、書かせたと語り伝えられる「誓文」も、「石函（箱）」に納められ百沢寺に伝えられていた。そのうえに、花若殿に退治された二鬼については、「錫杖清水」の傍らに住まいした故に、「万字」「錫杖」と名づけられたとする「土人」の伝えも残されていた（『百沢寺旧記』の調査にさいしても、若松氏の教えを得ている）。

近世の後半に入った辺りにも、岩木山の在地では、「姥石」の巨岩や「誓文」の「石函（箱）」が珍重されて、「岳神花若」による鬼退治の物語が、「土人」の間に生き生きと語り伝えられていた。そのことが察知される。

そういえば、寛政八年（一七九六）、雪がまだらに消え始めた早春に当地を訪れた菅江真澄によって記された「津可呂の奥」（つかろのおく）にも、岩木三所大権現の記事が見えていた。そのうえで、「阪上田村麻呂」が「阿曾閇の森」に住む「あやしのもの」を追放したのは、延暦一五年（七九六）。その後、多年を経て、「近つあふみ（近江）の国篠原の守《かみ》たりし花輪なにがしのうし（大人）」が討手として到来。万字・錫杖の旗印を掲げて、赤倉山の鬼、万字・錫杖を捕らえ、「今より後は人につゆ（露）のわざはい（災）もおは（負）せじ、ゆめゆめ」との「うけひ」（誓言）をさせることになった（『菅江真澄全集』三巻、未来社、一九七二年）。とする伝承が紹介されていた。

ここでは、「阿曾閇の森」に住む「あやしのもの」を追放したのは、「阪上田村麻呂」だ、ということになっている。すなわち、「近つあふみ（近江）の国篠原の守たりし花輪なにがしのうし（大人）」が討手として到来したのは、その多年を経た後だった、ということになっている。これによって、岩木山の在地においても、田村麻呂を持ち上げる「文化大革命」の嵐が吹き寄せていたことが察知される。ただし、田村麻呂と「花若丸」（花輪の王子）が兄弟だったとする『濫觴実記』のレベルにまでは、「文化大革命」による在地伝承の書き換えが「進化」していなかったことにも注意しておかなければならない。

ただし、「花輪なにがし」については、「あるはいふ、山城の国篠原の花野長忠の長男花若君、住吉明神の夢想にまかせて岩木山なる鬼をうち、大嶽丸がやから（族）阿枳部といふ鬼、善知鳥《うとう》前《まえ》なるかけはしの辺のいはや（岩屋）にかくろ（隠）ひ住むをう（討）ちたまふとなん」とする異説も紹介されていた。

ここにおける「近つあふみ（近江）の国篠原の守たりし花輪なにがしのうし（大人）」という表現や、異説として紹介された「山城の国篠原の花野長忠の長男花若君」という表現が、「篠原の国司、花の長者の御子、花若麿殿と申す人」（『一統志』『旧記』）に同じく、「江州篠原の領主、花輪何某」（『光明院』）

という本来的なそれを踏襲・美化したものなることは、いうまでもない。在地においても、「江州篠原の領主、花輪何某」を持ち上げて、美化しようとする志向性がはたらいていたということであったろうか。

いずれにしても、岩木山の在地においては、「江州篠原の領主、花輪何某」が赤倉山の鬼を退治するという劇的な人生の終わりに、「岳神」と化した。あわせて、かれの「慈母」も、「姥石」と化して衆人の信仰するところとなった。とする伝承の古態が存在していた。そのことには間違いがない。

その「江州篠原の領主、花輪何某」の名前は、岩木山を仰ぎ見る花輪→鼻和郡の地名に由来しているのに違いない。花輪→鼻和郡鎮守の霊峰岩木山に対する里人の思い入れがネーミングの根本の動機になっているのに違いない。『一統志』「旧記」において、「往古花若殿鬼神を責平け給ふ」、「此故に花輪郡と名附伝ふる也」と記され、郡名との関連性が示唆されていることからしても、そのように考えられるであろうか。

その名前が美化されて、「篠原の国司、花の長者の御子、花若麿殿と申す人」（『一統志』「旧記」）や「花若丸」「苅田麿の嫡子、花輪の王子」（『濫觴実記』）、さらには「近つあふみ（近江）の国篠原の守たりし花輪なにがしのうし（大人）」や「山城の国篠原の花野長忠の長男花若君」（菅江真澄）というような表現に「進化」させられてゆくプロセスにおいては、田村麻呂を持ち上げる「文化大革命」の嵐のほか、伝説のヒーローを「国司」や「王子」の貴公子として権威づけようとする在地社会に通有の心情が作用していたのに違いない。すなわち、鹿角郡の霊峰、五ノ宮嶽や奥州一宮、塩竈大明神などにおいて、京都方面からくだった貴公子が祭神と化したとする物語が室町・戦国期から形成され始められたのに共通する事情が作用していたのに違いない。その貴種流離譚に傾く在地の心情が、津軽では、近世の半ばを過ぎる辺りにまで、濃厚に保ち続けられていたということであったに違いない。これは、おもしろい。

あわせて、在地に流布した語り物の影響も目配りする必要があるかもしれない。語り物の世界では「花若」は、幼くして父親を失った貴公子の通り名であったらしい。謡曲『柏崎』における越後国の豪族の若君、同じく『鳥追船』における薩摩国は日暮殿の若君、同じく『望月』における信濃国安田荘司友治の若君、などの生い立ちによっても、その本来の姿を想い描くことができるであろうか。花輪何某から花若への「進化」には、そのような物語の影響があったかもしれない。さらには、「異国征伐（鬼退治）は百合若伝説を支える一本の柱」であったとする前田淑の指摘（「日本各地の百合若伝説」下、『福岡女学院短期大学紀要』六号、一九七〇年三月）にも、気をつけなければいけない。花輪何某の鬼退治の物語が「進化」させられるプロセスにおいては、そのような物語の影響も作用していたのかもしれない。

ただし、「江州篠原の領主、花輪の何某」ほか、京都から一日の行程を隔てた交通の要衝、近江国篠原の宿場に所縁の人として、主人公を物語る趣向の由来については、詳らかにしがたい。同じく花若を名乗りとする主人公、謡曲『望月』における若君が、同じく近江国守山の宿場（篠原のそれに近接）で仇討ちの本懐を遂げたとするような趣向に、どのように響き合っていたのか、いなか。分明にしがたい。

安寿姫の由来

それに対して、安寿姫、すなわち安寿の前のばあいには、岩木山側における伝承の古態を鮮明にすることはできない。すなわち、『岩木山百沢寺光明院（縁起）』や『岩木山百沢寺旧記』には、安寿の前に関する肯定的な記事を見いだしがたい。

強いて挙げるならば、『一統志』附巻に「安寿姫の霊、飛来して、即ち阿蘇辺の森、大山となり、岩木山と名づけて以来、おおよそ寛文十（八衍か）年まで八百九十（九脱か）年」（原漢文）と記されているのに、『三才図会』には「安寿姫、永保二年正月十六日殞命」と記されている。すなわち五百八十九年しか経っていない。として「此説、恐らくは不当」と判断していることがあろうか。ただし、『一統志』附巻で「寛文十年まで、八百九十九年になる」と記されていたのは、花若殿の鬼退治に始まる一連の経過についてのことであり、安寿姫の霊が飛来した年次についてのことではない。したがって、『百沢寺旧記』による「恐らくは不当」とする判断は、見当違いの誹りを免れない。

ならびに、『一統志』首巻の本文が肯定的に引用する『三才図会』における「今俗」の説、すなわち奥州岩城領司判官正氏の男子、津志王が、姉の安寿の霊をこの山に祭ったとする説を受け止めて、「いま社檀中の童女なるは、蓋し津志王が祭る時の像か」と判断していることがあろうか。ただし、同じく『百沢寺旧記』によるこの判断には、「童女の一体」は「甚だ新刻也」（今に彩色損ずることなく美麗）とか、「はたして後世に安置する也」とか、疑惑のコメントが付せられていたことを見逃してはならない。

そういえば、近世の半ばを過ぎた辺りに、岩木山の百沢寺を訪れた菅江真澄の遊覧記にも、安寿の前に関する聞書きは見られなかった。筆まめな真澄のことである。たとえ断片なりとも、安寿の前のことを耳にしていれば、必ず書き取っていたに違いない。百沢寺の側に、安寿の前の伝承が信受されていたとは、どうしても考えられない。

さらにいえば、『一統志』附巻において、『百沢寺光明院』に全面的に依拠しながら、「篠原の国司花の長者の御子、花若麿殿」の鬼退治物語を掲載しているのに続けて、「其後、岩木判官正氏の姫君、安寿の前と申奉る御人、飛来り給ひ、則明神と現し及ひ、此山に止り給ふ、……」とする出所不明の記事を追加していた辺りを振り返ってみるにつけても、安寿の前の物語の後来性を察知することができるであろうか。

そういえば、『濫觴実記』には、「或説ニ」ということで、「永禄三辛酉年又元年トモイフ、岩木判官正氏ノ姫、安寿ノ前、権現ト現レ、阿曽部ノ森ニ飛来テ、此処ニ止リ玉フ」、と記されていた。永禄三年（一五六〇）か、それとも永禄元年か。いずれにしても、花若丸による鬼退治があったとされる時期よりも、はるかに遅れる戦国期のことなり。とされていることには変わりがない。

同じく、『一統志』首巻の本文において、古来の記録にはあらず、『和漢三才図会』における「今俗」の説や「丹後日和」に関する「世俗」の取り沙汰が援用されている辺りを振り返ってみるにつけても、その後来性を察知することができるであろうか。

あれや、これやで、安寿の前に関する伝承は、岩木山信仰のお膝下にはあらず、別の方面で形成された後に、津軽方面に持ち込まれ、民間に流布・熟成され、「今説」「世俗の取り沙汰」がかたちづくられる過程において、藩レベルの言説体系を揺るがすまでになった。あわせて、岩木山信仰のお膝下に受容させられもして、社檀の片隅に安寿姫の神像が祭られるようになった。すなわち、その大元は、室町～近世前期、全国的に流行した説教節『さんせう太夫』にあって、その趣向が津軽方面に持ち込まれてきた。と想定することにならざるをえない。

そういえば、現在に伝えられている「さんせう太夫」（説教節）の台本には、父親の名誉回復を果たし栄華の頂点に達した厨子王丸が、老父母らを具して、陸奥（みちのく）に下ったとする結末はあれども、厨子王丸が姉の霊を岩木山に祭ったとするような結末は含まれていない。その「陸奥」の記載が元になって、やがては、津志王が安寿姫の霊を岩木山に祭った。とするようなかたちに発展させられた。そういうことだったのではあるまいか。

津軽では、安寿の前の人生を、イタコがわが身のこととして一人称で語る『お岩木様一代記』（『日本庶民生活史料集成』一七巻、三一書房、一九七二年）が、近代に至るまで流布していた。

岩崎武夫（『続　さんせう太夫考』平凡社、一九七八年）には、その『お岩木様一代記』をもって、イタコが語り手として、みずから安寿を一人称で語る、土着化した『さんせう太夫』とする理解のしかたが提示されていた。その通りである。何の異論もない。

それなのに、岩木山における安寿の前の伝承（『お岩木様一代記』）が土台になって、説教節「さんせう太夫」がかたちづくられたとする逆向きの想定が、安野《あんの》真幸氏によって提起されている（『説教『山椒太夫』の成立」（同『下人論』日本エディタースクール出版部、一九八七年）。それには従うことができない。

同じく、柳田国男「比丘尼石の話」（『定本柳田国男集』四巻、筑摩書房、一九六三年、初出は一九二三年）にも、安寿御前を慕って登山しようとした乳母が化したとされる姥石に着目して、「既に日本海の船乗り等の間には知れ渡った岩木山の舊話があって、乳母が石になったと言ふ奇妙な一條が其中にあったので」、「丸々これを無視」するわけにもいかず、「浄瑠璃」に乳母が登場させられて、そして死なされている。とする指摘が行われていた。『お岩木様一代記』に語られたそれではないにしても、岩木山の伝承の方が本来的だとする点では、安野説の先駆けに当たる指摘である。

さらには、『お岩木様一代記』の解説（『日本庶民生活史料集成』一七巻）にも、「山椒太夫の津軽版などと軽々しくいうことはではない」、すなわち岩木山における伝承が土台になって、「さんせう太夫」がかたちづくられたとする想定が記されていた。

それらの岩木山の伝承を根本とする推論の立てかたには、相当な無理があるのではないか。史料の時系列を顧慮することなく、横並びにして、比較・対照の材料とするだけでは、本末の関係を解明することは難しいのではあるまいか。そもそも、岩木山の伝承を根本とする想定の出発点からして、疑問なしとはしない。これまでに確かめてきた通り、岩木山信仰のお膝下に、そのような古態の伝承があったとする形跡は存在していなかった。柳田の着目する姥石にしても、安寿の前の乳母が化したとする伝承よりも、花若殿の慈母が化したとするそれの方が、『百沢寺旧記』によっても察知されるように、本来的だったのではあるまいか。

それよりは、むしろ、丹後国金焼地蔵の本地物語が日本海方面に流布するなかで、岩木山の本地物語のそれがかたちづくられたという経過を想定する方が、はるかに穏やかなのではあるまいか。「語り物が自由に趣向を立てた当時」においては（柳田「比丘尼石の話」）、そのような自由な経過があったと考えても、差支えがないのではあるまいか。

だが、それにしても、「越後・佐渡から京西国にかけて、珍しく広い舞台をもつこの人買い船のロマンスは、要するに十三の湊の風待ちの徒然に、遊女などの歌の曲から聞き覚えたものに相違ない。そうして、その感動を新に花やかな言の葉に装うて、つぎつぎに語り伝えた女たちも、また久しく国中を漂泊していたのであった」とする柳田の指摘ほどに印象的なものはない（「津軽の旅」、『定本柳田国男集』二巻、初出は一九一八年）。日本海方面に流布した安寿の前の物語のありかたを感得せしむるに、これほどに効果的な表現はない。

岩木山三所権現の時代

岩木山における本来的な祭神は、岩木山三所権現であった。その「中央の本地は弥陀、左峰は岩鬼山本地観音、右峰は鳥海山本地薬師、三峰三所一体分身垂跡（迹）の権現と崇めたてまつるものなり」（原漢文）、と『岩木山百沢寺光明院（縁起）』に明記されている通りである。中世日本の人心を揺さぶった本地垂迹の言説体系に、この北限の霊峰を包摂するまでの広がりが具えられていたことに、改めて驚嘆せざるをえない。

それらの三所権現を祭る山麓の寺はといえば、岩木山百沢寺光明院（百沢村）・岩鬼山西方寺観音院

（十腰内《とこしない》村）・鳥海山永平寺景（桂）光院（松代村）なる寺院群であった。ともに、延暦年中の創建、具体的には延暦十五年（七九六）の創建なりという。

そのうち、「往昔」（大名南部氏による津軽統治の時代）には、観音院が「別当職」の地位にあった。「往昔、当山の別当職を、南部の観音院が司ることあり」と記されている通りである。

『百沢寺旧記』によれば、その観音院には「本縁起」、すなわち本来的な縁起が伝えられていた。そこには、「竊《ひそか》かに惟みれば、奥州津軽岩木山は、雲霞麓に靉き、山頭を大空に顕す、大暑熱日も雪消えず、（中略）、本地弥陀、薬師、観音、跡を権現に垂れたまう、延暦十五年、桓武天皇御建立」と記されていた。とされる。

鹿角郡の霊峰、五ノ宮嶽のばあいには、そのネーミングからして、五所の神々の集合体としての、すなわち本地垂迹の神々のそれとしての本来的な姿をかろうじて推測できるだけであった（入間田前掲稿、本書Ⅲ七章）。それなのに、岩木山のばあいには、三所の神々を祭る本来的な信仰のありかたが鮮明に記憶されていた。これは、すばらしい。

ところが、その観音院は、南部勢の撤退に伴って、盛岡に移転させられていった。『光明院（縁起）』『百沢寺旧記』のいずれにも、「南部観音院」と記されているのは、それによるものであった。

同じく、「本縁起」も盛岡に移転させられたことは、もちろんである。『百沢寺旧記』には、弘前藩主二代信枚によって、それを写し取るべき手立てが講じられたが、失敗に終わったこと。その後、「本縁起」そのものが焼失してしまったらしいこと。が記されていた。『光明院（縁起）』に、観音院が「中頃に火災炎焼」したために、「古代の縁起・記録等、悉く失滅」せりと記されていたのは、それに即応するものであったろうか。

それならば、『百沢寺旧記』に、「古記にいわく」として紹介された「本縁起」の文章は、正確な写しにはあらず、取意文ともいうべきレベルのものであったことにならざるをえない。もしも、「本縁起」そのものが、写しなりとも、伝えられていたならば、近世における岩木山の歴史像にも、より一層に豊かな内容が付与されていたのに違いない。返す返すも、残念なことであった。

津軽から南部勢が撤退し、盛岡に観音院が移転させられた後には、岩木山百沢寺光明院が大名津軽氏に盛り立てられて、中心的な地位を担うことになった。天正一七年（一五八九）、百沢寺は火災によって全焼するが、慶長六年（一六〇一）には弘前藩主初代右京大夫為信によって大々的に再興させられている。そして、寛永二年（一六二五）には二代信枚《ひら》によって、「退転」状態にあった西方寺観音院・永平寺景光院を統合して、百沢寺に一本化する措置が採られた。

その辺りの事情についても、またしても、菅江真澄が格好の聞書きを提供くれている。すなわち、「其頃たてたらんかし、三ありし寺の景光院はあばれたえ（絶）にき、観音院は南部にうつりぬ。此百沢寺も、あまたの僧坊も、天正十七年火かゝりて、あともあらざりしかど、今の国の守の遠つおや右京大夫為信君の、本堂下居《おりい》の宮を再びおこし立て、いみじう清らをつくして作らせ給ふ」と記されていた（「津可呂の奥」前掲）。

あわせて、百沢寺光明院の本来的な在所が、観音院に同じく十腰内村だったことにも、注意が払われている。そのうえで、「昔は十腰内に至り、此村より岩木根に登るをまほ（真面）の路とせり」と記されている。

聞書きとはいえども、侮るべからず。『光明院（縁起）』や『百沢寺旧記』の類よりも、はるかに鮮明かつ簡潔に、複雑な歴史過程が取りまとめられている。実に、うまいものである。

したがって、歴代の弘前藩主によって奉納された願文にも、「本縁起」（取意文）における本地垂迹の言説体系に則した内容が盛り込まれることになった。たとえば、『光明院（縁起）』に収録されている二大藩主津軽信枚が奉納の願文（慶長十五年・一六一〇、寛永六年・一六二九）にも、それぞれ、「御本尊、阿・薬・観の三尊」「伝聞く延暦年中の建立とうんぬん」、「岩木山・岩鬼山・鳥海山の三峰、三所権現の住まいする所、三所の本地は則ち弥陀・薬師・観音の三尊なり」と記されていた。同じく、四代信政が奉納の願文（元禄七年・一六九四）にも、「三所権現」「南は薬師瑠璃光如来が嶽」「中央の阿弥陀」「北は補陀楽（落）観音の霊峰」ほかの文字が見えていた。

そのような「本縁起」の趣旨を基本とする流れが続いていたならば、巷間に流布する花若殿や安寿姫の物語が、岩木山百沢寺の権威筋や藩主レベルの歴史認識に揺るぎを生じさせることはできなかったかもしれない。

だが、現実は違っていた。四代藩主信政が奉納の願文の起草を命じられた岩木山百沢寺のトップ、すなわち「中興開山」と評せられた光明院九世朝誓が「入定」した後、元禄一四年（一七〇一）に、十世朝祐によって編纂された『岩木山光明院（縁起）』の本文には、あの花若殿の鬼退治の物語が掲載されることになったのである。その詳しい内容は、前に記した通りである。

なぜ、そのようなことになったかといえば、南部観音院に伝えられた「古代の縁起・記録等が悉く失滅」してしまった。そのために、「諸書の端に記すところ」「古老の僧俗の転語すること」を見聞したものを取りまとめるという苦しい選択を余儀なくされたのだ。とする解説が、言い訳がましく連ねられている。

だが、それだけではあるまい。巷間に流布する花若殿の鬼退治の物語が勢いを増して、百沢寺の権威筋といえども、無視できないほどのレベルに達していたという根本的な事情が存在していたのではあるまいか。

ただし、四代藩主信政が奉納の願文には、岩木山上にある「錫杖清水」のそれにあわせて、「錫杖・曼字といえる善鬼・護鬼住めり」とする断片的な記載が挿入されていた。したがって、正確には九世朝誓の辺りに、百沢寺の権威筋や藩主レベルによる花若殿の鬼退治の物語の受容が端緒的ながら開始されつつあった。としなければならない。

それより大きく下って、寛政三年（一七九一）に編纂された『百沢寺旧記』の本文には、「岳神花若の慈母」が化したとされる「姥石」の巨岩には、良縁を願って参詣の女子が少なからず。あわせて、「岳神」が赤倉の「老鬼女」に、「眷属となりて、永く此の山を擁護」せよとて、書かせた「誓文」も、「石函（箱）」に納められ百沢寺に伝えられている。とする内容が、「土人あい伝えていわく」とする断りにあわせて、盛り込まれるまでになっていた。すなわち、三所大権現は後景に退けられて、花若殿が「岳神」として前景に登場させられる。という逆転現象がかたちづくられるまでになっていた。あわせて退治された二鬼についても、「錫杖清水」の傍らに住まいした故に、「万字」「錫杖」と名づけられたとする「土人」の伝えが盛り込まれていた。あまつさえ、その二鬼には、「岳仙」の美称が奉られるまでになっている。

それらを顧るにつけても、巷間に流布する花若殿の鬼退治の物語の勢いが増しつつあった状況を察知できようか。

そのことばかりではない。その文章には、なにかにつけて、「土人あい伝えていわく」と注釈された巷間の説が引用されていた。ますますもって、然るべしといわざるをえない。

ただし、花若殿によって退治された赤倉山の鬼が、誓約の通り、おとなしくしてばかりいたかといえば、決して、そうではない。その後においても、登山者を悩ますことがあったらしい。たとえば、『光明院（縁起）』にも、参詣者が「消失する」（行方不明になる）事故は、「または、かの精鬼の所為か」と疑われ、三所権現の託宣を仰いだ結果、「別当寺院」の在所や登山口が十腰内（岩木山の東面）から百沢（山の南腰の麓）にシフトさせられた。とする経過が書きつけられていた。

寛政八年（一七九六）になって、百沢寺を訪れた菅江真澄の聞書きに、三所権現の記事に続けて、花若殿の物語がしっかりと書きつけられることになったのは、不思議でも、なんでもない。巷間に流布する鬼退治の物語が、「土人」ばかりではなく、百沢寺の権威筋によっても、受容されるようになった、ごくごく当然の反映だった。ということにもなるであろうか。

むすびにかえて

それならば、『津軽一統志』首巻の本文において、百沢の岩本山神社について、「大堂には弥陀・薬師・観音を安置す、三山の本地垂跡（迹）なり」、「往昔、延暦十五丙子年、桓武天皇御草創云々」と記して、花若殿の物語に触れられることがなかったのは、無理もない。それが編纂された享保一六年（一七三一）といえば、『光明院（縁起）』が編纂されてから、わずかに、三〇年を経過したのみ。いまだに、三所権現の垂迹、延暦十五年の草創とする伝統的な言説体系に具えられた正統性が失われることなく、……、というような状態を想定することができようか。それまでに、歴代藩主が百沢寺に奉納した願文に（慶長十五年・寛永六年・元禄七年）、三所権現の言説が堂々と掲げられていたことからしても、そのように想わざるをえない。

それだけではない。観音院・景光院が退転に及んでいたのを、二代信枚が百沢寺光明院に「混集」したこと。別当寺院の本来的な在所は、そして本来的な登山口は、十腰内村であったが、「神託」によって百沢村に移転させせられたこと。その百沢寺が火災にあった後に、藩祖為信が大々的に「再興」したこと。ほかの記事についても、『光明院（縁起）』に依拠している部分が少なからず。

ただし、観音院が本来的な別当寺院であったこと。それが盛岡に移転させせられていったこと。など、大名南部氏による津軽統治の記憶については意図的に消去されてしまっている。それによって、大名津軽氏によって、光明院が新に別当寺に取り立てられ、百沢村に移転させせられた。その結果として、主要な登山口も百沢村側に移転させせられた。とするような想定が成り立ちうる条件が末殺されてしまっている。すなわち、津軽氏による岩木山の取り仕切りが、ひいては津軽氏による津軽一円の統治権が、南部氏のそれよりも遅れるという歴史的経過を明らかにする条件が抹殺されてしまっている。その辺りについては、十分に注意しておかなければならない。だからこそ、政治的な立場に捉われないで率直に記された真澄の聞書きには、千金の価値があったのだ。

だが、そのような反面において、『一統志』の附巻においては、『岩木山光明院（縁起）』に基づいて花若殿の鬼退治の物語が肯定的に紹介されている。そのうえに、「御当家に万字の旗、錫杖を用ひ給ふは、往古花若殿鬼を責平け給ふ故によりてなり」とする解説を付け加えている。さらには、その首巻の本文においてさえも、錫杖清水・赤倉山や種蒔苗代に関する巷間の取り沙汰を紹介しながら、例の二鬼の名前を「卍字」「錫杖」とする「土人」の伝えを付け加えている。

万字・錫杖を花若殿の持物なりとする解説は、四代藩主信政の舎弟による「可足権僧正筆記」に、「津軽古代の紋形ハ卍字、幕紋は錫杖ニ而候、世人の申候通、田村丸軍陣ニ用候」と解説されていることを踏まえたものであったろうか。ただし、真実は「南部ニ三男ニ被準候、称号・家紋とも用得候」と記されているように、南部氏のそれ（破菱紋か）を用いるのが本来だったらしい。それなのに、卍字・錫杖を「古代の紋形」する解説が行われるようになったのは、藩主信政や舎弟可足の周辺に、南部の分かれという自家の出自を認めたくないとする強烈な志向性があったことによるものらしい。そのような「可足権僧正筆記」（元禄一〇～一六年、一六九七～一七〇三）ほかによる歴史の書き換えを踏まえて、『一統志』の編纂が進められたことについては、『青森県史』資料編・中世2（二〇〇五年）による「解題」

(同書六六四ページ)ほかを参照されたい。その可足筆記のテキストについても、同書に収録のそれ(五〇八～五一二ページ)を参照されたい(後には、藩祖為信の夢中にあらわれて大権現の神勅を伝えた二鬼の名前に因んで「曼字」「錫杖」のデザインを用いるようになったとするような言説も生み出されることになった。『一統志』巻二、「岩木山御示現附漫字錫杖之事」)。

それに対して、二鬼の名前を「卍字」「錫杖」とする「土人の伝え」には、そのような作為が加えられた形跡がみられず、岩木山の「錫杖清水」に因んだ本来的な性格が維持されているらしい。『百沢寺旧記』は、「岩木山御示現、附曼字・錫杖之事」の項目を立て、二鬼の名前か、田村将軍の持物か、「両説いずれが是なるか、いまだ知らず」とする評言を付加しているけれども……。

そのようなわけで、伝統的かつ正統的な言説体系に縛られながらも、巷間に流布する情感あふれる物語に惹かれる。かつ、また、南部の分れという自家の出自を認めたくないとする複雑かつ過渡的な心境を、『一統志』編者のそれとして想定することができようか。

安寿姫の物語にかんしても、また然り。本文においては積極的な記載には及ばないが、巷間に流布する「今説」や「世俗」の取り沙汰などを引用して、肯定的な評言を付加している辺りからは、同じく揺れ動く複雑な心境を想定することにならざるをえない。

そして、寛政五年(一七九三)、『本藩濫觴実記』の編纂である。ここでは、花若殿、安寿姫、いずれも、本文のなかに正式に登場させせられるまでになっている。花若殿は田村麻呂の舎兄「花若丸」「花輪の王子」、安寿姫は記紀神話にリンクする龍女「上国安珠姫命」というようにデフォルメされてはいるが、その堂々たる存在感を否定すべくもない。ここにおいて、巷間に流布する情感あふれる物語が、百沢寺トップの歴史認識を揺り動かし、さらには津軽藩当局のそれを揺り動かしてきたプロセスの紛れもない結実を看取することができようか。

ただし、長谷川成一「近世奥羽大名家の自己認識―北奥と南奥の比較から―」（長谷川『北奥羽の大名と民衆』清文堂出版、二〇〇八年、初出は一九九七年）によれば、『濫觴実記』は巷間に流布する情感あふれる物語に影響され過ぎた嫌いなきにしもあらず。そのために、津軽家の先祖に関する公的かつ建前の認識を違えて摩擦を生じることにもなったという。なるほど、そういうことであったか。南部の分れという津軽家の出自は認めたくない。けれども、津軽家が独立の大名だったとする証拠を見いだすことはできない。ましてや、京都近衛家の分れだったとする公的かつ建前の認識を支える証拠を見いだすこともできない。にもかかわらず、なんらかの材料を求めなければならない。という切羽詰った状況のなかで、巷間に流布する物語への過度の寄りかかりが生じてしまった。ということだったのではあるまいか。

「可足権僧正筆記」→『一統志』の辺りに始まり、『濫觴実記』に至るプロセスによって形成された津軽家の系譜認識について、「みちのくの世界に広がるさまざまな伝承の集大成のうえに成り立っていた」。「安東・南部・松前などの諸家に遅れて登場してきた津軽家にとっては、安日・高丸・新羅三郎などの固有の伝承をもたない新興の津軽家にとっては、平泉伝説ほかのあらゆる語り物を動員することによって、自家の系譜を飾ることしかできなかったのではあるまいか」。と記したのは、一九九〇年のことであった（入間田「中世奥北の自己認識」、同『中世武士団の自己認識』九章、三弥井書店、一九九八年に再録）。

そのような系譜認識形成のプロセスが基軸となっていたとするならば、巷間に流布する花若殿や安寿姫の物語が、藩レベルの歴史認識のなかに登場させられるまでに至ったとして、不思議でも、なんでもない。そのように言うことも、できるであろうか。

さいごに、「可足権僧正筆記」『一統志』から『濫觴実記』にいたる、津軽藩による修史事業の経過については、長谷川成一「近世奥羽大名家の自己認識」(前掲)、ならびに『青森県史』資料編・中世二(前掲)に教えられることが大きかった。記して、御礼を申しあげる。

§コメント§

小論の初出の本文には、「より一層に、正確を期すならば、岩木山における安寿の前の伝承の土台としての役割を果たしたのは、現在に伝えられる台本(丹後国金焼地蔵の本地物語として完成されたバージョン)に収束されることのなかった語り物の古態に相当する部分(岩木山の本地物語に相当する部分)だったのに違いない」。「日本海方面に流布する説教節(語り物)の原型があって、それが丹後国金焼地蔵の本地物語のバージョンとなったり、岩木山の本地物語のそれになったりするという経過を想定する方が、はるかに穏やかなのではあるまいか」。と記した部分が存在していた。

その部分については、筆のスベリであった。表記にしたがうならば、丹後国金焼地蔵の本地物語に先駆けて、なんらかの「原型」ないしは「古態」をなす物語が存在したことになって、本地物語発生に関する原理・原則に背馳することになりかねない。ここは、やはり、丹後国金焼地蔵があっての安寿姫の物語であった。そのうえで、物語のプロットが、日本海方面に流布するなかで、岩木山の信仰と習合して、ユニークな物語として結実するにいたった、と考える方が穏当なのかもしれない。したがって、その筆のスベリの部分については、今回は削除させていただいている。ごめんなさい。

六章　岩木山の祭神をめぐる研究史を振りかえって

お山詣りの人びとが語るには

前章には、「岩木山と花若殿・安寿姫の物語」ということで、岩木山の祭神に関する言説が、中世における本来的なありかたが、すなわち岩木山三所権現なりとするそれが、次第に後景に追いやられて、花若殿や安寿姫なりとする言説がかたちづくられてくるプロセスを跡づけることができた。なかでも、安寿姫のそれについては、花若殿のそれよりも新しく、その後来性は否定するべくもない。そのことを解明することができた。しかし、触れるべくして触れえなかった若干のポイントが残されていないでもない。今回は、それらの点について触れることによって、前章における論述の補いにしたい。

たとえば、菅江真澄は、天明五年（一七八五）、秋八月一五日、弘前の辺りにて、岩木山に登拝する「優婆塞《うばそく》」（参詣者）の一行に遭遇した。その見聞記録が、『そとがはまかぜ』（楚堵賀浜風）に見えている。

笛、つゞみ、うちどよめきて、さんげ〱と、もろ声にとなへて過るは、此の月の朔日よりけふ（今日）を限に、岩木山まう（で）のぼる、うばそく（優婆塞）ら也けり。

この御山開らけしはじめは、延暦の頃（七八二〜八〇六）となん、人の語ぬ。其むかし、岩城の司判官正氏のうし（大人）の子ふたところ（二所）持給ふを、安寿姫・津志王丸と聞こえたる、其たま（霊）を、このみね（嶺）に祭る。さる物語の有けるがゆへに、丹後国の人は、このいは木ね（岩木嶺）にのぼりうることかなわず。又此みねの見え渡る海つら（面）に、その国のふね（舟）をれば、海、たゞあれ（荒）にあれて、さらに泊もと（求）むることもかたしと、ふね長のいへり。

此たけ（岳）の辺に、赤倉といふ洞ありて、万字、錫杖といふふた（二）つの鬼すみしといへり。又、けぶり（煙）の滝とて、水煙のみた（立）ち、おつ（落）る水は、雲などのごとに、ちり（散）行、おもしろ（き）飛泉ありなどかた（語）り、はた、あか（赤）石の辺、目屋《めや》沢の奥に、闇《あん》門《もん》が滝とて、二十余丈おちく（落来）なる、世に見ぬ滝もありと、見る人々のいへり。（『菅江真澄全集』一巻、未来社、一九七一年による。引用するにさいしては、若干の句読点を補い、改行を施し、かな文字に漢字を当てるなどして、読みやすくしている。）

この真澄の証言によって、当時においても、この時期に、お詣《まい》りの人びとによって、お山が賑わっていた。そのうえに、かれら、お詣りの人びとによって、安寿姫・津志王丸の姉弟をもって、岩木山の祭神なりとする言説が享受されていたことが知られる。

なかでも、丹後国の人は、お山に登るべからず。丹後国の舟が、お山を遠く望む海上を通りかかっただけでも、天候が急変して、海が荒れる。とする言説が、「ふね（舟）長」によって口にされている。

そのことを見逃すことはできない。

どうやら、そのあたりには、日本海を往来する舟人らによって享受され、広汎に流布された安寿姫・津志王丸の物語、すなわち説教節「さんせう太夫」の物語が、岩木山信仰に習合するかたちで、お詣りの人びとに享受されたバージョンが、お山の近くにまで到達し、さらにはお山の本体にまで取りついて、登り始めようか。という勢いになっていたらしい。

けれども、お山の膝下に立て籠もる岩木山百沢寺、すなわちお山を護持する伝統的な宗教勢力の側では、安寿姫・津志王丸の物語にはあらず、花若殿の物語が信受されていた。たとえば、元禄一四年（一七〇一）、同寺光明院の縁起には、近江国に生まれた英雄、花若殿（丸）が岩木山に住まいする鬼を退治したとする物語が載せられていた。寛政三年（一七九一）、同寺の旧記にも、花若殿が鬼を退治して岩木山の「岳神」になったとする物語が載せられていた。あわせて、その慈母までもが、お山の「姥石」と化して、良縁を授けてくれる神として、女たちの信仰を集めていたことが、紹介されていた。さらには、退治された鬼が記した「誓文」を収めた「石函（箱）」が伝えられていたことが、紹介されていた。いずれについても、入間田「岩木山と花若殿・安寿姫の物語」（『真澄学』四号、二〇〇八年、本書Ⅲ五章）に記している通りである。

それだけではない。寛政八年、百沢寺を訪れた真澄その人によっても、花若殿の物語が、しっかりと聞き取られていた（「津可呂の奥」つがるのおく）。それに反して、安寿姫の物語については、なにも聞き取られていなかった。筆まめな真澄のことである。たとえ断片なりとも、安寿姫のことを耳にしていれば、必ず書き止めていたのに違いない。これまた、前章に記している通りである。

真澄より早く、天明八年（一七八八）に訪れた古川古松軒の日記には、「岩城山に権現と称す小社あり、祭神詳かならず。……いつのころよりか、津志王丸兄弟の霊をこの山に祭りて、岩城権現と称す。……このことは先だって聞きし怪説ゆえ、信じがたく思いし所、……」と記されていた。小舘衷三『岩木山信仰史』（北方新社、一九七五年）によるコメントの通り、「安寿の伝説がかなり強く人の心をとらえていた」を物語る材料ではある。だが、「祭神詳かならず」「怪説ゆえ、信じがたく」と記されていることにも注意を怠ってはならない。しかも、百沢寺の大伽藍に比べれば、片々たる「小社」に過ぎなかったらしい。

あれや、これやで、真澄が訪れた一八世紀の半ば過ぎ、岩木山の膝下では、いまだに、花若殿の物語が優勢で、安寿姫のそれは浸透しきれていなかった。すなわち、日本海を往来する舟人らの参詣者によって将来された安寿姫のそれは、お山の近くにまでは至れども、お山の本体に本格的に取りつくまでには至っていなかった。そのことが、明らかである。

それにつけても、安寿姫の物語の後来性、ならびに外来性を、あらためて、再認識することにならざるをえない。

弘前藩の記録によれば

享保一六年（一七三一）、弘前藩によって編纂された『津軽一統志』（附巻）においては、花若殿の鬼退治の物語が、真っ先に掲げられていた。それが、岩木山百沢寺光明院の縁起に依拠したものであったことについては、前章に記している通りである。

だが、それだけではない。安寿姫の物語も、続けて掲げられていた。「其後、岩木判官正氏の姫君、安寿の前と中奉る御人、飛来り給ひ、則明神と現し、及ひ此山に止り給ふ」。

同じく、『一統志』（本巻）においても、「奥州岩城領司判官正氏之二子」「姉安寿・弟津志王」のうち、姉の霊を祀るとする、『和漢三才図絵（会）』（正徳三年、一七一三）に紹介された「今俗」の節が引用されている。そのうえで、「按ずるに、此説もっともなるべきか」とする評言が記されている。さらには、姉弟を苦しめた「さんせう太夫」が住まいした丹後国人が近づくと、お山が荒れる。そのために、荒天には、浦々に停泊する船舶を捜索して、丹後国人を追い返す。それによってもたらされた晴天を、「丹後日和《ひより》」という。など、「世相」の取り沙汰までもが、肯定的に紹介されていた。これまた、前章に記している通りである。

それらによって、弘前藩のレベルにおいては、いまだに、花若殿の物語が正統とされてはいるものの、「今俗」の説とされる安寿姫の物語の方が、人心にマッチして、存在感を増大させつつあった。そのことが、明らかである。弘前藩のばあいには、岩木山の膝下に立て籠もる百沢寺の辺りとは違って、それなりに、「世相」に敏感にならざるをえなかった。ということであったろうか。

そういえば、真澄の遊覧記「外浜奇勝」（寛政一〇年）にも、日本海岸は深浦湊における「丹後日和」をめぐる取り沙汰が、すなわち藩権力による丹後国人の詮索のありさまが、しっかりと書き止められていた。

丹後船やあらん、このころ（頃）、うちつゞく雨、たゞならぬ空など、さた（沙汰）して、こゝら泊したるふね、のこり（残）なう、かぢとり（舵取り）、ふなをさ（船長）、みな神のひろまへ（広前）に集めて、いはき（岩木）山の牛王宝印をのま（呑）せて、たんごのくにのものし、わきて、由良のみなとべ（湊辺）の人をいみ（忌）給ふいはき（岩木）の神なれば、さる国うど（人）はあらざるのよしのうけひぶみ（誓文）に、みな、つまじるし（爪印）をぞしたりける（『菅江真澄全集』三巻、同じく、読みやすくしている。）

それにしても、そのような「丹後日和」をめぐる取り沙汰が、いつの時期から、見られるようになったのであろうか。『和漢三才図絵（会）』（一七一三年）や、『津軽一統志』（一七三一年）、さらには真澄の証言（一七九八年）などによって、一八世紀には、それが見られるようになっていたことが明らかである。だが、それより以前には、どこまで遡ることができるのであろうか。問題である。

長谷川成一「近世津軽領の「天気不正」風説に関する試論」（『弘前大学大学院地域社会研究科年報』五号、二〇〇八年）には、この問題に関する鮮やかな解答が指し示されていた。

それによれば、一七世紀後半、寛文四年（一六六四）の段階においては、「天気不正」の原因は、丹後国人の入来にはあらず、岩木山の硫黄平における入湯者による鳥の持ち込みに求められていた。そして、藩権力によって、「丹後者」の詮索が最初に実施されたのは、元文五年（一七四〇）のことであった。

それらを踏まえて、長谷川論文には、「丹後日和は、近世初頭から領内に敷衍したものではなく、山椒太夫伝説を包含した原初的な岩木山信仰が、十八世紀前半までに信仰形態を整え、丹後人・丹後船の全領的な詮議という藩権力の発動を伴う形で展開した」。と記されていた。

津軽藩の歴史に通暁した研究者が藩の記録『国日記』を通覧したうえでの結論である。これ以上に確かなことはない。

研究史をふりかえって

これまでに見てきたとおり、安寿姫の物語は、すなわち説教節「さんせう太夫」の物語は、舟人らによって日本海域に流布された。つぎには、岩木山信仰に習合して、その祭神を安寿姫とするバージョンにまで進化しながら、かれら舟人によるお山参詣などの機会にともなって、岩木山の本体近くまで到達させられた。その過程において、弘前藩の領内にも、拡大させられた。そして、最後には、岩木山の膝下に立て籠もる伝統的な宗教勢力によって護持された花若殿の物語を凌駕して、民間においては、岩木山といえば安寿姫、とするほどに、圧倒的な人気を誇るほどになった。ということができるであろうか。さまざまな言説が登場させられてきた時系列に即して、素直に解釈するならば、そのようなことにならざるをえない。

ただし、藩権力のレベルにおいては、花若殿の物語が、田村麻呂伝説によって改変・補強されることによって、それなりの存在感を保っていた。そして、安寿姫の物語については、記紀の神話にリンクするかたちで改変・補強されるかたちで、すなわち安寿姫は龍女の「上国安珠姫命」に変身させられるかたちで、大きな存在感を付与されるまでになっていた（『監陽実記』）。これまで、前章で記している通りである。そのうち、後者の「上国安珠姫命」の言説が、岩木山の膝下に立て籠もる伝統的な宗教勢力によって採用されて（花若殿のそれが、いつのまにか、忘れ去られて）、いまでは、建前のうえでは、かの姫命が祭神とされている。すなわち、変身させられているとはいえ、安寿姫が祭神とされるまでに至っている。そのことについては、言うまでもない。

それなのに、説教節「さんせう太夫」の内容に即した物語が、日本海を往来する舟人らによって流布されるなかで、岩木山の祭神を安寿姫なりとする言説がかたちづくられた。とするのにはあらず、岩木山の辺りに、何かしら、安寿姫の物語の原型のようなものが存在していて、……、とするような学説が跡を絶たない。

そのうち、柳田国男・安野真幸、新旧の両先達による論考については、前章でコメントしたので、くり返さない。今回は、そのほかの論考について、簡単にコメントすることにしたい。

たとえば、酒向伸行『山椒太夫の研究—安寿・厨子王伝承から説教節・森鴎外まで—』（名著出版、一九九二年）では、説教節正本「さんせう太夫」の一筋縄にはいかない複雑な成立過程が慎重に分析されている。柳田・安野のように、安寿姫の物語がすべてに先行するというようなストレートな議論にはなっていない。すなわち、イタコによって流布された安寿姫の物語、「お岩木様一代記」が、説教節の基になったのだというようなストレートな議論にはなっていない。それとは逆に、説教節正本のかたちに仕上げられる以前における古い段階での山椒太夫伝説の波及があって、それが在地における岩木山信仰に響きあうかたちで、「お岩木様一代記」の物語が形成された。そして、その成立の時期は、百沢寺が建立され、藩権力によって保護された岩木山修験の活動が活発化させられた慶長年間前後（近世初頭）のことであった。とするような推論が展開されている。具体的には、岩木山修験がイタコを利用して、物語を広めさせたとか。同じく、百沢寺がイタコを利用して、……。とかする推論が展開されている。だが、近世初頭から、藩権力によって、安寿姫の物語が支持されてきたという根拠には欠けている。これまでにも見てきたとおり、藩権力によって、その物語が受け止められるようになるのは、どうしても、一八世紀前半から。ということにならざるをえない。しかも、藩権力によって受け止められた物語の内容は、「お岩木様一代記」のそれにはあらず、説教節正本のかたちに仕上げられたそれに近いものであった。真澄が書きとめたお山詣りの一行の語った内容を見るにつけても、また然り。

同じく、百沢寺がイタコを利用して、安寿姫の物語を広めさせた。とすることに関しても、根拠を見いだしがたい。これまでにも見てきたとおり、伝統的な宗教勢力たるべき百沢寺の辺りでは、花若殿の物語のほうが、圧倒的に優勢だったのである。これまでにも見てきたとおり、百沢寺側によって、安寿姫を祭神とする言説が、表立って採用されたという記録には接したことがない。また、イタコを利用して、ということに関しても、また然り。酒向論文みずからが、「百沢寺がイタコを、一時期、支配したとも推測できる」と記すにあたって、「史料的に裏づけることはできないが」と断っている通りである。

そして、また、藩権力によって保護された岩木山修験の活動の活発化ということに関しても、根拠を見いだしがたい。小山隆秀「岩木山信仰における宗教者の役割と習俗の変化」（『青森県史研究』八号、二〇〇三年）によれば、藩権力によって保護されて、岩木山信仰の拡大に尽くした主体は、お山の膝下に陣取る伝統的な宗教勢力、すなわち百沢寺そのものであった。そこには百沢寺による布教システム構築のかたちはあれども、「岩木山修験」なるものは、その陰すら、存在しなかった。

したがって、「お岩木様一代記」が、藩権力や百沢寺や「岩木山修験」などの差し金によって、近世初頭から、イタコによって、語り広められていた。とするような全体的な推論に関しても、根拠を見いだしがたい。

それに対して、福田晃「イタコ祭文『岩木山一代記』の生成」（福田ほか編『巫覡・盲僧の伝承世界』、三弥井書店、一九九九年）では、『和漢三才図会』や『津軽一統志』によって取り沙汰されている安寿姫の物語が、説教節の流れに属することを正しく踏まえながら、「十八世紀の初頭、正徳・享保年間には、説教浄瑠璃流の『さんせう太夫』が津軽地方に流入し、岩木山信仰に習合していたことになる」。と記している。大いに賛成である。小論でも、改めて確かめさせていただいている通りである。

だが、その真っ当な指摘に続けて、「このような在地信仰の変貌に応じて、庵主姫なるアンジュ姫神の本地を語る原祭文は、安寿・津志王丸の流浪・苦難を説く『岩木山一代記』へと衣替えを遂げたことになる」。と記している。それについては、直ちに賛成するわけにはいかない。

酒向論文のように、イタコの語る『岩木山一代記』の流布は近世初頭からというのではなく、近世中期は、「十八世紀の初頭」からということにされているわけだが、それだけ遅らせたとしても、なほ、実証的には問題あり。かりに、近世後期にまで遅らせたとしても、そのような語りが生成してくる具体的な状況を鮮明にしてくれる史料を見出しがたい。としなければならない。

福田論文のさいごに、「右のごとく推測される『岩木山一代記』の生成過程は、江戸時代から現代に至るイタコおよび周辺の民間宗教者・芸能者の活動をもって明らかにされるべきものであるが、それは今後の在地研究者に期待すべきことである」。と記しているのは、その辺りの事情を踏まえたうえのことかもしれない。

小山論文には、「岩木山信仰が自然発生した民間信仰か、中世に誕生した『岩木修験』」の仮定もしくは、イタコの語る『お岩木山一代記』の効果による伝播のみを想定してきた従来説の再検討が必要となろう」。と記されていた。その通りである。

ただし、一言だけ、つけ加えるならば、小山論文では、イタコの語る「お岩木山一代記」が古くから存在していたとすること、そのこと自体については、ことさらに疑いが挟まれていないが、もう一歩、踏み込んで、そのこと自体についても、再検討が必要なのではあるまいか。

すなわち、酒向論文には、「お岩木様一代記」が近世初頭から、イタコによって、語り広められていた。福田論文には、原祭文は「浅間の本地」に準じた母子再会・父子邂逅型日光感精説話に類するものと推察できる。としたうえで、その成立時期については、「わが国に本地物語が盛行した南北朝期から室町期に及ぶ時期であったとは推定できるであろう」。と記されていた。そのように古くまで遡る存在として、「お岩木様一代記」を位置づけることができるのか、どうか。再検討が必要なのではあるまいか。

花若殿の物語や説教節正本の流に属する安寿姫の物語のように、百尺寺や藩権力によっても、受け止められたという痕跡がなかったばかりではない。在地においても「お岩木様一代記」の語りが古くから流布していたとか、見聞されたとかする痕跡も見当たらないのである。

「お岩木様一代記」が、研究者の耳目に触れることになったのは、近代になってからのことであった。だが、そのことだけを理由にして、頭から、単純に、「一代記」の古くからの流布を疑っているわけではない。近世におけるさまざまな史料を、具体的かつ総合的に検討するなかで、それを疑わざるをえない。ということになっているのである。

そもそも、「お岩木様一代記」には、内容からしても、中世的にまで遡る、と速断するわけにはいかない複雑な要素が包含されていた。

酒向・福田論文ほかに記されているように、イタコの語る「オシラ祭文」、すなわちオシラ神の本地譚に同じく、巫女（イタコ）に憑りついた、お岩木様が自ら語るという形式をとる、お岩木様の本地譚で、その物語はある。それだけを取って見れば、確かに、中世に盛行した本地譚の色彩あり。ということができるかもしれない。だが、お岩木様が、どこの庵主の子かもしれないとて、虐げられて、「庵主が姫」と名づけられ少女時代に、母親が「おさだ」、姉が「おふじ」、兄が「つそう丸」を名乗っていた、などということからして、中世的な雰囲気にはそぐわないものを感じとることにならざるをえない。

室町期以降、みちのくの世界に流布した本地物語の主人公は、いずれも、高貴の生まれ。ということになっていた。「篠原の国司、花の長者の御子、花若麿殿」（岩木山）はもとより、「何がしの帝の五の宮」（五ノ宮嶽）、「中（仲）哀天皇御孫、花園新少将」（塩竈大明神）ほか、枚挙に暇がない。みちのくの世界には限定されない流布の広がり示した、説教節「さんせう太夫」の主人公、安寿と厨子王のばあいとて、その父親は、「奥州五十四郡の主」「日の本将軍」などということになっていた。そればかりではない。かれらは、苦難・遍歴の末に、上洛を果たして、帝（天皇）に拝謁する。それによって、親にも勝る栄華・栄耀のくらしを楽しむ。だが、最後には、それぞれの所縁の在所にくだって、神仏と仰がれる。さもなければ、所縁の神仏を供養する。ということになっていた。入間田「鹿角四頭と五の宮の物語」（『真澄学』三号、二〇〇六年、本書Ⅲ七章）ほかに記している通りである。

このように、帝のいます京都に対する限りない憧憬の観念、ないしは貴種流離譚ともいうべきプロットのありかたによって、みちのくの世界に流布した中世的な本地物語は特徴づけられていた。それらの特徴は、室町期はもちろん、近世に及んでも、しばらくの間は、もしくは、真澄が訪れる辺りまでも、色彩を失うことなく、それなりの存在感を保持していた。それなのに、高貴の生まれでもなければ、帝に拝謁したわけでもない、「庵主が姫」の物語に、どうして、中世的な雰囲気を感じ取ることができようか。一事が万事。本地譚の形式はあれども、その内容には、後世的な要素に溢れかえっていた。そのうえに、庵主姫が安寿姫に読み替えられた。とされているが、その逆もありうるかもしれない。読み替え（「接着点」）をいうのならば、磐城判官のそれが岩木山にということの方が本来的だったのではあるまいか。

ただし、これ以上に、内容に立ち入ることは、紙数の関係からしても、できそうにもない。したがって、今回には、「お岩木様一代記」が古くにまで遡るという根拠には乏しい。とする指摘に止めておくことにならざるをえない。あくまでも、問題提起ということで、結論を保留させていただくことこならざるをえない。いずれ、別の機会に、立ち入った考察をこころみることにしたい。

研究史をふりかえって（続）

さいごに、大湯卓二「青森県における山の神信仰―岩木山に鎮まる伝説の女神をめぐって―」（『東北芸術工科大学東北文化研究センター研究紀要』一号、二〇〇二年）には、「中世以来の薬師如来（大己尊命）、阿弥陀如来（国常立尊）、十一面観音（多都比姫命）という三つの山体に三神仏を祀って、山自体を御神体とする岩木山三所大権現の信仰が古くからあった」。と記されていた。そのうえで、イタコの語る「岩木山一代記」の祭文に関しては、「説教節『山椒太夫』を基本にして物語を成立させていることが分かる。つまり、中世の民衆世界を発生母体とする語り物の説教節『山椒太夫』が津軽地方に流入し、布教したという事実である」。と記されていた。

威風堂々の指摘である。基本的な筋道については異論がない。中世における岩木山三所大権現の信仰が、近世初期に及んでも、弘前藩や百沢寺によって護持されていたことに関しては、前章に記している通りである。「岩木山一代記」の祭文が、説教節「さんせう太夫」を基本にしていることに関しては、今回に記している通りである。

ただし、外から流入してきた説教節「さんせう太夫」が、在地に受け止められて、「安寿姫が岩木山に鎮まるという伝説が成立する背景には、もともと国安珠龍女が岩木山に鎮まるという下地があった」。「もともと岩木山に鎮まっていたのは、水神・龍神である多都比姫であった」。「岩木山に鎮まった田光の龍女は、稲作農耕民にとって最も頼りとする神として見ることが出切る」などと記されていることに関しては、まったくの錯誤によるものであって、支持することができない。

それらの「国安珠龍女」ほかのネーミングは、近世後期、藩権力によって、記紀の神話とリンクするかたちで、安寿姫の名前が改変させられたものにほかならない。具体的には、寛政五年（一七九三）に、『津軽編覧日記』が藩命によって編纂され、その附録として『濫觴実記』がまとめられる辺りになって、はじめて、登場させられた言説にほかならない。これまた、前章に記している通りである。

記紀の神話にリンクするかたちでの神名の変更は、弘前藩のみにはあらず、仙台藩そのほか、当該時期における諸藩に通有の政治・社会現象であった（平川新『伝説のなかの神―天皇と異端の近世史―』吉川弘文館、一九九三年）。そのことに留意しておかなければならない。

したがって、基本的な筋道については異論がない。とコメントした下りにおいても、岩木山三所大権現のそれぞれに、薬師如来（大己貴命）、阿弥陀如来（国常立尊）、十一面観音（多都比姫命）というように、近世後期、記紀の神話にリンクするなどのかたちで考案された神名（多都比姫命）や記紀に登場する神世七代のそれ（国常立尊）を割りふることに関しても、すなわち、文化八年（一八一一）、藩校稽古館祭酒（学頭）土岐貞範の撰する『岩木山光明院（縁起）』（小館衷三『岩木山信仰史』前掲ほかに紹介）によって固められることになった、そのような三神の割りふることに関しても、疑問を呈することにならざるをえない。

ただし、大己貴命《おおなむちのみこと》については、古来の祭神であった可能性がなきにしもあらず。大己貴は、大国主の別称とも。記紀にも登場するが、皇祖神の系統にはあらず、太古より在地に祭られた神であった。わたても、日本海方面には、加賀白山の三祭神のうちに数えられる（阿弥陀の本地仏として）など、その痕跡が色濃く残されている。そのうえに、白山の祭神には、十一面観音を本地仏とする菊理姫神も含まれていた。それならば、岩木山にも、十一面観音を本地仏とする女神が祭られていた可能性もなきにしもあらず。それも、これも、小舘前掲書によってコメントされている通りである。したがって、安寿姫や多都比姫ほかの後発的な神格にはあらず、中世における本来的かつ神仏習合・本地垂迹の言説にまで遡って、それとの関連における本来的な女神像を探求する。というのであれば、問題はないのだが……。

そういえば、酒向論文にも、『濫觴実記』に記された「龍女が捧げた国安珠という宝珠」の言説、すなわち「国安珠龍女」に関わる言説（「東日流海滄記」）が紹介されていて、「中世末より伝えられて」いるイタコ祭文「お岩木様一代記」に先行する内容あり、として高く評価されていた（酒向前掲書二七〇頁）。だが、それとても、まったくの錯誤にほかならない。

それにしても、イタコの語る安寿姫、庵主姫にしても、「国安珠龍女」ほかの名前で呼ばれる農耕神にしても、近世前期にまで、ましてや中世にまで遡るという痕跡が、まったく見当たらないのにもかかわらず、なぜ、それほどまでに、もてはやされるのか。分からない。

説教節正本における安寿姫の物語が流入した。というのだけでは味気ない。それ以前にも、岩木山信仰に関わるなんらかの在地の言説があったのに違いない。とする考え方、そのものについては分らないでもない。だが、それならば、どうして、花若殿の本来的な本地物語に注目しないのか。さらには、岩木山三所大権現に関わる本来的な言説にまで遡って本格的な探求を試みようとしないのか。問題である。

それを、真澄の日記に引きつけていうならば、説教節の安寿姫の物語に関連する事象が弘前や深浦で見聞されているかたわらで、花若殿の物語が岩木山百沢寺の辺りで確実に聞書きされている。どうして、それらのことに、正面から向き合あおうとしないのか。疑問である。

花若殿の物語は、『津軽一統志』や百沢寺光明院の縁起など、権威筋によって支持されてきたばかりではない。花若殿の慈母が化したとされる姥石が、お山詣りの女性の信仰を集めていたとされるばかりではない。権威筋からも、お山からも遠く離れた民衆の世界においても、花若殿の物語が広く流布していた形跡が残されていた。たとえば、岩手県磐井郡の辺りでも、花若殿に偽装した田村将軍が、鈴鹿山に住まいする鬼の大武（竹）丸を追って、津軽外が浜に発向したとする伝説が残されていた。同じく、猿賀神社の池のほとりの大石（地元では猿賀石）は、大武（竹）丸の首を埋めたしるしだとも、語られていた（和歌森太郎『日本史の虚像と実像』毎日新聞社、一九七二年、一七二頁）。その伝説内容は、本来的なものにはあらず、近世後期において変容させられたもの、すなわち花若殿が田村麻呂にリンクさせられたものではあれども、近世後期に至っても、なほ、花若殿の物語が、それなりの存在感をもって、広く民間に流布していた。そのことが察知される。それなのに、どうして、近世における流布さえ確かめられない「お岩木様一代記」の方にばかり関心を向けようとするのか。分からない。

さらにいえば、真澄が見分した「赤倉といふ洞ありて、万字、錫杖といふふた（二）つの鬼のすみし」とする言説のこともあった。それらの鬼は、岩木山三所大権現の時代に遡る本来的な存在であった。花若殿の物語では、退治された鬼の名前とされるかたわら、退治する側の持物でもあった。とするような変容を蒙っているが、民間では、本来的な姿のまま、畏れ敬われていた。藩権力の辺りでも、藩祖為信の夢枕に現れて、大権現の神勅を伝えた二鬼の物語が信受されていた。そのために、大名津軽家の紋所には万字（卍）、幕紋には錫杖が用いられるようになった。ともされている。（その卍が弘前市章に採用されている）。これまた、前稿に記している通りである。それなのに、どうして二鬼に関心を向けようとする研究者が少ないのか。これまた、分からない。

特集「東北山の神信仰の研究」（『東北芸術工科大学東北文化研究センター研究紀要』一号）に、大湯論文に伍して載せられた、内藤正敏「東北の霊山と山の神―早池峰・出羽三山・岩木山―」は、〝赤倉山の鬼神〟は、古い岩木山の地主神なり。と喝破していた。

だが、そのほかには、花若殿の本地物語にあらわれたり、津軽家の伝承にあらわれたりする二鬼の言説との関連を押さえたうえで、鬼にまつわる在地のさまざまなフォークロアの内容に踏み込んだ考察に及んでいる研究者は少ない。大湯卓二「青森県における山の神信仰」（前掲）にしても、鬼が田の水を引いてくれたとする伝説ほかを拾い集めて、岩木山を農耕神として崇める原初の心情を復元しようとしてはいるものの、肝心の二鬼の記事との関連については、考察に及んでいない。

あれや、これやで、これまでの研究史における最大の問題点は、確実な史料によって、時系列に即して存在を実証することができる、花若殿の物語や、岩木山三所大権現ほかの言説、そのほかに向き合うことなく、うち過ぎてきた。そのことにある。と、くり返し、指摘することにならざるをえない。

§コメント§

小論の原題は「岩木山と花若殿・安寿姫の物語（続）」であった。本書においては、それを、「岩木山の祭神をめぐる研究史を振りかえって」に改めている。

七章　鹿角四頭と五の宮の物語

何がしの帝の五の宮の左遷に従って

鹿角《かづの》郡内に広がる五の宮に関わる伝承を真澄が耳にして、「秀酒企の温濤（すすきのいでゆ）」の記事に採り入れたのは、享和三年（一八〇三）、若い声で鶯が鳴く弥生廿五日のことであった。そこには、

このあたりに栖る山賎等が遠つおやは、陸奥九戸の乱をのがれし物語あり。はた、何がしの帝の五のみやのひとところ、みちのおくの、けふの郡に左遷し給ふのころ、かしづき奉し、ずんざ（従者）のもの、末の子にて、安保、湧本、奈良、成田など、今もとなへて、……

と記されていた（『菅江真澄全集』三巻、未来社、一九七二年）。

同じく、鹿角郡大里村の辺りで、「錦木山観音寺由来記」の冊子を真澄が手にして、その内容を筆写して、「けふのせはの丶（毛布の細布）」の記事に採り入れたのは、天明五年（一七八五）、雨降り止まぬ九月一日のことであった。そこには、

敏達天皇之皇子、第五之宮、臣守屋之女、岩手姫御子也、故除皇子之列、奉成庶人、配流奥州、（中略）、皇極天皇元、壬寅之歳、五之宮七拾三歳、配流有赦免、而上京、在配所五十二年、此時、

当国之産物、毛布細布三百反、砂金百両、献之、自是為貢物、（中略）、其時、鎌子　毛布細布之由来、達叡聞、押御感涙流、（中略）、賜正観音一躯、（中略）、誠以難有勅願也、同四年、五之宮造立一寺、所賜之安置観世音、称錦木山観音寺、……

と記されていた（同一巻、一九七一年、句読点は私案による）。

これらの記事を読みあわせるならば、その辺りには、室町〜戦国期に、「鹿角四頭」として勇名を馳せた安保《あぼ》・湧本（正しくは秋元）・奈良・成田の四氏が、敏達天皇の五の宮の左遷または配流に従って下ってきた先祖に由来するという伝承が、毛布細布（けふのせばぬの）や錦木山観音寺の由来に関連づけられて流布していたことが明らかである。

『南部叢書』には（九冊、昭和三年）、『錦木塚の由来』の本文が収録されている。これが、真澄の手にした冊子の内容に、もっとも近いものであろうか。

ただし、五の宮については、毛布細布や錦木山観音寺の由来にはあらず、「だんぶり長者」の伝説や小豆沢《あずきさわ》大日堂の由来に関連づけられて流布したバージョンもあったことが知られる。

たとえば、『鹿角根源記』には、「だんぶり」（トンボ）の教えによって霊泉を発見し、長者に成り上がった老人が、都に上り参内して、「長者の御判」を賜る。すなわち長者の名乗りを許されるのに併せて、その女子が后に召された伝説が紹介されている。

その女子の名前が「岩手姫」、その帝の名前が敏達天皇だったということに、そこではなっている。

そして、その天皇の五の宮が、物部守屋に与したために、奥州に配流されたとすることについては、毛布細布や錦木山観音寺の由来に関連づけられたバージョンに変わりがない。

あわせて、そちらのバージョンでは、五の宮が勅免を蒙り、都に帰った後に、「御生母の出たる地なれば」とて、鹿角郡に再来し、一生を終えたとする一節が、しっかりと盛り込まれていた。その五の宮を供養するために、勅宣によって建立されたのが、小豆沢大日堂。同じく五の宮の御霊を祀ったのが、大日堂の当方に聳える郡内第一の高峰、五ノ宮嶽。だというわけである（『秋田叢書』三巻、昭和四年）。

同じく、『大日堂由来記』にも、継体天皇の御宇、母親（吉祥姫）を慕い下ってきた五の宮が、この山に没したことが記されていた。宮の乗馬が石になったのが「ばくだ石」、お供の兄弟が石になったのが「一の皇子（皇子石）」、宮の後を追ってきた乳母夫婦が石になったのが「夫婦石」、だとする説話も紹介されていた（『鹿角市史』、四巻、一九九六年）。『奥々風土記』（『南部叢書』一冊）にも、継体天皇の五ノ宮ノ皇子の乗馬の鞍が離れ落ちた場所として、「尻鞍」「鞍落場」の地名ほかが紹介されていた。この山の神社の記録にも、継体天皇第五宮莵皇子を祭ると記されていた。『鹿角根源記』では、誤りとされているが、こちらの継体天皇の皇子とする方が、本来的なかたちらしい。

そういえば、『鹿角縁起』にも、この山に五の宮を葬った次第が記されていた。そのうえに、山頂の「御陵」には参詣者が絶えず、晴天の折には鶏の鳴く声が聞こえると、記されていた（『秋田叢書』八巻、昭和六年）。

どうやら、「だんぶり長者」伝説や小豆沢大日堂の由来、さらには五ノ宮嶽の由来に関連づけられて流布したバージョンの方が、本来的なものだったらしい。内田武志・宮本常一編訳『菅江真澄遊覧記』

（四巻、一〇八頁、平凡社、一九六七年）によって、「五の宮伝説は、だんぶり長者の後日譚として発生したものと思われる」と、喝破されている通りである。ただし、正確を期すならば、小豆沢大日堂の由来に関する伝説が根本にあって、それに「だんぶり長者」伝説が関連づけられた、そのうえに五の宮伝説が関連づけられた、というべきものであろうか。諸先学の説に習えば、そのように考えるべきであろうか。

それらの伝説が生み出された背景には、「鎮守府将軍藤原秀衡の再建」にして鹿角郡の鎮守ともいうべき地位を誇った小豆沢大日堂に対する里人の古来の信仰や、大日堂の東方に聳える五ノ宮嶽を中心とする山岳信仰ないしは祖霊信仰が、厳然として存在していた。『鹿角市史』（一巻、六〇一～一二頁、一九八二年）に、記されている通りである。

だが、いずれにしても、「鹿角四頭」として勇名を馳せた安保・湧本（正しくは秋元）・奈良・成田の四氏が、五の宮に随行してきた先祖に由来するという伝承が流布していたことには、間違いがない。

真澄によって取り入れられたバージョンばかりではない。小豆沢大日堂の由来から派生する本来的なバージョンにおいても、五の宮の没後、「御附の侍衆」が都に登り、その旨を奏聞したことを受けて、大日堂が建立された次第が記されていた。その「御附の侍衆」が、「鹿角四頭」であったことについては、疑いを容れない。

そういえば、「だんぶり長者」伝説を本地ものに脚色した奥浄瑠璃のテキスト、『檀毘尼長者』（『田山村長者本地』）にも、長者の女子、「吉上天女」が、父母の供養のために大日堂を建立すべく、帝に奏聞する際に、「鹿角の国司」「安保中務正家」に仲立ちを仰せ付けたという説話が盛り込まれている（『南部叢書』九冊、昭和三年)。それによっても、在地伝承において、安保らの面々に付与されていた存在感を察知することができるであろうか。

鹿角四頭が京侍の子孫と称された始まり

「鹿角四頭」の面々は、文治五年(一一八九)奥州合戦の後、鎌倉御家人として入部してきた武士団の後裔に属する。南北朝～室町期には、関東の本領との繋がりを断ち切って、奥州国人としての自覚を強めて、一揆的な結合をかたちづくっていた。すべては、小林清治・大石直正『中世奥羽の世界』(東京大学出版会、一九七八年)、『鹿角市史』一巻ほかによって解明されている通りである。

それなのに、鎌倉御家人として入部の歴史を忘れて、かれらが、はるかに時代を溯った景行天皇または敏達天皇の御宇に、五の宮に随行してきた京侍の先祖に由来するという荒唐無稽な言説がかたちづくられることになったのは、なぜであろうか。そして、また、いつの頃から、このような言説がかたちづくられることになったのであろうか。真澄が生きた近世に入ってからのことか。それとも、戦国期に入った辺りのことか。大いに問題である。

戦国争乱の真っ盛り、天文一五年(一五四六)、浪岡御所北畠氏の周辺で編纂された「津軽郡中名字」には、「鹿角四頭」に関する興味深い記事が盛り込まれていた(『新編弘前市史』古代・中世編、一九九五年)。

鹿角三百町ハ四人之国人也、所謂奈良・成田・阿部・秋元　四人也　奈良者大湯・小坂・小平・小江刺四人ニ分ル、成田ハ田内・三ヶ田・夏井・名越・猿雄五人ニ分ル、阿部者大里・柴内・鼻和三ヶ所ニ分ル、丹治氏ト云、秋元者高瀬・長内・小猿辺三ヶ所ニ分ル、公任卿ノ末孫也、鹿角ノ真中ヲ流ルヽ川ヲ、朱代（ノシロ）川ト名ツク、

この記事によって、「鹿角四頭」の面々が、郡内の要所要所に割拠しながら、横並びの関係性を、すなわち一揆的な結合をかたちづくっていたことが察知される。郡主ともいうべき単独の人物が明記された通常一般の郡とは違って、卓越した人物が存在しなかった特別の郡であったことが察知される。ただし、「阿部者大里・柴内・鼻和三ヶ所ニ分ル」と記されている部分については、訂正を要する。「阿部」は「阿保」の錯誤なることが明白である。

問題は、かれらの出自について、「公任卿ノ末孫也」と記されていることにある。公任といえば、平安中期の公卿にして歌人。権大納言。学才に抜き出て、『和漢朗詠集』『北山抄』ほかの編著で知られる。「鹿角四頭」の面々は、鎌倉御家人として入部してきた武士団の後裔に属する。したがって、関東の出身を誇りにしていたのに違いない。具体的には、成田氏が武蔵国幡羅郡成田郷の出身、奈良氏は成田氏の分かれ、阿保氏は武蔵国児玉郡阿保郷の出身、秋元氏は下野宇都宮氏の分かれで、上総国周淮郡秋元郷の出身とされている（太田亮『姓氏家系大辞典』、『鹿角市史』一巻ほか）。

それなのに、ここでは、関東出身の誇りが忘れ去られて、一律に、「公任卿ノ末孫也」とする所伝が採用されるに至っている。

後年に及んで、「都より阿保氏壹人、鹿角へ御下り、御子三人是有、一男は大里領知、大里上総先祖、

二男は花輪村領知、花輪次郎先祖、三男は柴内領知にて、柴内弥次郎先祖也、其後、秋元・成田・奈良氏御下り被成、奈良氏は大湯村領知也、時の人、阿保・秋元・奈良・成田、四天士と申也」（『鹿角由来記』、『南部叢書』一巻所収）と記されるようになる端緒は、「津軽郡中名字」が編纂された戦国期には、確実に形成されていたことが明白である。

そういえば、「津軽郡中名字」には、室町期に栄華を極めた津軽十三湊安藤氏の当主、盛季についても、「安倍大納言」とする驚くべき記載が見えていた（『新編弘前市史』前掲）。

鼻和郡三千八百町ハ大浦ノ屋形南部信州源盛信ト申也、平賀郡二千八百町ハ大光寺南部遠州源正行ト申也、田舎郡二千八百町・奥法郡二千余町・沼深内（ミソキフカナイ）一千貫ハ、伊勢国司浪岡御所源具永卿也、昔、日ノ下将軍安倍大納言盛季下国殿知行ノ時ハ、津軽六郡ニ四百八十人ノ侍・七千騎ト云伝、今ハ衰微シテ、纔三郡ノ中ニ、大名三人、侍五十人・五百騎、

津軽十三湊安藤氏が、一五世紀前半、応永末年から永享初年にかけて、「日本将軍」「下国殿」を自称して、北奥から夷が島にわたる勢力圏形成していたことは言うまでもない。奥六郡に起こった軍事首長安倍氏の末裔を、津軽安藤氏が自称していたことも、また然りである。

だが、津軽安藤氏が、「安倍大納言」を自称し、または他称されていたとすることだけは、絶対にありえない。

津軽安藤氏は、その昔、神武天皇との国争いに敗れて東奥に配流されたと伝える「安日長髄」を始祖とするユニークな伝承を誇りにしていた。あわせて、天照大神より以前に日本国を統治したと伝える

「第六天魔王」を始祖とする破天荒な伝承をも誇りにしていた。さらには、百代をもって皇統が途絶えるべしという「百王説」を換骨奪胎して、「長髄百代」に盛季を位置づけるという、これまた破天荒な言説をかたちづくっていた。それらの「中世日本紀」における伝承を受容するに、中央的な価値基準を逆転させ、朝敵の末裔たるを厭わない独立自尊の自己認識をもって、自家の誇りにしていた（入間田「津軽安東の系譜と第六天魔王伝説」、同『中世武士団の自己認識』三弥井書店、一九九八年、本書Ⅱ三章）。

それなのに、津軽安藤氏が夷が島に没落して、一世紀を経る辺りには、安藤氏の当主、盛季をもって、「安倍大納言」とする言説がかたちづくられるに至っている。盛季が生きて、それを聞いたならば、どれほどに驚いたであろうか。盛季にとっては、朝廷の高位高官に任じられ、公卿の列に加えられるなどとは、思いもよらなかったに違いない。

後年に及んで、奥浄瑠璃のテキスト、『壇毘尼長者』（『田山村長者本地』）において、長者が、在地における声望に自足するに止まらず、長途上洛を果たし、「大納言」の官途に併せて、「長者の御判」を帝より賜り、女子を后に召される。という栄誉に浴したとされる端緒は、これまた、「津軽郡中名字」が編纂された戦国期には、確実に形成されていたことが確実である。同じく、長者の供養のため、大日堂を建立したいとする吉祥天女の発願を帝に奏聞する役割を果たしたのが、「鹿角の国司」「安保中務正家」だったとされる端緒についても、また然りである。京下りの「国司」は、京都の権威そのものとして受け止められたのに違いない。

奥羽の諸大名家においても

このように、公卿の末裔、京侍の子孫と称されたり、大納言ほか、朝廷の高位高官に列せられたり、女子を后に召されたり、……という言説にしめされる、京都に靡く心情は、鹿角四頭や津軽十三湊安藤氏のレベルには止まらず、奥羽諸大名家の系譜認識の形成においても、確実に作用を及ぼしていたことが明らかである。

たとえば、大名津軽氏においては、鎌倉御家人の末裔、南部氏の分れとする本来的な系譜認識を改めて、京都貴族、「近衛殿」の末裔とする新たな系譜認識に切り替えるべく、必死の努力が積み重ねられた。その結果、津軽藩祖為信が右京大夫の官途を賜った慶長五年（一六〇〇）の辺りには、南部譲りの源姓から「近衛殿」に同じく藤原姓に切り替えることに成功している。長谷川成一「津軽氏・弘前藩の自己認識」（同『弘前藩』吉川弘文館、二〇〇四年）によって明らかにされている通りである。

その間には、為信の祖父に当たる正信が「近衛殿後法成寺尚道」の猶子になったとか、鎌倉期の先祖が折から配流中の近衛殿の姫君を娶ったとか、さまざまな言説がかたちづくられている。新井白石の『藩翰譜』にも、「右京亮藤原為信は、世々南部が被官として、津軽の地に住しけり」と、学問的な営みによって本来的な系譜を復元するかたわらで、「世に伝ふる所は近衛殿の庶流と云ふ、何れの時にか、津軽の地に流され給ひし人の、此の処にて設けられし息男なりと云ふ」と記していた（入間田「奥羽諸大名家における系譜認識の形成と変容」、『軍記と語り物』四一号、二〇〇五年三月、本書Ⅱ三章）。

それはかりではない。南奥の大名伊達氏によっても「近衛殿」に身を寄せる志向性がかたちづくられていた。たとえば、一六一五年ローマにて、シピオネ・アマティが記した『伊達政宗遣使録』によれば、奥州王秀衡の死後、将軍頼朝がその復讐を遂げた。藤原氏の血筋が途絶えるのを惜しんだ都の「公家の長者」「近衛殿」は、「同じ家筋の」他の諸兄弟」の山蔭中将を奥州に下した。こうして、「強大なる奥州守護」となった山蔭の子孫こそが、伊達氏だというのである。そのうえに、政宗の曽祖父に当たる稙宗が、藤原氏の長者にして関白・太政大臣を兼ねた近衛稙家と、しばしば音信を交わしていた。さらには、稙宗の花押が、稙家のそれの模倣であった。小林清治・大石直正ほか、先学に学びつつ、入間田「中世奥南の正統意識」（同『中世武士団の自己認識』前掲）において指摘している通りである。

伊達家には、古くから、山蔭中将をもって奥州入部の始祖とする言説が伝えられていた。だが、室町中期、寛正五年（一四六四）の辺りには、その山蔭の背後に「近衛殿」ありとする内容は含まれていなかった（『臥雲日件録抜尤』当年四月十五日条）。したがって、「近衛殿」に身を寄せる志向性は、それより以降、戦国争乱の時期に入ってから顕在化したものと言わざるをえない。

そういえば、陸奥府中（多賀国府）近辺の国人留守氏によっても、奥州統治の始まりに関する驚くべき言説が伝えられていた（『余目氏旧記』）。すなわち、源頼朝や藤原秀衡や「当国探題」安倍貞任が登場する以前、「仁徳天皇之御宇」に、「当（藤）将軍忠平」という人物が、平泉に居住して、「奥州を知行」した。というのである。だが、そのような古い時代に、そのような人物が、しかも平泉に居住したということはありえない。探題や藤将軍という表記にしても、武家政権が登場する以前には似つかわしくない。あれや、これやで、「当（藤）将軍忠平」といえば、右大臣藤原忠平、のちに朱雀天皇の摂政・関白・太政大臣として、いわゆる摂関政治の基盤を磐石ならしめた権勢の人を想いうかべることにならざるをえない。それにしても、頼朝、秀衡、貞任らの武人による統治に先駆けて、公家の長者、藤原氏による統治が存在していたとする言説には驚かざるをえない。伊達氏によって、「公家の長者」「近衛殿」に身を寄せる志向性が顕在化させられるに至る雰囲気は、『余目氏旧記』の原型がかたちづくられる文明年間（一四六九～八七）には、確実に醸成されつつあった。それに違いない。

室町後期、応仁・文明の乱（一四六六～七七）を過ぎて、戦国争乱の雰囲気が漂い始める辺りから、奥羽の諸大名は自ら上洛し、ないしは使節を上洛させ、朝廷・幕府周辺に接近して、故実・芸能ほか、京都文化を摂取すべく、努力を傾注した。時には、京都方面から公武の文化人を招聘して、師匠と仰ぐこともあった。

たとえば、伊達氏や大崎氏の領国においては、天文年間（一五三二）には、八条流馬術が関東を経由して摂取されていた。同じ頃、大崎領においては、近習が乱舞稽古のために上洛させられたり、謡曲の本を京都から下されたりもしている。

奥羽の諸大名には、「旺盛なる文化吸収欲」があった。京都方面の師匠に習って、儀礼を整え、法令・規式を制定し、諸芸の興隆を図らなければ、さらには自分自身の文化的教養の向上を目指さなければ、自前の領国経営を推進することができない。という緊張感にあふれる自己認識があった。入間田「八条流馬術の受容と戦国社会」（大石直正・小林清治編『陸奥国の戦国社会』高志書院、二〇〇四年）に記している通りである。

戦国争乱のなかで、地方分権の志向性が強化される反面において、京都文化に対する憧憬の念、ないしは天皇・公家に対する尊敬の念が醸成されたことになった背景には、そのようなに抜き差しならない切実な事情があったのである。

奥羽の諸大名家における系譜認識の形成過程に関しても、また然りである。かれらが、公卿の末裔、京侍の子孫と称し称されたり、「近衛殿」との所縁を称し称されたりしているのは、自立・自尊の主体性を放棄するにはあらず、それよりは、むしろ、在地社会におけるリーダーシップ確立を目指す。巧妙な選択であったことが明らかである。

ただし、在地主導のかたちで終始したわけではない。かれらが京都文化に対する憧憬の念を募らせれば、募らせるほどに、京都文化の呪縛に組み込まれ、天皇・公家を尊崇する日本国の言説空間に取り込まれていった。という側面を無視することはできない。

貴公子が神に祭られた始まり

これまでの考察によって、鹿角四頭が京侍の子孫とされた始まりについては、その動機において切実なものありとして、肯定的に受け止めることができた。それでは、五の宮が配流され、後には五ノ宮嶽に葬られたとすることについては、どうであろうか。

これまでの考察のなかで、応仁・文明の乱を経て、戦国争乱の時代に入る辺りから、地域の自立性が高まり、その反面において天皇・公家にたいする尊崇の念が醸成されてきたことが浮かび上がってきた。そのような背景があったとすれば、五の宮の物語が生み出されたとしても、不思議でも何でもない。そのように考えることができるであろうか。

だが、もうひとつ、ピンとこない。隔靴掻痒の気がしないでもない。もう少し、具体的な説明づけができないであろうか。

室町中期、文明年間（一四六九～八七）に原型がかたちづくられた『余目《あまるめ》氏旧記』には、貴人が神に祭られた、興味深い物語が収められていた（『仙台市史』資料編1、古代中世、一九九五年ほか）。

いまた年号はしまらさる時に候、しほかまの大明神、仁王（人皇）十四代中（仲）哀天皇御孫、花その、新少将ニて、流人として、宮城高府ニ下給て、その後帰洛し、東海道十五ヶ国、北陸道七ヶ国、両国御知行有て、御一期之後、しほかまの明神とあらハれて、大同元年ニ立給ふ、

近世に流布した語り物、『塩竈大明神御本地』には、その物語の内容が、より一層に立ち入って、叙述されていた。入間田「塩釜大明神の御本地」に掲載した内容を、より一層に簡略にしたバージョンを紹介させていただきたい（羽下徳彦編『北日本中世史の総合的研究』文部省科学研究費報告書、一九八八年三月、本書Ⅲ八章）。

花園少将が配流の憂き目にあったのは、恋敵の桃園中将の奸計によるものであった。「みちのくとの（殿）」とよばれ、国人にかしづかれて、それなりに安楽な暮しを過ごしていた少将に、またしても不幸が襲った。後を追って下ってきた北の方との間に生まれた若君の「文殊王」が、山伏に連れ去られたり

である。
だが、その若君が、都の寺で修行の折、外祖父に当たる内大臣に見いだされて、参内を遂げるに及んで、事態は一変した。若君は元服を許されて、花園中納言頼高を名乗り、東海道七ヶ国を賜ることになった。そのうえに、外祖父からも、安芸・周防・長門の三国を贈られることになった。そして、父の少将のもとには、赦免の使いが立てられることになった。

　帰洛した父の少将は、参内を遂げ、「奥州大国」を賜り、陽明門の大殿と称して、子の中納言は大納言に進み、「天下を我心のごとく」にするに至った。

　その後、父の陽明門の大殿は老体に及び、みちのくに下り、その国の人を守らんとして、塩竈大明神とあらわれることになった。子の大納言も鹿島の明神となり、母の北の方も同じく、いつ（稜威）の宮になった。そのうえに、妹の姫君、二人の侍女、一人の老臣までもが、神になった。それらの神々を総称して、塩竈十四所という。

　それらの物語の内容には、五の宮のそれに共通する興味深いモチーフが盛り込まれていた。やんごとなき貴公子が身に覚えのない罪によって配流される。だが、そのままでは終わらない。後年に及んで、必ず、赦免の使いが立てられることになる。在地の人びとにかしづかれて安楽なくらしを過ごしていた貴公子は、都に立ち帰り、栄華の絶頂を極めることになる。だが、それでも、終わらない。貴公子は老年に及んで、再び下向して、在地の神として崇められることになる。という次第である。

それらのモチーフがかたちづくられた背景に、古くから親しまれてきた「貴種流離譚」の枠組の受容あり、と指摘することは容易である。だが、「貴種流離譚」の本来的な枠組においては、都に復帰する幸運に恵まれた貴公子が、栄華の絶頂を極めたところで、再び在地に下向して神になるというよう結末には、到達すべくもない。その本来的な枠組においては、貴種の流離のプロセスそのものに、さもなければに貴種の復帰と栄達の結末に、ロマンと共感のよすがを見いだそうとする、どちらかといえば、京都人の側に偏った心情が卓越していたことは、覆うべくもない。それに対して、五の宮や花園新少将の物語においては、貴公子の生涯を自身の側に引き寄せて生きる支えを見いだそうとする、どちらかといえば、在地人の側に偏った心情が卓越していた。すなわち、京都くだりの貴公子に対する尊崇の念を基本としながらも、「貴種流離譚」の本来的なありかたを換骨奪胎して、自らのアイデンティテーとして解釈しなおそうとする在地社会の側における巧妙なたくらみが見え隠れしていた。そのように、言わざるをえない。

あわせて、「本地物語」の枠組の受容あり、とも指摘しなければならない。仏神の本来は人間だったとして、その人間が仏神になる以前における数奇な生涯を生き生きと叙述する「本地物語」は、奥州においても、広範な流布を見せていた。たとえば、花園新少将の物語には、『塩竈大明神の本地』のタイトルが付されていた。そして、大日如来の生まれ替りとされる「だんぶり長者」の物語にも、『壇毘尼長者』(『田山村長者本地』)のタイトルが付さられていた。とするならば、五の宮の物語にも、『鹿角郡五之宮嶽の本地』なるタイトルが付されていたとしても、不思議でも、なんでもない。だが、それらの物語に登場する主人公は、花園新少将といい、五の宮といい、いずれも、京都下りの貴公子であった。そして、「だんぶり長者」の父娘のばあいにも、在地の出身ながら、参内を遂げ、「大納言」に任じられたり、后に召されたりすることによって、京都の色に染め替えられてしまっている。

ただし、そのような物語づくりのたくらみが可能になった基盤に、五ノ宮嶽や塩竈大明神、さらには小豆沢大日堂にたいする里人による古来の信仰があったことは、改めて、繰り返すまでもない。

中世では、里人が信仰する鎮守の神社は、同一箇所にありながら、五所や六所、さらには十二所や十四所など、数多くの神々の集合体として観念されることがあった。たとえば、塩竈大明神のばあいには、戦国期は天文十二年（一五四三）に、大名大崎義宣が記した起請文には、「当国之鎮守、塩竈十四所大明神」に対する誓いの言葉が盛り込まれていた（『伊達家文書』当年六月十六日起請文）。同じく、天正十八年（一五九〇）に、蒲生氏郷が伊達政宗に宛てた起請文にも、「塩竈六所大明神」の言葉が盛り込まれていた（同当年十一月廿八日起請文）。そのような神々の集合体としての観念が基盤になければ、花園新少将の一族・家臣が挙って神になったという物語が構想されることは不可能であったに違いない。

同じように、五所の神々の集合体としての観念、すなわち「五所の宮」の表現が前もって形成されていなければ、五の宮の物語も構想されることができなかったのではあるまいか。たとえば、出羽国南部に聳える「五所山」（尾花沢方面）に関しては幕末〜明治初期に及んで、再解釈の結果、承久合戦に敗れて配流された順徳天皇が逃れ住んだ「御所」に関連づけられて、「御所山」と表記されることになった経過が明らかにされている（川崎浩良「正厳天子塚の経過」、『羽陽文化』四二号、一九五九年、『川崎浩良全集』四、郁文堂書店、一九六四年に再録)。極端な事例だが、虚構の物語が構想される背景に見え隠れする心情において共通する点、なきにしもあらず、というべきであろうか。

さらには、朝廷における言えば高位・高官の極みとして、「大納言」をありがたがる心情の広がりにも、改めて、注意しないわけにはいかない。津軽十三湊安藤盛季は後に「安倍大納言」と称された。「だんぶり長者」は参内して「大納言」の栄誉に浴した。それればかりではない。『塩竃大明神御本地』においては、栄華の絶頂を極めた花園新少将の息子が、中納言から大納言に進み、「天下を我心のごとく」にしたとする言説が盛り込まれていた。

「けふの細布」の織姫(政子)の先祖についても、成務天皇の「勅命」により「郡司」として遣わされた「狭名《さな》の太夫」だったとする言説や、「綏靖二代の頃」に、「去がたき事ありて」、鹿角に住まいした「王位の末流、大納言信郷公」だったとする言説が、かたちづくられていた(『錦木塚の由来』『奥州南部鹿角郡錦木の由来記』、いずれも『南部叢書』九冊に収める)。

そのような「大納言」の好みについては、まだまだ、事例が検出できそうだ。今後の課題にしたい。

とするならば、「鹿角四頭」の面々が、単なる「京侍」の子孫にはあらず、五の宮に随行してきた先祖に由来するという言説がかたちづくられるのは、至極当然の成り行きだった。という結論に到達せざるをえない。

ただし、それは、あくまでも、二次的な発展形態であり、本来的には、「公任卿ノ末孫」なりとするようなかたちが想定されるべきことは、言うまでもない。かれらは、「京侍」の子孫とされるだけで十分に満足していた違いない。

したがって、真澄が耳にした「鹿角四頭」の伝承は、そのような二次的な発展形態だった。ということにも、なるであろうか。

むすびにかえて

室町後期～戦国期、奥州の在地社会には、京都志向の心情が広がりをみせていた。戦国争乱のなかで、地方分権の志向性が強化される反面において、そのような京都に靡く心情が拡大し、中央志向の言説が流布していたことには、驚きを禁じえない。

それらの言説の流布があったればこそ、日本国の一体性が失われることなく、かろうじて、維持されることができたのではあるまいか。さもなければ、日本国の政治的統一にリンクする、延いては、天皇制の長期にわたる存続にリンクする社会的な環境をかたちづくることができなかったのではあるまいか。すなわち、日本国の政治的空間の基底にあって、下支えの役割を果たしていた言説空間の重要性を、改めて認識することにならざるをえない。

そのような言説空間にあっては、「鹿角四頭」や五ノ宮嶽の由来、そして「だんぶり長者」の出世譚、さらには津軽十三湊安藤氏や大名津軽氏の系譜、同じく大名伊達氏の系譜、または塩竈大明神の由来など、多くのばあいに、中央志向の言説が卓越させられることになったのは、不思議でも、なんでもない。そういうことだったのである。

津軽氏や伊達氏など、諸大名家の系譜認識については、徳川時代に入り、新井白石らによる学問的な検討が加えられるに及んで、中央志向に偏った部分は訂正され、本来的なありかたが復元される方向性が付与された。入間田「奥羽諸大名家における系譜認識の形成と変容」（『軍記と語り物』四一号、二〇〇五年三月、本書Ⅱ三章）に指摘している通りである。だが、「鹿角四頭」や五ノ宮嶽の由来、そして「だんぶり長者」の出世譚など、多くのばあいには、徳川時代に入っても、生命力を奪われることなく、そのままのかたちで、在地社会に伝承され続けた。これまた、前に指摘している通りである。

真澄は、津軽平賀郡柏木町の辺りの地名に関して、興味深い伝承を記している。すなわち、『栖家能山（すみかのやま）』（寛政八年、『真澄全集』三巻）に、

なべてこのあたりに在る村は、柏木、榊、夕顔なぞといふめる、『ぐゑんじ（源氏）物語』のまき〳〵（巻々）の名を呼ことは、花少将忠長卿のつけ給ふともいひ、はた、源氏踊とて盆おどりの入唄の唱歌も、その君の作らせ給ふたるなど、人の語れり、

同じく、『簷廼金棣棠（のきのやまぶき）』（文化八年、同四巻）には、その源氏踊りの唄として、「こきでん（弘徽殿）のほそやどの（細屋殿）に、たつひと（立つ人）や誰れ、光る源氏のこれや君さんまよ」という文句が紹介されている。

これらを踏まえて、『菅江真澄遊覧記』（五巻、一四六頁）には、つぎのような注釈が施されている。

「花山少将　花山院忠長のこと。慶長十四年（一六〇九）京都の公卿の間で不祥事件が起こり、数人が流刑された。花山院忠長は松前におくられ、やがて津軽にきて各地を流寓し、寛永八年（一六三一）に許されて帰洛した。津軽には花山院がものされたと伝えられる書画や歌、手植えの松などが少なからず残っている。おそらく貴人流離伝説の一つであろう」と。

まったくの同感である。一言も、付け加えるべきところがない。これにつけても、「貴種流離譚」に関わる言説の生命力の存続を痛感せざるをえない。

真澄の遊覧記には、まだまだ、多くの「貴種流離譚」に関わる言説の名残りが採りこまれているようだ。それらの解明が、これからの課題である。

ただし、そのような京都志向の心情で、すべてを覆いつくすことはできない。入間田「伊達の平泉伝説」（『中世文学』四二号、一九九七年）ほかに記した通り、平泉志向の心情が、それに共存し、ユニークな複合体をかたちづくっていた。そのことに留意しながら、慎重に進まなければならない。

§コメント§

小論の初出の本文には、「天竺の王族を主人公とする本地物語の本来的なありかたか」とする部分が存在していた。その部分については、筆のスベリであった。その表現にしたがうならば、本地物語には、熊野のそれのようなタイプしかなかったことになって、大問題である。したがって、今回は、その関連部分も含めて、削除させていただいている。

八章　塩竈大明神の御本地

そのむかし、仲哀天皇の御宇に、花園の少将という貴公子があった。垂仁天皇の孫であったというから、これ以上の毛なみのよさは求むべくもない。詩歌管弦なににつけても万《よろづ》にすぐれ、やさしき人という、もっぱらの評判であった。この貴公子の恋の相手は、やんごとなき美人としてきこえた、内大臣の御むすめ。その名をさわらびの姫という。この二人の仲をうらやみ、横恋慕の想いをつのらせたのが桃園中将である。中将の奸計によって、貴公子は遠き国のみちのくに流されることになった。

都を離れ、はるかなる道程を経て、みちのくの多賀郷にたどり着いた少将を迎えたのは、名取・宮城・玉造をはじめとする五十四郡の大名、小名の面々であった。われもわれもと、馳せ集まり見参の礼の及んだかれらにかしづかれて、「みちのくどの（殿）」と称せられることになった。府中には御所がもうけられて、あらたな「まつり事」がおこなわれることとなった。ありし日のみやこにも劣らぬ、その権勢ぶりであった。

都に残された内大臣の娘、さわらび姫が、照日・月さえの二人の侍女をともなって、秘かに旅に出たのは翌年の四月の頃であった。黒染めの衣に身をやつした三人のたどる道筋は、信濃国善光寺から出羽国羽黒を経て、あの多賀郷へというものであった。艱難辛苦の長途を経て、三人が多賀郷にたどり着いたのは、さらにその翌年の如月の頃であった。

よう〳〵のことで再会をはたした二人の間には、やがて、「望月のくまなきごとくなる若者」が誕生することになった。その名を「もんじゅ王」という。

文珠王が羽黒詣の山伏に連れ去られたのは、当年九歳、母とともに箱根詣りの折であった。やがて、文珠王は都の法昌（宝）寺にいざなわれて、雅児として、学問の道にあけくれる身となった。

その文珠王が、外祖父にあたる内大臣殿に見いだされ、名乗りを遂げることができたのは、母のさわらび姫が都を出奔してのち、十三年の法会にさいしてであった。そして、内大臣にともなわれて参内した文珠王は御門《みかど》（天皇）に拝謁することになった。文珠王は元服を許されて、花園の中納言頼高と、名乗ることになった。そのうえに、東海道七カ国を賜わることとなった。「御門の御ひきで物」としてである。外祖父の内大臣からも、安芸・周防・長門の三カ国が贈られることになった。

父の花園少将のもとには赦免の使者が立てられ、子の中将も迎えのために都を立ち、三千余騎を率いて白河の関を越えることになった。多賀郷では父子の再会をいわって、夜昼三日の宴会が続けられた。

神無月のはじめに多賀郷を出立した父子の一行が、都は七条花園の御所に到着したのは、霜月の中頃のことであった。

参内を遂げた父の少将は「奥州大国」を給わりて陽明門の大殿と称し、子の中納言も大納言に進み、「天下を我心のごとくに」するにいたった。それに引きかえ、旧悪が露顕した桃園中将はゆわう（硫黄）か嶋に流されることになった。

その後、父のようめいもんの大殿は老体に及び、みちのくへくだり、その国の人をまもらんとて、塩竈大明神とあらわれることになった。息子の大納言も都を出て、かしま《鹿島》の明神となり、母の北の方も同じく、いつのみや（稜威宮）となった。妹の姫君のふけん《普賢》御前、それに侍女の照日、月さえ、御内の老臣志賀の兵衛までもが、奥州にくだって、神になった。これらの神々を、総称して、塩竈十四所という。

おおよそ右記のごとき物語が、「塩竈大明神御本地」の内容であった。東京大学国文学研究室所蔵のこの物語は、市古貞次の校訂によって刊行され、『未刊中世小説』四（『古典文庫』一一〇冊）に収められている。右記の紹介はこれにもとづくものであった。このほかにも、慶応大学斯道文庫所蔵の「塩竈宮の御本地」が、角川書店『室町物語大成』第六に。宮城教育大学付属図書館所蔵の「神秘録」が『多賀城市史』第六巻文学史料に、それぞれ刊行され公にされている。いずれも、同じ内容の物語である（ただし、若干の字句の異同あり）。これらのテキストの調査にあたっては、松野陽一・佐藤武義の両氏の教えをうけた。記して感謝する。

これらの写本の原本が塩竈神社にあったことは、それぞれの末尾にも記されている通りである。たとえば、「此書は塩竈のうちにおさまりあるを写《うつし》とるなり。此書を御らん候所へは本大明神がすゑずゑもしん（信）心あるへきなり」（東大本）とあるがごとくにである。

花園少将の側近に、終始一貫して、その分身であるかのように仕えつづけた、御内の御後見、志賀の兵衛なる人物。少将の側近に黒子のごとくに仕えつづけることによって、この物語の舞台まわしの役割を演ずることになった、この不思議な人物の造型が、塩竈の上人、志賀家の人びとの存在をぬきにして、にありえなかったことは、いうまでもない。そういえば、されて妹の侍女となった月さえも志賀の兵衛の妹、すなわち志賀家ゆかりの人物とされていたのであった。この兄妹がおればこその物語の展開であった。志賀家の人々が、いかに深く、この物語のなりたちにかかわっていたかが、察せられる。この物語の原本を所蔵した家。さらには、物語そのものの創作にさえも、かかわった家として、志賀の家を考えることができるのではあるまいか。

そして、もう一人の重要な脇役の舞台まわしとなったのが、姫の乳母《めのと》のてる日（照）のつぼね（局）であった。照日、照手、朝日などといえば、語り物の世界では、それはもう、ごくありふれた周知の人名。すなわち女主人公（ヒロイン）のよび名であり、同時に語る女芸人の名のりでもあったのである。てる日のつぼねとあるからには、この本地物語が同名を称する女芸人によって唱導されたことは、ほぼ確実といわなければならない。

この本地物語は、塩竈の社人、志賀家の意をうけた人によってかたちづくられ、てる日を名のる女芸人によって語り広げられたものであった。そのような推測ができるのではあるまいか。それでは、その成立の時期はいかに。

東大本の校訂者は、写本は近世中期以後のものとしたうえで、原本の成立は「近世初頭かも知れないが、内容は中世のものと見てもよいか」と記している。この推定をさらにたしかめる材料はないものであろうか。

一、いまた年号はしまらさる時に候、しほかまの大明神、仁王十四代仲哀天皇御孫花その（園）、新少将ニて、流人として宮城高府に下給て、其後帰洛し、東海道十五カ國・北陸道七カ國・両国御知行有て、御一期之後、しほかまの明神とあらハれて、大同元年ニ宮城のこほりニ立給ふ、当永正十一年まで七百九年ニ成給ふ、昔ハ當國諸郡ニ神領有、行方保にも、宇多庄にも、そとのはま（外浜）ニ有、ぬかのふ（糠部）ニあり、三迫ニ有、黒河ハ不及申候、小田保ニ有、しかま（色麻）の保ニも有、大谷保羽生よりハ、七月御神事ニあふ（羅か）屋代・同御へいかミ（幣紙）あかる、三迫高泉よりハ駿河守之代まて、御へいかミ・あふ屋の代あかり候、大崎殿ハかならす國ニ立給ふへき御曹子御くハいしよう（懐生）の時ハ、しほかま大明神御かけ（影）をさし給ふと申傳候也。

これは宮城郡・府中（多賀国府）の大名、留守氏の一族、余目《あまるめ》氏に伝えられた旧記の一節である。この『余目氏旧記』（または留守家旧記とも）の成立年代は引用文中にも見えるように、室町後期の永正一一年（一五一四）。しかし、その原型（根幹となる部分）はさらに遡って、室町中期の文明初年（一四七一〜三？）には成立していたものとみられる（伊藤信「留守家旧記の成立をめぐって」『歴史』五九）。

この旧記に見える物語は、先に紹介の物語と、その基本において、まったく変るところがない。花園少将の祖父が垂仁ではなく、仲哀となっていること。帰洛ののち賜わった国名に若干の異同があること、などが注意される程度であろうか。

塩竈社の本地物語の成立は、どんなに遅くみつもっても、室町後期の永正一一年。さらに推測をたくましくするならば、室町中期の文明初年までに遡る。このような結論にならざるをえない。

戦国期の天文一二年（一五四三）、伊達氏のいわゆる天文の乱において、稙宗《たねむね》方となった大崎義宣が記した誓詞（起請文）の末尾には、「日本国中大小神祇、殊者、熊野三所権現、両国之鎮守、羽黒大権現、当国之鎮守、塩竈十四カ所大明神、天神、八幡、摩利支尊天」の神名が列ねられていた（『伊達家文書』）。本地物語の前後にみえる塩竈十四所の表現がここにおいても、用いられていた。この十四所の表現は、近世に入るとみられなくなってしまう。あくまでも中世的なその表現であった。

この本地物語の基本は、流人となった貴公子が赦免されて帰洛の後、ふたたび在地に下って神になったという、いわゆる貴種流離譚にあった。

これにたいして、近世以降の縁起においては、タケミカヅチ（武甕槌命）・フツヌシ（経律主命）の二神に、別宮の岐神《フナド》を加えた三柱を祭神とする説が採用されている。猿田彦・事勝国勝・塩土老翁・岐神・興玉命・太田命の六座をもって、別宮の六所明神とする説もあわせて載せられている（山下三次『塩竈神社史料』七一〜三頁）。元禄三年（一六九三）、仙台藩主伊達綱村と神祇管領卜部兼連との合作になるこの縁起においては、記紀そのほかの記事が大巾に採用された結果、中央に通ずる合理的かつ洗練されたものとなったが、その反面において、あの貴種流離譚にしめされる土着の中世は完全に抹殺されてしまったのであった。

「春日権現験記」には、塩竈社の由来について、つぎのような記事がみられた。「むかし我朝、悪鬼邪神あけくれた、かひて、都鄙やすらかざりしかば、武甕槌の命、是をあはれみて、陸奥国塩竈浦をあまくだり給、邪神霊威におそれたてまつりて、或はにげさり、或はしたがひたてまつる」と。鎌倉末期の延慶二年（一三〇九）に成立というこの絵巻物の調書にみえる神は武甕槌の命。これまた、中央系統の神名であった。

同じく中世の物語といっても、中央と地方とでは、まったく異質のそれが展開していたのであった。花園少将の流人伝説のもつ土着性はいよいよもって明らかといわなければならない。この点については、斉藤利男「古代・中世の交通と国家」(岩波『日本の社会史』二、一九八七年)の、すでに注目するところとなっている。そこには、「まぎれない地方社会の自己認識の世界」があったという斉藤論文の指摘を、十分にかみしめてゆきたい。

このような貴種流離譚による自己認識のありかたは、塩竈社の周辺にはとどまらず、奥州一円にわたる広がりをしめしていた。その具体例についての立ち入った考察、ならびにその広がりの理由、それを受容・伝承した在地の人びとのメンタリティ(心情)などについての探求がもとめられるべきところである。今後の課題として、とりくみをつづけてゆきたい。そのさいに、最近公刊の大石直正「『余目氏旧記』と奥州探題」(平凡社『歴史地名通信』一〇)に集約された諸成果は、もっとも大きな導きとなろうか。

〔追記〕 この本地物語の基本が『余日氏旧記』に見えていることについては、市古貞次氏による指摘がなされていた(『中世小説の研究』東京大学出版会一九五五年、一七六頁)。小論出来の間もなくに公刊された村上學「『奥州一宮御本地』をめぐる二三の問題」(『名古屋工業大学紀要』四三巻、一九九一年)においては、関連資料の索捜によって、志賀家による物語の組み立ての経過が考察されている。志賀家の先祖をクローズアップするような物語の組み立てが完成したのは天正一八年(一五九〇)から元禄六年(一六九三)までの期間である、すなわち主家(留守家）の移封によって志賀家が取り残されることになった以後の時期である」とする結論が記されている。塩竈の社人として生きることを余儀なくされた志賀家にとって、物語の組み立ては自家の存立をはかるための不可欠の営為であったというのである。村上氏には、「『奥州一宮御本地』攷」（『神道古典研究』一三号、一九九一年一一月）論考もあった。あわせて参照されたい。ただし、若干の問題が残らないでもない。志賀家の先祖の活躍が室町期における物語の原型には含まれていなかったとする根拠に、すなわち近世の付加であると判断する根拠に、不足がないわけではない。今後の研究課題である。有川美亀男「神道集の説話と船尾山の縁起」（『国語と国文学』昭和三二年三月号）によれば、上野国群馬郡津禰宮には、桃園左大将と若君の月塞（つきさえ）が悲劇に遭遇して、後に神となって顕れる次第を綴った物語が伝えられていた。奥州塩竈社のそれに通じるメンタリティーの広がりが察せられる。

§コメント§

小論は、羽下徳彦『北日本中世史の研究』（文部省科学研究費成果報告書、一九八三年）に収録された。そのプロジェクトにかかる研究会や史跡巡検などにさいしては、羽下氏はもちろんのこと、明石治郎・柳原敏昭ほかの御好意を忝くした。あらためて、感謝を申しあげる。

なほ、小論は、東北学院大学中世史研究会編『中世陸奥国府の研究』（私家版、一九九四年）にも再録されてもいる。

その後、小論からしばらくして、村上學「『奥州一宮御本地』攷」（一九九一年）、「『奥州一宮御本地』をめぐる二三の問題」(同年)が公表されている。そして、村上學『中世宗教文学の構造と表現―佛と神の文学―』(三弥井書店、二〇〇六年)には、その両論文が再録されている。

それらの両論文のうち、後者(「二三の問題」)の末尾には、「この稿は、この問題に先鞭を付けられた入間田宣夫氏の御寛恕によるものである」と記されてもいる。

そういえば、村上氏の校注になる『神道大系』文学編二(一九八九年)には、『塩竃大明神之御本地』が収められて、研究の促進材料としての大役を果たしていた。

さて、その両論文によって、この本地物語が志賀家によって伝承されてきた経過については、さらには近世社会において志賀家の直面した困難については、よく分かるようになった。さすがのお調べである。

さらには、村上氏によって、『奥州一宮御本地』のような本地物語について、「神道の厳密な学問的考証による神体の決定とは別次元ではあり、また現在の神社の信仰組織とは直接の関わりもないが、庶民は各地の神社の利益をこうした語り物によって、自分たちの時代と環境に合った人間的な神々だと理解していた、そういう内容の信仰宣布のシステムが、最近、というより今に至るまで地方では行われていることも事実である」と指摘されていた(「攷」)。これは、すばらしい。その「庶民」によって受容された「自分たちの時代と環境に合った人間的な神々」という捉え方こそが、地方における民衆の自己認識のありかたを明らかにしていくための最良の指針を提供してくれるのにちがいない。

この物語の成立については、「都で何かをして流離の身となった貴種が地方に住みついて神として祭られるという古代的な説話形を、志賀家が自分の席次を禰宜の上に置く由緒の物語とするために諸種の増補を企て」ることによって、この物語ができあがったのではないかと思う。と、村上氏は記している(「攷」)。

たしかに、志賀家による関与があったことは間違いがない。小論においても「御内の御後見」志賀の兵衛なる人物。「少将の側近に黒子のごとくに仕えつづけることによって、この物語の舞台まわしの役割を演ずることになった」。「そういえば、さわらび姫（少将の妻室）の侍女となった月さえも、志賀の兵衛の妹、すなわち志賀家ゆかりの人物とされていた」。「この兄妹がおればこその物語の展開であった」。と記していた。

けれども、「物語成立期は、志賀家がこの物語を最も必要とした時期とすることが妥当になる」ということで、「市古貞次氏と入間田宣夫氏が推測した室町時代末期よりは下る時期、志賀家が政治情勢の激変により主家の権力の後ろ盾と生活の基盤たる領地を失い、鹽竈神社に生活の基盤を求めざるをえなくなった時、上限は天正十八（一五九〇）、下限は後述のように伊達綱村が卜部兼連に正式の縁起として『鹽竈社縁起』を考証選進せしめた元禄六（一六九三）年ということになろう」と記されていることには（「二三の問題」）、疑問がないではない。

その旨は、東北学院大学中世史研究会編『中世陸奥国府の研究』（私家版、一九九四年）にも再録させていただくさいに、その「追記」においても、示唆しているが、その根拠については明記する余裕をえなかったので、あらためて記すことにしたい。

本文中の紹介にもあるように、花園少将（のちには「陽明門の大殿」）、妻室のさわらび姫、息子の文殊王（のちには花園大納言）、妹の姫君のふけん（普賢）御前、さらにはさわらび姫に仕える侍女の照日・月さえ、「御内の御後見（老臣）」の志賀の兵衛までもが、奥州にくだって、神になった。これらの神々を、総称して、「塩竈十四所」という。とする一節で、この物語は閉じられていた。

問題は、その「塩竈十四所」の文言にある。すなわち、花園少将の家族から、侍女の照日・月さえ、そして志賀の兵衛までをもふくめた十四人が、「十四所」の神になった。というからには、「塩竈十四所」の文言が登場したその時点では、この物語の大枠はできあがっていた。ということにならざるをえない。

ところが、その文言は、戦国期の天文一二年（一五四三）には、すでに登場していたのであった。すなわち、宮城県北の戦国大名大崎氏が米沢の伊達氏に差し出した誓詞（起請文）のなかに、「当国之鎮守、塩竈十四ヶ所大明神」の文字が見えていたのである。そのうえに、「十四所」の神々の表現は、近世に入るとみられなくなってしまう。くわしくは、本文中に記している通りである。

してみれば、この「十四所」の神々の物語は、戦国期の天文一二年（一五四三）のあたりには、地域の人びとの間に広範に流布していたのに違いない。すなわち、「古代的な説話形」から「十四所」の神々の物語への「増補」は、そのあたりに、志賀家によって成し遂げられていた。ということにならざるをえない。

ただし、「古代的な説話形」（花園少将の一人だけの神の物語）から「十四所」の神々の物語への「増補」というけれども、いきなり、それが成し遂げられたわけではない。その中間には、「六所」の神々の物語が存在していたらしい。たとえば、室町前期は、応永一一年（一四〇四）には、「塩竈六所大明神」の表現が表れていた（当年七月小峯満政等二十人連署一揆契状、松藩捜古所収文書）。

それならば、室町中期は文明年間には原型が成立していたとされる『余目氏旧記』の段階には、すでに、「六所」の神々の物語への「増補」が成し遂げられていたのだ。ということにならざるをえない。すなわち、村上氏のように、『余目氏旧記』のうちに、物語の「基本形」「古代的な説話形」を見いだすことは難しい。

そのうえに、「古代的な説話形」から「十四所」の神々の物語への「増補」が成し遂げられたのは、天正一八（一五九〇）以降であろう。と、村上氏は記している。

もしも、村上氏の推定の通りならば、すでに何者かによる「増補」の手続きを経て広範な流布をみせている「十四所」の神々の物語を、天正一八の以降になって、あらためて、志賀家の側が「増補」して、自家の都合のよいようにつくりかえる。すなわち、十四人の人の登場人物うち、何人かを入れ替えて、志賀の兵衛・月さえほかを登場させる。そのうえに、兵衛には舞台回しの重役を演じさせる。というような経過を想定することにならざるをえない。けれども、そのような無理押しが、地域の人びとによって容認されることがありえたのか、どうか。いいかえれば、志賀家の側のその時かぎりの事情だけによって、物語の登場人物を入れ替えることが、原理的に可能とされうるのか、どうか。疑問がないではない。

いずれにしても、戦国期は天文一二年における「当国之鎮守、塩竈十四ヶ所大明神」の文言は、歴史学の立場からすれば、決して見逃しにすることができない。大事な文言であった。それに、間違いはない。そういうこともあって、いささか時期遅れの小論ながら、本書に収録させていただくことにしたい。ただし、塩竈大明神については、「塩竈」「塩釜」ほか、さまざまな表記が存在していた。けれども、今回は、原則として、「塩竈」の表記にしたがっている。

同じく、小論の翌々年には、斉藤利男「中世における正統イデオロギーと民衆的認識の世界―中世世界の中の「民衆神学」―」（地方史研究協議会編『交流の日本史―地域からの歴史像―』雄山閣、一九九〇年）が公刊されている。

そこには、「塩竈大明神御本地」の主人公たるべき「花園少将」について、「中央の神話に登場しない人物、地方世界が独自に創作した人物であった」。「まぎれもない地方社会の自己認識の世界がそこにあった」。と、かねてよりの主張を繰り返したうえで、「その独自の縁起が、民衆から支配層まで含めて、広く受容される」なかで、「地域世界」「奥州住民」の「アイデンティティ」がかたちづくられた。とも記している。

その通りである。斉藤論文と小論の違いといえば、前者はあくまでも俯瞰的・概括的な考察の一環として対処している。それに対して、後者は物語としての内部構造のありかたに一歩だけ立ち入って、個別的な考察に及んでいる。という程度であろうか。

あわせて、斉藤論文では、正統的国土観・君主観・神観念とは異なる「民衆の論理」、ないしは「民衆神学」ともいうべきものが、「塩竈大明神御本地」のみにはあらず、数多くの本地物のなかに胚胎していた。とする重要かつ問題提起的な発言にまで及んでいる。

そして、この問題提起は、斉藤「中世エゾ観における正義と異端」(羽下徳彦編『中世の政治と宗教』吉川弘文館、一九九四年)によって、さらなる展開を遂げている。そのような「民衆神学」論に対する自分なりの受け止めの一端については、入間田「津軽安東の系譜と第六天魔王伝説」(同『中世武士団の自己認識』一章、三弥井書店、一九九八年)に記している。

なほ、千田孝明「実川本『日光山縁起絵巻』上下二巻」(『栃木県立博物館研究紀要』三五号、二〇一八年)によれば、こちらでは、花園少将にはあらず、桃園左大将にもあらず、有宇中将が活躍していた。「あさひの長者」「さやけき」の名前もみえていた。

付論　菅江真澄の流儀

〈一〉

たとえば、岩木山の祭神をめぐる言説に、真澄が向きあう姿勢には、他には見られない素直さが滲み出ていた。具体的には、弘前藩校稽古館の祭酒（学頭）だった土岐貞範、そして幕府巡見使随員の地理学者だった古川古松軒のそれには見られない、語り手の心情に寄り添った柔らかなアプローチが目立っていた。

稽古館祭酒土岐貞範は、同館司業山崎蘭洲に就いて儒学を修めた。和漢の典籍にあわせて、仏典にも通じていた。したがって、文化八年（一八一一）、かれの撰述になる『岩木山縁起』では、記紀をはじめとする内外の古典にあらわれるような神名が前面に押し出されることになった（五来重『修験道史料集』一、名著出版、一九八三年）。

岩木山の祭神三柱のうち、主神ともいうべき国常立尊（くにのとこたちのみこと）が、天地開闢の最初にあらわれた神として、記紀に登場させられていたことは、いうまでもない。

そして、大元命、ないしは大国主命、もしくは大己貴尊（おおなむちのみこと）のうち、二神は、皇祖神にはあらざれども、出雲系の土着神として、同じく記紀に登場させられていた。

また、国安珠姫命（くにやすたまひめのみこと）については、大己貴尊の妻として、記紀に登場させられた神々に准ずる取り扱いになっている。

ただし、貞範による祭神三柱の定立は、まったくの独創にはあらず。寛政五年（一七九三）、木立守貞によって編纂された弘前藩官撰の史書、『津軽編覧日記』に、その原型が見えていた。具体的には、『津軽編覧日記』の付録として編纂された『本藩濫觴実記』（弘前市立図書館所蔵）に、岩木山の祭神として、天上国常立尊・開国大元尊・上国安珠姫命の神名が見えていた。そこには、記紀における天地開闢説にならって案出されたとみられる、『東日流《つがる》開滄物語』『蓬莱翁草』などの「神書」の説が書き連ねられて、混沌とした状態をなしていた。

したがって、貞範の仕事については、弘前藩における文化官僚による積年の営為の手際のよい取りまとめとして、限定的に評価するべきかもしれない。

つぎに、幕府巡見使随員古川古松軒は、備中国新本村（いまは岡山県総社市）の生まれ。年少より地理学を好み、各地を旅した。測量にも長じていた。したがって、天明八年（一七八八）、かれの執筆になる『東遊雑記』では、実地に見聞した情報に理知的な批評を交えたユニークな文体がかたちづくられることになった（東洋文庫二七、平凡社）。

岩木山の祭神をめぐる言説とて、例外にはあらず。説教節「さんせう太夫」に登場する安寿姫・津志王丸の姉弟が苦難の末に志を遂げ、「岩城権現」として祭られた。そのために、姉弟を苦しめた「山荘太夫」（さんせう太夫）の住んだ丹後国から訪れる人は、「災いありとて」、厳しく入来をチェックされることになっている。とするような言説に関して、「怪説ゆえ、信じがたく」と、呵責のない批評が記されていた。津軽藩側からの申し入れによって、丹後国人が巡見使の随員から除かれた現実に遭遇しても、「妄説のことなれども、大勢に手なしと、是非もなきことなり」と、辛らつな見方がやわらぐことはなかった。そのうえに、姉弟の父親、「岩城判官正氏」の実在性についても、「俗のいい伝えなるべし」とか。「安寿姫を祭りし山なるに、何とて女人を禁ずるや、いぶかし。山険しきゆえに、婦人を禁ずるなるべし」とかするコメントも付加されていた。

それらに対して、真澄のばあいには、天明五年（一七八五）、岩木山に詣でる舟人らに出会って、耳にすることができたかれらの肉声そのものが、ストレートに筆記されていた。「其むかし、岩城の司判官正氏のうし（大人）の子ふたところ（二所）持給ふを、安寿姫・津志王丸と聞こえたる、其たま（霊）を、このみね（嶺）に祭る。さる物語の有けるがゆへに、丹後国の人は、このいは木ね（岩木嶺）にのぼりうることかなわず。又此みねの見え渡る海つら（面）に、その国のふね（舟）をれば、海、たゞあれ（荒）にあれて、さらに泊もと（求）むることもかたしと、ふね長のいへり」と（『そとがはまかぜ』、当年八月一五日条。『菅江真澄全集』一巻、未来社、一九七一年による。引用にさいしては、若干の句読点を補い、改行を施し、かな文字に漢字を当てるなどして、読みやすくしている）。

同じく、寛政八年（一七九六）、岩木山のお膝下、百沢寺を訪れて、耳にすることができた案内の小坊主の肉声そのものが、ストレートに筆記されてもいた。「阪上田村麻呂」が「阿曾閇の森」に住む「あやしのもの」を追放した後、多年を経て、「近つあふみ（近江）の国篠原の守たりし花輪なにがしのうし（大人）」が討手として到来。万字・錫杖の旗印を掲げて、赤倉山の鬼、万字・錫杖を捕らえ、「今より後は人につゆ（露）のわざはい（災）もおは（負）せじ、ゆめ〳〵」との「うけひ」（誓言）をさせることになった、と（『つがろのおく』当年三月一日条）。

真澄のばあいには、記紀にリンクするような神々の権威を振りかざすのにはあらず、ないしは諸国を俯瞰する高みから見下ろすのにはあらず、岩木山に参詣の舟人ら、百沢寺の小坊主など、語り手との穏やかなやりとりのなかで、その肉声を率直に受け止めて、丹念に筆記する。という流儀が目立っていた。語り手にたいしてばかりではない。「岩城の司判官正氏のうし（大人）」「花輪なにがしのうし（大人）」など、物語の登場人物にたいしても、敬愛の気持ちがたむけられていた。

〈二〉

貞範と古松軒と真澄。まさしく、三人三様。なぜに、このような際立った違いが生み出されることになったのであろうか。

貞範には、弘前藩の文化官僚としての自負のようなものがあった。記紀の神話にリンクするかたちでの神名の変更は、仙台藩そのほか、当該時期における諸藩に通有の政治・社会現象であった（平川新『伝説のなかの神—天皇と異端の近世史—』吉川弘文館、一九九三年）。すなわち、吉田神道や国学の教説が広く受け入れられる流れのなかで、仏教色に彩られた伝統的な文化を墨守するにはあらず、ナショナリズムの方向性を付与された新しい文化をかたちづくろうとする動向が、列島の隅々にまで及んでいた。貞範ほかの文化官僚としては、そのような全国的な動向に即応して、津軽の開滄から津軽藩の監觴にいたる歴史を再解釈するほかにない。そのような使命感に駆られていたのに違いない。そのような営為のなかで、岩木山の神格の変更が進められたのに違いない。たとえば、岩木山三所大権現の伝統的な教説が抹殺される。さらには、「さんせう太夫」の安寿姫の物語が、田光沼から国安珠を見いだして大己貴尊の妻になったとされる国安珠命（龍女）の物語に変更される。などしているのは、そのためにほかならない。

古松軒には、幕府巡見使随員ならびに天下に聞こえた地理学者としての誇りがあった。したがって、新しい文化形成の流れのなかにあって、在地の人情・風俗・言説にたいする関心は抱けども、大所高所からの観察に止まり、ともすれば、それらの優劣・真偽などを声高に論評しようとする。さらには「夷風」を排斥しようとする。ような傾きを禁じえなかった。

それらにたいして、真澄には、藩の文化官僚としての自負もなければ、幕府巡見使随員としての誇りもなかった。そのために、在地における伝統的な言説を変更したり、その真偽を論評したりする必要もなかった。

そのために、語り手の心情に寄り添った柔らかなアプローチ、率直そのものの聞書きが可能になったのではあるまいか。

〈三〉

だからといって、真澄が、狭量な世界に閉じ籠っていて、新しい文化形成の全国的な流れに無関心であった。というわけではない。磯崎重治「真澄の観察と記録、実感実証の学」が記しているように

（『真澄学』二号、二〇〇五年）、「古風・鄙振りへの関心」「説話伝承への関心」「方言・語源への関心」に誘われて旅に出た大勢の文化人のなかでも、「俗中ノ雅」をもとめる徹底した姿勢によって、新しい文化形成の先駆けともいうべき地位に、真澄は到達していたのである。同じく、菊池勇夫「菅江真澄の魅力は何か」が記しているように（『真澄学』三号、二〇〇六年）、「民衆の息づかいのようなものを基盤にすえながら、国学や和歌の学びを地域密着型のそれに深化させることを通じて、新しい文化形成のユニークかつ重要な担い手としての地位に到達していたのである。

ただし、貞範や古松軒のように権威に密着することなく……、とはいっても、一筋縄にはいかない。真澄は後年に秋田藩主の信認を得て、地誌類の編纂に取りかかっている。そのことを見過ごしてはいけない。それをもって、錦仁「菅江真澄の地誌」が記しているように（『真澄学』四号、二〇〇八年）、「和歌を詠みながら領内を巡覧する藩主」という姿勢に同調するかのようにして、真澄の聞書きがかたちづくられた。とする側面がないではない。だが、そのばあいとても、「民衆の息づかいのようなものを基盤に」すえた真澄の流儀には、いささかの揺らぎも生じることがなかった。すなわち、藩主の高みからするそれには完全に同調し切れない部分が保たれることになった。そのように考えたいのだが……。どうであろうか。

Ⅳ　平泉伝説のゆくえ

九章　伊達の平泉伝説

伊達次郎泰衡と阿津賀志山合戦

文治五年（一一八九）奥州合戦における最大の激戦場は、伊達郡阿津賀志山《あつかしやま》（福島県国見町）であった。阿津賀志山の辺りには、延々三キロメートルに渡る二重堀の防塁が構築され、鎌倉騎馬軍団の襲撃に備えられていた。「大木戸」には、平泉藤原泰衡の庶兄、西木戸《にしきど》太郎国衡を責任者とする司令部が設置されて、水も漏らさぬ防備体制が敷かれていた。そればかりではない。近隣の「石那坂《いしなざか》」の辺りにも、防塁が構築されて、現地の豪族、信夫《しのぶ》佐藤庄司（継信・忠信の父親）による守りが固められていた。そのうえで、多賀国府に近い「国分原鞭館《むちだち》」（仙台市榴《つつじ》ケ岡）には、総大将泰衡の大本営が設置されて、奥州全域にわたる戦争指導の体制がかたちづくられていた。

畠山重忠の秘密工兵隊の働きによって、その二重堀の一部が埋められ、裏山からの奇襲作戦によって、「大木戸」が陥落させられたのは八月一〇日のことであった。そして、「国分原鞭館」の大本営が放棄され、泰衡の北走が開始され、多賀国府が鎌倉勢の占領下に収められたのは八月一二日のことであった。

これらの経過は、『吾妻鏡』に詳しい。最近の研究成果としては、入間田「阿津賀志山防塁と文治奥州合戦」（『阿津賀志山防塁保存管理計画報告書』三章二節、福島県国見町教育委員会　一九九四年）　川合康『源平合戦の虚像を剝ぐ』（講談社選書メチエ、一九九六年）などがあげられる。

その総大将の泰衡について、「伊達次郎泰衡が狼狽の所より一族滅亡候を」と記されたのは、「可足権僧正筆記」においてであった。この記録は、天和〜貞享の頃に、弘前藩主津軽信政の弟、可足《かそく》によって執筆されたものである。津軽氏の系譜に関する古態の伝承を記したものと見られる（可足の筆記は『青森県史』一巻一九二六年、佐々木孝二編『総合研究津軽十三湊』北方新社一九八八年に収める）。そのうえに、可足の筆記には、判官（義経）による鎌倉攻略の陽動作戦として、「伊達の大木戸」合戦が計画されたとする伝承さえもが包含されていた。

盛岡藩の歴史書、『南部根源記』においても、「文治五年七月、右兵衛佐頼朝公、陸奥・出羽の押領使、伊達次郎藤原の泰衡御退治の為め、奥州御発向の節」と記されていた（『南部叢書』二巻）。その記事を受け継いだものであろうか、『明良洪範』続編七巻においても、南部初代光行について、「文治五年七月、右大将、伊達次郎泰衡御征伐として、奥州へ発向の供奉して、阿津賀志山・国見沢、所々の合戦に忠義を励ましける故に」と記されていた（国書刊行会本、明治四五年）。本書は幕臣真田増誉の編纂になり、広範な流布を示した。それによって、「伊達次郎泰衡」の伝承が、江戸・上方の辺りにまで受容された次第が察知される。

「伊達の小二郎」は、古浄瑠璃『秀衡三代目二日目』『御館《みたち》権太郎』に「二なん、だてのくはんじやもとひら」、幸若舞曲『和泉が城』に「秀平小太郎二なんはたての次郎」とあるように、奥州藤原氏の次男をさす名称である。と、このような指摘がなされたのは、後藤多津子「『うたおんど奥州二つ頭』考証」（『芸能史研究』七四号、一九八一年）においてであった。

『文治奥州軍記』（塩竈神社所蔵）にも、「西木戸国衡」「伊達泰衡」が、鎌倉勢を迎え撃つために、「人数八十万余騎」を率いて喜連川まで攻め上ったことが記されていた（「文治年中鎌倉右大将日記」からの引用）。それとは文脈を異にして、鎌倉勢の大将、長崎四郎が、「伊達郡を八宿所として」、「泰衡館《たち》ニ住して」、義経を討つ計略をめぐらした次第についても、記事がみえていた（「文治五年壬四月廿七日奥州高館《たかだち》衣川《ころもがわ》軍記」からの引用）。詳細については、徳田和夫・石井由紀夫「『文治奥州軍記』解題」を参照されたい（『民俗と文献』二輯、一九七五年）。そして、『白河関物語』にも、阿津賀志山の本陣にて、「家人河田次郎」の裏切りによって、「伊達次郎泰衡」が討取られた次第が記されていた（『棚倉町史』二巻、一九七八年）。そのことが、菊池利雄『阿津賀志山二重堀関係史料集』（私家版一九八〇年）によって注目されている。

それらの歴史書や文学書（いわゆる判官物）ばかりではない。近世における地誌・紀行類、すなわち在地の伝承に近接したジャンルにおいても、同じような記載が行われていた。たとえば、『奥州平泉名所記』（享保一九年刊）には、「秀衡入道五人子息有」として、「錦戸太郎国衡」「伊達次郎泰衡」「和泉三郎忠衡」「本吉四郎高衡」「仙北五郎利衡」の名前が記されていた（佐々木博康『平泉関係文書の研究』二二三頁、国書刊行会一九七八年）。『奥細道菅菰抄』（安永七年刊）にも、「泰衡は、秀衡の次男、伊達次郎を云」とあった（同書三〇九頁）。同じく、『十符の菅薦』（近藤芳樹著）にも、「伊達次郎」とまでは言わないまでも、「泰衡こゝに木戸をかまへて鎌倉の軍をふせげり」と記されていた（菊池前掲書）。

「伊達次郎泰衡」「伊達の大木戸」のことばかりではない。『奥州平泉名所記』には、「佐藤青衡」が中尊寺を建立したとする記事もみえていた（佐々木前掲書一二〇頁）。阿津賀志山に近い伊達郡上郡山村明王山大聖寺正観音菩薩の縁起（宝暦一四年）にも、「佐藤入道秀衡」の中興が伝えられていた（川村善次郎氏の教えによる）。これまた、阿津賀志山合戦に関連する表現であったか。具体的には、佐藤庄司の活躍をイメージすることによって形成された文学的な表現であったか。

いずれにしても、阿津賀志山合戦→平泉藤原氏の滅亡という歴史的経過が、人びとの記憶のなかに鮮明に刻みつけられ、歳月を経ても磨滅させられることなく、さまざまな伝承をかたちづくる母体の役割を担い続けた。史実に近いものから荒唐無稽に近いものまで、さまざまなレヴェルにおける伝承を繰り返し生み出す発生源としての役割を担い続けた。そのことに、変わりはない。「伊達次郎泰衡」の伝承は、その荒唐無稽に近づいた典型とでも、言うべきものであったか。

ただし、まったくの虚構であったわけではない。泰衡は秀衡の次男であった。生母の地位が高かったので、次郎秀衡の後継者に選ばれた。したがって、「小次郎」の名称があったとしても不思議ではない。そして、実際に、その名称が用いられていたことが、最近になって、秀衡の政庁「平泉館」跡（柳之御所跡）の発掘調査によって判明した。その井戸跡から検出された折敷の杉板に、秀衡の一族・郎党の名前を墨書したものがあって、「信寿太郎殿・小次郎殿・四郎□《太》郎殿」などの文字を読み取ることができたからである。かれらのうち、「信寿太郎殿」が庶兄の国衡、「小次郎殿」が次男にして嫡子の泰衡なることは、あまりにも明白であった。杉材年輪の年代測定や、同時に出土の「かわらけ」（土器）形式の比較対象によっても、その裏づけが得られた（入間田『折敷墨書を読む』、平泉文化研究会編『奥州藤原氏と柳之御所跡』吉川弘文館一九九二年、同『藤原秀衡』ミネルヴァ書房、二〇一六年）。伝承における虚実の関係について、さまざまに考えさせられる次第である。

「伊達次郎泰衡」「佐藤秀衡」の伝承については、入間田「中世奥南の正統意識――余目氏旧記にみる平泉伝説――」においても（片野達郎編『正統と異端』角川書店、一九九一年、のちに入間田『中世武士団の自己認識』四章、三弥井書店、一九九八年に再録）、考えることがあった。今回は、それに若干の事例を追加して、阿津賀志山合戦の史実との関連性を一層に明確にした。ただ、それだけのことであった。

伊達政宗の遣欧使節によって

伊達政宗の使節、支倉《はやくら》常長が、長途の海路を経て、ローマ法王庁に到着して、パウロ五世に謁見することができたのは一六一五年一一月三日、日本年号にして元和元年のことであった。そのさいに奉呈された政宗の親書が、法王庁によって、今日まで伝えられている。その精巧なる複製本が、瑞鳳殿《ずいほうでん》（政宗廟）再建期成会によって頒布されている。

その親書の冒頭には、「世界において広大なる貴き御親、五番目のぱつぱ、ぱうろ様の御足を、日本奥州の屋形において、伊達政宗、謹んで吸い奉り申上げ候」と記されていた。文末には、「伊達陸奥守政宗」の署名に、花押と朱印が据えられていた。同時に奉呈されたラテン語の親書には、文末に、「Idate Masamune」の署名が追加されていた。これによって、「日本奥州の屋形」の称号をもって国際舞台に乗り出すことが、政宗のつもりであった。そのことが明らかである。室町幕府の管領、守護大名クラスの地位を表現するに、「屋形」の称号が好んで用いられた時代の流れに、奥州の政宗といえども、外れてはいられなかったことが明らかである。

だが、それればかりではなかった。シピオネ・アマティによって記された『日本奥州国伊達政宗記并使節紀行』（一六一五年）によれば、「奥州国主伊達（いだて）政宗」は「奥州王秀衡」に始まる「貴くまた旧き」「家柄」に属した。すなわち、「奥州王秀衡」の死後、牛若殿が討たれ、将軍頼朝は、その復讐をとげた。「奥州王」の血筋が途絶えるのを惜しんだ公家の長者、近衛殿は、「同じ家筋の他の庶兄弟」の山蔭《やまかげ》中将を奥州に向かわせた。こうして、「強大なる奥州国の守護職」になった山蔭の子孫こそが、伊達（いだて）氏だというのである。アマティの著書はイタリア語で記されていた。坪井九馬三博士によって、それが日本語に訳されたのは明治三四年（一九〇一）であった。さらに、その謄写本が一九五一年に宮城県史編纂委員会によって作成されている（仙台市立博物館所蔵）。今回は、それを参照した。

奥州王秀衡――山蔭中将――伊達氏という奥州統治の正統譜が語り広められたのが、政宗の使節、支倉常長らによるものであったことは言うまでもない。随行の宣教師ソテロによる口添えなども、効果的な役割をはたすことがあったかもしれない。

その偽りの正統譜が、法王庁の辺りに、そしてローマ市民の間に、語り広められ、さらには書物に掲載されるにいたった。大変な宣伝効果である。それによって、世界の舞台において、奥州王としての政宗の正統性が強調され、その勇姿がライト・アップされることになった。徳川政権が発足して間もなく、いまだに、独立の夢を捨てきれない政宗のことである。それを耳にしたならば、どれほど、喜んだことであろうか。想像が及ばない。その情報が政宗の耳に達することなく、時間が経過することによって、その反対の結果に終わってしまった。そのことが惜しまれる。

だが、このように、奥州王秀衡の後継者をもって、自家の誇りとして、世間にアピールすることは、政宗に始まったわけではない。このような自家宣伝のありかたは、伊達氏の代々によって継承されてきた、御家芸とでも言うべきものであったことが知られる。

奥州の伊達大膳大夫持宗が上洛、公方（室町将軍）に拝謁、御礼の銭三万疋を献上して、都人を驚かせたのは、寛正三年（一四六二）の秋七月のことであった。持宗の在京は翌年正月に及んだ。『蔭涼軒日録』（相国寺鹿苑院蔭涼軒主の公用日記）の当年七月十七日・翌年正月廿九日条によって、それが知られる。

その記憶が褪めやらぬ寛正五年（一四六四）四月のことである。相国寺住持瑞溪周鳳のもとに、姉小路聖寿院坊主が訪れて、「奥州伊達（いたて）事」に話題が及んだ。それによれば、「判官」（義経）が討たれたので、鎌倉の頼朝は「伊達秀平」を伐つことになった。山蔭中将の一族七八十人は、それに「同心」して、夜討ちをおこない、敵を滅ぼすことに成功した。その功績によって、奥州「三十六郡」の地を給与されて、今日の伊達氏に及んだのだとされている。このような消息に通じているのは、聖寿院坊主の一族が「伊達庶子」の系統に属したからであった。『臥雲日件録』当年四月十五日条を参照されたい。

このような「伊達の平泉伝説」が、伊達氏歴代による上洛の度に、京都中に流布されていった次第が察知される。具体的には、聖寿院坊主のような存在によって、貴賤上下に、語り広められていった次第が想定される。

伊達秀平（衡）――山蔭中将――伊達氏という正統譜をローマにまで語り広めようとする政宗の情報戦略は、一朝にして形成られたわけではなかった。そのプロトタイプ（原型）が遥かに以前の当主によって形成られ、それが繰り返し実行されるなかで戦略としての磨きがかけられることがあった。そのような歴史的な経過が明らかである。

小林清治「伊達氏と奥州探題」（『福大史学』一八号、一九七四年）によって初めて注目され、入間田「中世における平泉問題」（『宮城歴史科学研究』一七号、一九七九年）によって跡追いされた奥州王秀衡の伝説について、改めて記述するとすれば、このようなことになるであろうか。

ただし、対外的な側面ばかりではない。対内的な側面においても、平泉伝説は不可欠の役割をはたすことがあったに違いない。秀衡・泰衡の伝説が広く信奉されている地域・時代の状況にあっては、その後継者を自称することが、領内の人心を掌握するための最適の手段であったと考えられるからである。

たとえば、北海の大名、安藤氏は「日本将軍」を自称し、北奥の大名、南部氏は「新羅三郎義光」の後裔を誇りにしていた。これらについても、対外・対内の両側面における人心掌握戦略を指摘することができるであろうか。大名にとって、偽りの正統譜は、自家の存立に不可欠の存在であった。内外の情報戦略をかたちづくる「政治的神話」として絶対に欠かすことができない存在であった。そのことが察知される次第である。

だが、それとても、まったくの虚構であったわけではない。伊達氏が山蔭中将の子孫なることは事実であった。奥州王秀衡が秀郷流藤原氏の流れに属したことをもってすれば、山蔭が「同じ家筋の他の庶兄弟」なりと記されたとしても不自然ではない。その山蔭の子孫、常陸国伊佐中村の住人、常陸入道念西（朝宗）・子息常陸冠者為宗・同次郎為重・同三郎資綱・同四郎為家らが、鎌倉の頼朝に従って、恩賞を給与されたことも、また、事実であった。具体的には、阿津賀志山合戦において、信夫佐藤庄司が守る「石那坂」の防塁を攻略した手柄によって、伊達郡の地頭職を給与されたことが知られる（『吾妻鏡』文治五年八月八日条ほか）。伊達氏の名乗りは、その伊達（いたて）郡に由来するものであった。

徳川政権が確立して奥州王の夢を維持しがたくなった以降においては、このような歴史的な事実が、伊達氏によって、過不足なく正確に認識されていることが知られる。『伊達正統世継考』など、仙台藩（伊達氏）による修史事業の成果によって、それが表されている。

ところが、それ以前、「伊達の平泉伝説」においては、奥州の全域をかたちづくる三十六郡を給与されたり、奥州の全域にわたる後継者の地位を給与されたり、という拡大解釈がなされていた。伊達の一郡にかぎっていえば、秀衡の後継者としての地位を給与されたといっても差し支えがないが、奥州全域というのでは余りにも拡大解釈に過ぎるように想われる。だが、室町～戦国の当時においては、そのようには受け止められなかった。それほどまでに、伊達氏の勢力が強大だったということであろうか。

ただし、そのような無理な拡大解釈がかたちづくられるプロセスに、「伊達次郎泰衡」の伝承が関与することがあったのか。なかったのか。それについては、現段階では、不明としか言いようがない。「阿津賀志山合戦の強烈なインパクトが、その後における語り物をして、伊達の大木戸といわせ、さらには伊達次郎泰衡といわせることになったものか。それとも、平泉→伊達の政治的神話がまず始めにあって、さまざまな語り物における伝承はその影響によって成立したということであったのか。あるいはまた、語り物の伝承が先行して、伊達の政治的神話はその土台のうえにかたちづくられたということであったのか」。とする判断の迷いを記した入間田「中世奥南の正統意識」（前掲）のレヴェルを未だに越えられないでいる次第である。

奥州国人の自己認識

奥州宮城郡の国人領主、留守氏の支族に、余目《あまるめ》を名乗る系統が存在していた。その余目氏には、奥州の歴史にかんする貴重な記録が残されていた。それが、『余目氏旧記』である。『旧記』が筆記されたのは、戦国初期の永正一一年（一五一四）である。だが、その内容の核心部分については、室町期の文明初年、すなわち一四七〇年代に成立をみていたことが確かめられている。そのなかで、奥州統治の正統譜を記した部分に注目されたい。

「奥州ヲハ仁徳天皇之御宇ニ、当（藤）将軍忠平と云人、平泉に居住して、王のけしん（家臣）ニて奥州ヲ知行ス、いせい（威勢）ニ尚々まし（増）候也、其後、後冷泉院御宇、安部貞任ト云人、当国探題也、其時、八幡太郎義家、さたたう（貞任）をついふく（追補）し、秀衡祖父なたり（亘理）権太郎（大夫）清平（衡）、たんたい（探題）ニ定め給ふといへとも、秀衡いせいニふけり、両国を公領とし、越後のうかハ（鵜川）よりこなたヲ知行し、ちよくちやう（勅定）をもそむき（背）、かまくら（鎌倉）殿、平家をたいち（退治）し、したかひ（従）たてまつらさりしゆへに、文治五年ニ御発向有て、秀衡たいちし、平泉まで御下向候て御帰ニ、三迫おつ、ミ（小堤）松山と申所に御陣（陣）をめされ、両国を日本の諸侍に御配分」、と記した部分である。

これによって、当（藤）将軍忠平——安倍貞任——なたり（亘理）権太郎（大夫）清平（衡）——秀衡——かまくら（鎌倉）殿、という奥州統治の正統譜が、室町期において、奥州人みずからによって、強烈に意識されていた。なかでも、秀衡の威勢が、両国の範囲に収まりきれないほどに、強大であったことが、鮮明に認識されていた。そのことが読み取れる。

それらの人物のうち、当（藤）将軍忠平については、摂関家の大立者、藤原忠平にあたることが想定される。仁徳天皇の治世には、田道将軍が派遣されて、「蝦夷征伐」に及ぶことがあった。藤原忠平と仁徳天皇との取合わせは無理だとしても、摂関と天皇による「蝦夷征伐」が最初にありとする歴史認識、それ自体については誤りがない。詳しくは、入間田「中世奥南の正統意識」（前掲）を参照されたい。「安部貞任」以下の人物については、説明を要しない。

奥州統治の中心が、仁徳天皇の最初から、平泉に置かれていたとする認識にも、注目するべきものがあった。「なたり（亘理）権太郎（大夫）清平（衡）」を、遥かに遡って、奥州統治の最初から、平泉が治府としての役割を果たしていたとすることには、明らかに無理がある。「安部貞任」の時期までには、多賀国府、もしくは胆沢郡鎮守府の辺りに、統治の中心が置かれていたことが知られる。平泉に、それが置かれることになったのは、「なたり（亘理）権太郎（大夫）清平（衡）」、その人の決断によるものであった。だが、中央国家による統治を除外して、奥州人による統治を尊ぶ精神からすれば、平泉が最初からの治府であったとしても、不自然ではない。「なたり（亘理）権太郎（大夫）清平（衡）」に始まる平泉の治府が、それほどまでに強烈な印象を後世に及ぼしたということであったか。詳しくは、入間田「中世における平泉問題」（前掲）を参照されたい。

このような奥州統治の正統譜、ならびに治府・平泉の伝説が、多賀国府近くの留守氏によって信受されていたことの意義には、きわめて大なるものがあった。鎌倉期には、奥州惣奉行として重きをなしていた留守氏のことである。鎌倉寄りの歴史認識の枠組みが、その氏人によって信受されたとしても、すこしも不思議ではない。ところが、反対に、平泉寄りの枠組みが、かれらによって信受されているのである。鎌倉から入部した外来の征服者としての誇りよりも、奥州の大地に根差した在来の国人としての矜持の方が優先する。したがって、鎌倉にはあらず、平泉に始まる統治の伝説が信受されることになる。そのような歴史認識の転換のプロセスがあったことが察知される。すなわち、かれらの奥州国人としての自己認識（アイデンティティー）の確立過程があったことが察知されるのである。

同時代における奥州王秀衡に連なる伊達の政治的神話の背景にも、そのような奥州国人に通有の自己認識の確立過程が存在していたのではあるまいか。すなわち、伊達氏についても、外来の征服者としての誇りよりも、在来の平泉の伝統の継承者としての矜持の方が優先するという歴史認識の変換があったことを指摘できるのではあるまいか。阿津賀志山合戦→伊達次郎泰衡の伝承との特殊の関連については、さほどに顧慮する必要はない。それよりは、同時代における奥州国人の自己認識のありかたとの関連を重視する必要がある、ということにもなるのかもしれない。

ただし、国人領主の自己認識ばかりではない。平泉との関連において、自己認識を確立しようとする志向性は、はるかに広範な人びとの間にも浸透しつつあったことが察知されるのである。

たとえば、賀美郡吉田村（いまは色麻村）羽黒派修験の千手院には、「鎮守府将軍藤原秀衡公御家臣」石塚民部守時義夫妻が、「御三男和泉三郎忠衡公」の「御女五歳之姫君」を抱いて落ち延びてきたという伝説が残されていた。天台宗音羽山清水寺住持観圓僧都（民部の弟）を頼った三人は、「征夷将軍源頼朝公」に拝謁して一村を賜った後に、釈門に入ることになった。姫は安養院蓮宝妙善比丘尼、民部は西往坊忠蓮観道沙弥、妻小萩は性蓮妙貞善尼と称することになった。そのうち、妙善比丘尼が「守本尊」

にしていた「行基菩薩之御作十一面観音」を小萩が祀ったのが（俗称「小萩観音」）、千手院の始まりだと伝えられている（『風土記御用書出』当村羽黒派千手院、安永五年、『宮城県史』二八巻所収）。この伝説が、「小萩観音」の由来を宣揚することを目的に、修験者によって語り出された。そのことについては、いうまでもない。

宮城郡根白石村《ねのしろいし》（いまは仙台市泉区）の旧家、鷲尾《わしお》家には、先祖の「三郎義久」が、源義経の死後、平泉から落ち延びてきたと記す系図が残されていた（平重道『宮城県宮城郡根白石村旧肝入鷲尾家文書』、東北大学北分校歴史研究室地域社会研究会、一九五七年）。鷲尾三郎義久（義春）といえば、一の谷合戦において、鵯越の山道を案内して、義経の家来に取り立てられた有名人である。その有名人の平泉落人伝説が、みちのくの山里に残されていたのである。そればかりではない。三郎義久の郷里、摂津国東下村（いまは神戸市兵庫区）にも、その子孫を称する旧家が残されていた（太田亮『姓氏家系大辞典』）。これほどに、興味ある符合はない。

同じく、亘理郡十文字村（いまは亘理町）の旧主、十文字家にも、先祖の源左衛門綱安が、平泉から落ち延びてきたとする伝説が残されている。義経に仕える以前における綱安の身分は北面武士であった。すなわち、嵯峨天皇の後胤、渡辺綱の末葉を称する京武士であったとされている（『宮城県姓氏家系大辞典』、角川書店、一九九四年）。これらの旧家に残された伝説が果たした精神史的な役割には、西国の僻村における安徳天皇や平家落人の伝説のそれに匹敵するものがあった。それに違いない。

海辺の僻村においても、同じような伝説がみられた。牡鹿郡江嶋《えのしま》（いまは石巻市）の薬師堂は、「藤原秀衡第五男通詰《ひづめ》五郎」の「守本尊」とされている。「君ケ幾」は、平泉から落ち延びてきた五郎が上陸した場所。物見石は、五郎が敵勢を伺った場所。道の上山の古塚は、五郎の墓。などの所伝も残されていた（『風土記御用書出』当郡江嶋、安永二年、『宮城県史』二六巻所収）。

そして、日本海に面する酒田の町衆（三十六人衆）によっても、同様な伝説が信奉されていたことが知られる。当所の曹洞宗泉流寺を開いた「尼公」は、「鎮守府将軍陸奥守藤原秀衡之妹君」であった。その名を、「徳之前」と称した。そして、当所の三十六人衆は、かの女に従って、平泉から落ち延びてきた「家士三十六人」の子孫であったと伝えられる。曹洞宗泉流寺においては、かの女の忌日（四月十五日）に、三十六人衆が打ち寄って、「御町繁栄」と「古主（尼公）菩提」のために、大般若経を転読する法要が盛大に執り行われていた。その盛大な年中行事が、江戸時代における酒田の賑わいを支える精神的な拠り所になっていた。そのことが知られる（「尼公由緒之覚」、嘉永五年、本間家「御用帳」巻一八、『酒田市史』史料篇二集）。江戸時代ばかりではない。いま現在においても、泉流寺には、尼公の木像が祀られて、その由緒が語り継がれている。平泉伝説の生命力を痛感させられる次第である。

§コメント§

本章は、中世文学会第八十一回大会（いでは文化記念館、一九九六年一〇月）における公開講演の内容を文章化したものである。

また、本章において引用した『日本奥州国伊達政宗記并使節紀行』については、その後、『慶長遣欧使節』（『仙台市史』特別編八、二〇一〇年）によって、良質のテキストが提供されている。同じく、『余目氏旧記』についても、『仙台市史』資料編一、古代・中世（一九九五年）によって、それが果たされている。

本章や「鹿角四頭と五の宮の物語」（七章）において、さらには「中世奥南の正統意識―余目氏旧記にみる平泉伝説―」（入間田『中世武士団の自己認識』四章）において、『余目氏旧記』には、源頼朝や藤原秀衡や「当国探題」安倍貞任が登場する以前、「仁徳天皇之御宇」に、「当（藤）将軍忠平」という人物が、平泉に居住して、「王（天皇）のけしん（家臣）」として、「奥州を知行」した。と、伝えられている。と記したことには、誤りがあった。

正しくは、「当（東）将軍忠平」という人物が、平泉に居住して、「王のけしん（化身）」として」とするべきであった。その「王」とは、「跋難陀龍王《ばつなんだりゅうおう》」（八大龍王の一人）のことであった。

そのように考えるべき根拠は、『鹿島大明神縁起草紙』に、「跋難陀龍王」の「化身」にして、「奥州平泉の東《とう》将軍忠広」なる人物が登場することにあった。ただし、奥浄瑠璃本『鹿島之本地』には、「おうなむち」（大己貴）という「魔縁の化身」、「神代に日本の主」にして、「東のおさえとして」、平泉に居住する「とうとう軍」（東将軍か）「忠平が」と記されていた。

「跋難陀龍王」の「化身」か、「おうなむち」（大己貴）という「「魔縁の化身」「神代に日本の主」か。どちらにしても、かれらの一人娘と恋仲になる、そのうえで彼らを打ち負かして、朝廷側に従わせる大役をはたすことになるヒーローたるべき「東がく（岳か）王」は、「うつぼ舟」に乗せて海に流され、龍宮で育てられた新羅の王子。同じく、もう一つの物語（奥浄瑠璃本）のヒーローたるべき「とうがく正」もまた、龍宮で育てられた唐の王子なのであった。さらには、二人のヒーローともに、最後の勝利をえた後には、鹿島大明神として顕れることになった。

いずれのばあいにしても、小論の記述は、改めなければならない。ただし、「忠平」の名前こま、どこかしら、摂関政治の事実上の創始者たるべき公家の大立者、藤原忠平のイメージが込められている、とする点においては、変わりがない。

そういえば、摂関家藤原氏自身についても、大織冠藤原鎌足の息子、不比等が海女と契って、龍宮の宝珠を取り返させた。そして、生まれたのが、のちに大臣になる房前だった。とする伝説が残されていた（幸若舞『大織冠』ほか）。

いずれにしても、黒田日出男『龍の棲む日本』（岩波新書、二〇〇三年）における豊饒な世界に想いをいたさないわけにはいかない。

それらの『草紙』『本地』における「跋難陀龍王」ほかの人物については、阿部幹男氏によって教えていただいた。阿部氏には、それらの記事について、論考を準備中とのことである。その画期的な論考の公刊を、刮目して待つことにしたい。（追記　二〇一九年度芸能史研究大会では、阿部氏による「『かしま御本地』の正本をもとめて―作品の生成過程―」の報告がなされている。そこでは、「跋難陀龍王」が『余目氏旧記』に登場することほかについての言及があった。『芸能史研究』二二六号）。

それにつけても、「跋難陀龍王」の「化身」といい、安倍貞任といい、さらには秀衡といい、かならずしも、中央の側に従順ならざる人物ばかりであった。それ故に、中央側によって、討ち従えられた人物ばかりであった。それなのに、奥州統治の由緒をかたちづくる人物たちとして、かれらの名前が列挙されている。しかも、どちらかといえば、ポジティブな文脈においてである。

それならば、「奥州国人としての自己認識（アイデンティティ）の確立過程」のあらわれなり。ないしは

「外来の征服者としての誇りよりも、在来の平泉の伝統の継承者としての矜持の方が優先するという歴史認識の変換があったこと」のあらわれなり。と、小論において記した方向性には、「王の化身」の素性が明らかになったいま、より一層の確実度が加えられることになるのではあるまいか。

ただし、柳原敏昭「中世日本国周縁部の歴史認識と正統観念」（柳原ほか編『境界と自他の認識』東北の歴史三巻、清文堂、二〇一三年）によって、注意されているように、一筋縄にはいかない。

たとえば、『余目氏旧記』には、「留守の家ニハ、取分、頼朝御報恩ふかきにより、源氏をまほ（守）り奉ルへきよし、代々儀（議）定ス」、「鎌倉殿ハ平家ヲたいらけ、木曾をしたか（従）ひ、秀ひら（衡）をついふく（追捕）し給ふといへとも」ほかの記述があった。

すなわち、留守氏が頼朝から任じられて奥州へ入部したことが、軽視されてはいないのである。あるいは、安倍氏や藤原氏には、シンパシーだけが寄せられているとは限らないのである。「入間田氏のような評価は、過大になってはいないだろうか。」と注意されているのは、なるほど、その通りかもしれない。

さらに、柳原論文においては、留守氏の正統性をかたちづくる「二つの論理」に、着目すべし。すなわち、「頼朝から奥州統治を委任された」とする「国家の論理」にあわせて、「安倍―藤原という奥州支配の伝統に連なっている」とする「地域の論理」が、「軽重」なしに（対等に）、作用しあっていた。そのことに着目すべし。と記されていた。これまた、その通りかもしれない。

けれども、室町から戦国期にかけて、伊達氏では、「奥州王秀衡―山蔭中将―伊達氏という奥州統治の正統譜」が卓越するようになっている。さらには、秀衡の息子たるべき泰衡が、「伊達泰衡」と呼ばれるようにもなっている。それらの事態をあわせ考えるならば、留守氏にあっても、「安倍―藤原という奥州支配の伝統に連なっている」とする「地域の論理」の方が、次第に優位になりつつある、という方向性を指摘することができるのではあるまいか。

なお、柳原論文では、留守氏における「奥州国人としての自己認識」と対比するかたちにて、島津氏における「頼朝御落胤」伝説のありかたに言及されていた。それによって、「日本国周縁部」に通有の事象として、それらの問題を解明すべき方向性が鮮明にされている。

一〇章　小萩観音の霊験譚と奥州国分荘の歴史学

はじめに

仙台東照宮の別当たるべき仙岳院《せんがく》の境内には、小萩《こはぎ》観音堂が祀られていて、いまに、香華を手向ける人が絶えない。

その小萩観音について、仙岳院門前に掲げられた説明版には、つぎのように記されている（原文に句読点を補う。ならびに適宜改行を施す。などの改変に及んでいる）。

札所十一番十一面観音は、「小萩観音」と呼ばれている。文治五年（一一八九年）、頼朝の平泉征討のとき、藤原秀衡の三男和泉三郎忠衡の女児五歳を、家来石塚民部守時、同妻小萩が護って、加美郡色麻《しかま》村清水寺観円（守時弟）のもとに身を寄せて出家する。

元久二年（一二〇五年）に、主従共に、仙台に移る。女児・守時の死後、小萩は現在の東照宮近くに、お堂を建て、女児の護持仏の十一面観音（行基作、奈良時代）を、念持仏としてまつり、その冥福を祈ったという。

東照宮建立の際、天神社と共に、別当寺として、つつじが丘にうつされ、萩恵山弘生寺と称した。

明治維新後、廃寺となり、観音さんは、民家の所有となった。仙岳院十五世亮湛僧正が遺憾に思い買収して、仙岳院にまつったものである。

小論では、このような平泉から逃れてきた姫君の護持仏の物語が、どのようにして形成されてきたのか。そして、「東照宮建立の際、天神社と共に、別当寺として、つつじが丘にうつされ、萩徳山仏生寺と称した」と記されている背景には、どのような事情があったのか。そのような問題について、考えてみることにしたい。

ただし、そのような問題について取り組んだのは、小論が初めてにはあらず。いまから八〇年ほど前における藤原相之助『郷土研究としての小萩ものがたり』（仙台友文堂書房、一九三三年）の仕事があった。藤原氏は河北新報の主筆、『仙台市史』（明治四一年）編纂主任、『仙台戊辰史』『東亜古俗考』ほかの著作をもって知られる。その威風堂々の『小萩ものがたり』の仕事に学ぶことがなければ、小論の取り組みはなしえなかった。そのために、小論においては、その仕事を随所に引用し、然るべきコメントをくわえる。という道筋をたどることになっている。大先達の仕事に感謝するのにあわせて、失礼があれば心からお許しを願いたい。なほ、『小萩ものがたり』は、国会図書館蔵本のコピーによる。インターネットでも閲覧できる。畏友篠原富雄氏は、今回の取り組みに誘い入れてくれるのにあわせて、この本を紹介してくれた。これまた、感謝に絶えない。

小萩観音石塚氏祖先来記並千手院之由緒書

その平泉から逃れてきた姫君の護持仏の物語の「根源」は、加美郡清水村の十一面観音堂にあった。その観音堂に伝わる記録には、藤原氏の紹介によれば、つぎのように記されていた。

（前略）、而泰衡遂授首、奥羽悉平夷、同年（文治五）九月、武衛（頼朝）凱陣也矣、於于茲民部夫婦、和泉姫懐、（中略）、乳母民部妻、（中略）、乱軍之中遁出、民部依為俗弟、同国加美郡清水邑天台宗音羽山清水寺住侶観円僧都慕落行、密憑忍居於寺内矣、（中略）、建仁二壬戌年冬、民部夫婦相共、清水寺住侶観円僧都成法弟、各剃髪授戒、姫号安養院蓮室妙善比丘尼、民部曰西往坊忠蓮観道沙弥、小萩曰性蓮妙貞善尼、暫錫留于清水村、元久二乙丑八月中、有故而国分松森村移住于福沢、命哉忠蓮坊、建保元壬酉年四月十六日、歿于同村、葬同所、享年五十九歳。厥後妙善尼、安貞元丁亥三月十七日、歿于同村、葬同所、妙善尼常所護持守本尊、行基菩薩正（御）作十一面観音菩薩埵、性蓮尼奉安置同所、於玉手崎、造建一宇之堂、而後性蓮尼、寛喜三年辛卯八月十五日、歿于同村、葬于同所、享年七十歳。蓋此観世音、性蓮尼安置之故以、竟呼其俗名、于世奉称小萩観音者也矣、寛文七丁未歳秋、前大藩侯左中将藤原綱村公、相攸於仙台震維、奉勧請菅神之聖廟於躑躅岡、以経営庇宮、古蹟之依為霊場仏、以小萩観音、為本地仏、奉移於同所者也哉、（後略）、

ここには、和泉姫を懐にして、民部の妻小萩が、夫と共に、加美郡清水寺に逃れてきたこと、そして出家したことが記されていた。

そのうえに、元久二年（一二〇五）、仙台は国分松森村福沢に移住したこと、ならびに夫と姫君が逝去

した後に、小萩（性蓮尼）が、姫君（妙善尼）護持の守り本尊たるべき「行基菩薩正（御）作十一面観音菩薩埵」を安置すべく、玉手崎に観音堂を建立したことが記されていた。なにからなにまでもが、仙岳院の説明版の通りである。

さらには、近世に及んで、菅神の聖廟（天神社）が「躑躅岡《つつじがおか》」に「勧請」されるにさいして、「小萩観音」もまた、「古蹟之」「霊場仏」たるによって、「本地仏」として、同所に移された。そのことについても、仙岳院の説明版に背馳するところがない。

そして、記録の引用部分の続きには、石塚民部の息子、「軍次守信」が、「蓮眞」と名乗って、清水寺の「別当職」を継承した。そのことが記されていた。

その天台宗清水寺の別当が、後には「羽黒派修験千手院」となる。その「千手院之由緒」をかたちづくる記録の前段として、平泉の姫君の護持仏の物語は、重要な役割をはたしていたのであった。

あわせて、この記録の末尾には、「享保八（一七二三）癸卯」「大阿闍梨法印貞行記」の文字が見えていた。

なほ、この平泉の姫君の物語は、近世後期は安永五年（一七七六）、『風土記御用書出』加美郡吉田村羽黒派修験千手院（『宮城県史』二八）にも、そっくり、そのままのかたちにて、採録されていた。

それでは、つぎに、本来的には加美郡清水村（のちには吉田村）に所在の千手院のあたりで醸成された平泉の姫君の物語が、いつ、どのようにして、仙台方面に受容されるようになったのであろうか。

たとえば、『仙台鹿《か》ノ子』（元禄八年、一六九五）には、「吹上は東照権現前、御宮《おみや》町北の丁切根《ちょうきりね》の橋下、藤川といへる川の押出より南にて、町の東裏畑中に、杉一本あり。この辺なり。畑は、和泉三郎忠衡が乳母、小萩といひし女の尼となって居れる庵地の跡なりといへり」。と記されていた。

そして、『封内風土記』（安永二年、一七七二）には、「小萩観音、躑躅ヶ岡天神林にあり。本尊十一面観音、行基作、霊元帝寛文七年（一六六七）創建、天神の本地仏たり。伝にいふ。和泉三郎忠衡が女の護持仏にして、其侍女小萩尼となり、堂を国分玉手崎に建て（原注、今の福沢明神の社地、是なり）、之を安置す。故に世人之を呼び小萩観音とす。仙台巡礼三十三所の第十一番の札所なり」。と記されていた。

あわせて、「貞山公仙台城を営むとき、杉槻の大樹百余株を天神林中より伐採せし報賽として、慶長十六年（一六一一）、宮社造営、稟米三石、祭田六石の地を寄附せり。寛永十七年（一六四〇）、義山公再造、慶安三年（一六五〇）、社を東隣に移し（原注、今之を旧天神といふ）、東照宮を造営、寛文七年、肯山公社地を躑躅ヶ岡に移す」。と記されてもいた。

それらの記事によって、少なくとも、寛文七年（一六六七）、元禄八年（一六九五）のあたりには、国分玉手崎（福沢明神の地）にあった小萩観音が、すなわち平泉の姫君の「護持仏」を祀る観音堂が、「躑躅ヶ岡天神林」に移されたことが明らかである。

なにからなにまで、加美郡千手院に伝わる記録の通りではないか。さらには、仙岳院の説明版の通りではないか。

これにて、一件落着なり。と想われるかもしれない。けれども、この加美郡千手院に伝わる記録を取り上げた藤原相之助氏、その人によって、深刻な疑いが投げかけられている。

すなわち、藤原氏は、つぎのように記している。「護持仏といふものは、それを信仰するものが、肌身はなさずに持てるのですから、一寸五六分から大きくて三四寸を出ない小型を常とします。然るに行基作と伝へられる小萩観音像は、高さ一尺二寸程、幅一尺ほどで、それに台も附いていたらしい（今ある台は後世の作です）から、人の護持してあるくものではなく、厨笥に納め、堂宇内に安置せられてあったものに相違ありませぬ。石塚夫婦が遺孤（姫君）を懐いて兵火のなかを逃げ落ちるとき、観音像までも背負ひ出したとは思われませぬから、この観音像は、古くから国分松森にあったもので、……」と。

あわせて、観音像について、姫君ら三人が「加美郡に居たときにも、福沢に移ったときにも、妙善尼（姫君）が常に之を護持したといふ記載がなく、妙善尼歿後に、突然之を點出したのは、之も一つの破綻を示しているのです」。ということで、観音像は姫君の護持仏にはあらず。もともと、観音像は国分松森（福沢）の地にあったのだ。とする見立てを補強している。

そのうえで、その記録の内容は、全体的にみても、「室町時代以上に遡ったものとは思われず、平泉史実などに直接関係のある古文書に基づいて作成したものではないといふことになります」。と記している。

ただし、「石塚坊蓮眞の母が、曽て平泉の和泉三郎忠衡方へ乳母奉公して居り、忠衡滅亡の砌、主家の女を抱いて逃げ出て、加美郡へ来て、それを育て、居たといふことは、石塚の家にさうした伝へがあったので、これは捏造でも誇張でもないとみられます」。と藤原氏は、記している。

そして、小萩観音の在所を「国分松森」とする表記などからすれば、すなわち近世における「小田原村」のそれを用いていないことなどからすれば、「少くとも慶長以前の記録の断片を含むことが知られる」。とも記している。

その見立ての通りである。平泉の落人が隠れ住んだとする伝説の数々が、奥羽の各地に残されている。入間田「伊達の平泉伝説」(『中世文学』四二号、一九九七年、本書Ⅳ九章)では、そのような室町〜戦国期にかたちづくられた落人伝説の一例として、この加美郡における平泉の姫君の伝説に注目することがあった。そのうえで、「この伝説が、小萩観音の由来を宣揚することを目的に、修験者によって語りだされた」と記してもいる。そのことが、想いあわせられる。

やはり、「小萩観音」は、石塚夫妻が養った平泉の姫君の落人伝説とは無関係な存在として、もともと、国分松森(福沢)の地に祀られていたのではあるまいか。

ただし、「忠衡の女の乳母だったとも云われる歌比丘尼が、観音菩薩の功徳を頌へる小萩物がたりを歌って、国分の荘を徘徊した」。その歌比丘尼が「在俗の頃に生んだ子が、加美郡清水観音堂守《も》りの譲りを受けて、石塚坊蓮眞と名乗る修験者となって居たらしい」。と、藤原氏は記している。

すなわち、加美郡にもともと存在していた平泉の姫君の落人伝説に、国分の荘にもともと存在していた観音菩薩の功徳を頌へる小萩物がたりが、後づけのようなかたちで追加される。そのようなことになったのは、国分の荘を徘徊していた歌比丘尼が、加美郡の石塚坊蓮眞の母親だったことを契機としていると藤原氏は記している。

そのプロセスにおいて、平泉の姫君の「乳母」にして加美郡石塚坊蓮眞の母親たるべき歌比丘尼は、「小萩」と名乗らせられることになったのだ。というわけである。

けれども、「小萩観音」と称されるのは、それを「護持仏」としていた姫君の名前が「小萩」だったからとするのが普通なのではあるまいか。姫君の乳母の名前が「小萩」だったからとされているのには、違和感を禁じえない。

それならば、いっそのこと姫君の名前を「小萩」とすればよかったのに。と、想われるかもしれない。けれども、折口信夫「小栗判官論の計画」(『古代研究』民俗学編二、大岡山書店、一九三〇年)に記されているように、「小萩」には、「女奴隷」「女被官」の印象がつきまとっていて、石塚夫婦によって大切に育てられた姫君の境遇には相応しくない。そのために、乳母奉公の石塚妻の名前にせざるをえない。そういうことだったのではあるまいか。

いずれにしても、加美郡における平泉の姫君の落人伝説とは無関係のかたちにて、国分松森(福沢)における「小萩観音」の物語が存在していたこと。それに、間違いがない。それでは、その観音像は、いつ、だれの手によって、祀られるようになったのであろうか。

佐藤元治の末亡人、信夫嫗のものがたり

その問題について、藤原氏は記している(『小萩ものがたり』)。

玉手崎天神社は、平泉の基衡時代に、信夫荘司佐藤元治《もとはる》が勧請して来たもので、その本地仏十一面観音は、平泉の藤原清衡の遺物で、末子の亘理十郎清綱に伝わり、清綱の娘が佐藤元治に嫁するとき、持て行たものであるが、元治が国分の荘司を兼ね、別館を築いて住むこととなった時、妻の

願ひにより観音像を福沢の尼寺に安置してあったが、元治瑞夢により、平泉の北野天神になぞらへて、館の北なる玉手崎に天神社を勧請するに及び、十一面観音を天神社の本地仏にしたのだ（平泉の北野天神も本地仏は十一面観音）、と伝えられて居ますが、平泉家及び信夫の荘司が滅亡の後、天神社もその別当寺も頽廃したので、荘司の未亡人、信夫の媼《おうな》は、十一面観音を奉じて、玉手崎の安養寺に居たといふ伝説があります。

『封内風土記』には、「小萩観音、躑躅ヶ岡天神林にあり。本尊十一面観音、行基作、霊元帝寛文七年創建、天神の本地仏たり」。と記されていた。そのうえで、「伝にいふ」ということで、「和泉三郎忠衡が女の護持仏にして、其侍女小萩尼となり、堂を国分玉手崎に建て（原注、今の福沢明神の社地、是なり）、之を安置す」。と続けられていた。

そのうち、「伝にいふ」とする、平泉の姫君の護持仏の部分は信用できない。前章にて見た通りである。けれども、小萩観音が「天神の本地仏たり」とする部分については、疑うことができない。なぜならば、天神の本地仏だったからこそ、福沢にあった観音像は天神社にあわせて、「躑躅ヶ岡」に移されることになったのだから。その経過については、何人も疑うことができない。

ところが、その天神社は、信夫佐藤元治によって、国分玉手崎の地に勧請されてきたものだ。と伝えられている。とするならば、天神の本地仏たるべき小萩観音像もまた、信夫佐藤元治の関係者によって、福沢の地に将来されることになったのではあるまいか。というのが、藤原氏の推測の筋道をかたちづくっていた。

たしかに、天神社は、信夫佐藤元治によって、国分玉手崎の地に勧請されてきたものであった。これまた、『封内風土記』に、「天神の神体は、延喜年中、空也の作。もと山城国竹内沼崎山中にありしを、天延二年、平将春、之を宇田郡八幡崎に勧請、其後柴田郡川内邑に遷座。藤原基衡の時、白石城主刈田清光謀反せし為め、佐藤左衛門尉治信、其子小太郎、父子に命じて討たしむ。父子柴田郡川内邑の神前に兵を整へ、戦勝を祈りしに、不日にして白石城陥落す。基衡之を賞して、治信に宮城郡国分荘を与へ、小太郎に基の一字を授け、荘司基春《もとはる》と称せしむ。基春瑞夢に感じて、天神社を国分荘小田原玉手崎に移す、別当寺は天台宗にして威徳山大松寺といひ、後に天照寺と改む」。と、記されている通りである。

ここに記されているように、信夫佐藤治信の息子小太郎基春（元治）によって、「国分荘小田原玉手崎」の地に、天神社が勧請されてきたことが事実だったとするならば、同じく、その妻によって小萩観音像が将来されてきたとする藤原氏の推測が成り立つ可能性が見えてこないでもない。

具体的には、その観音像は「平泉の藤原清衡の遺物で、末子の亘理十郎清綱に伝わり、清綱の娘が佐藤元治に嫁するとき、持て行たものであるが、元治が国分の荘司を兼ね、別館を築いて住むこととなった時、妻の願ひにより観音像を福沢の尼寺に安置してあった」とする推測が成り立つ可能性が見えてこないでもない。

そのうえに、「平泉家及び信夫の荘司が滅亡の後、天神社もその別当寺も頽廃したので、荘司の未亡人、信夫の嫗は、十一面観音を奉じて、玉手崎の安養寺に居たといふ伝説があり」とするならば、ますますもって、その可能性が見えてこないでもない。

けれども、その観音像が、「平泉の藤原清衡の遺物で、末子の亘理十郎清綱に伝わり、清綱の娘が佐藤元治に嫁するとき、持て行たものである」とされることに、なかでも「清綱の娘が佐藤元治に嫁する」とされることには、大きな違和感を抱くことにならざるをえない。

なぜならば、平泉藤原氏にとって、信夫佐藤氏の存在は、「代々伝ワレル後見」の家柄、すなわち主家藤原氏に近侍して、いざとなれば身代わりとなって矢を受けるべき「後見」(うしろみ)の家柄なのであった。男性ばかりではない。佐藤氏の女性もまた、殿さまの身の回りの世話役として、ときには殿さまの側女として、さらには若君・姫君の乳母として、奉公に励むことがあった。身内同然の家来といえば聞こえがよいが、悪くいえば主家に従う飼い犬のような役割を果たしていた。入間田「信夫佐藤氏論」(同『平泉の政治と仏教』高志書院、二〇一三年)ほかに記している通りである。

それなのに、どうして、主家の姫君が、信夫佐藤の家に輿入れをするようなことがあろうか。主人と「後見」の家との間には、絶対的な身分格差があったのだ。たしかに、後世における系図や研究書のなかには、同族ともいえる関係が、ないしは婚姻関係が、両者の間に存在していたとするものがある。けれども、それは、絶対的な身分格差があったことを忘れたものであり、当時の実情に即したリアルな議論とはみなすことができない。

さらには、主家の姫君が輿入れにさいして将来した観音像ならば、「小萩」の名前を冠するはずがない。どうしても、「小萩」にこだわるのならば、主家の姫君にはあらず。後見の家たるべき佐藤氏の女性が奉公の折に、主家の側から賜ったものと解するほかにはない。

そもそも、天神社が信夫佐藤基春(元治)によって、「柴田郡川内邑」から「国分荘玉手崎」の地に勧請されてくるまでの経過において、「小萩観音」（十一面観音）のことに触れた記述はまったく存在していなかった。

そして、「小萩観音」（本尊十一面観音、行基作）が初めて登場するのは、その堂宇が天神社にあわせて、「躑躅ケ岡」に移されて、寛文七年（一六六七）にあらためて「創建」されることになった記事においてのことであった。すなわち、その記事中に、「天神の本地仏たり」とあるのが、初めてなのであった。さきにも紹介している通りである。

それでは、「躑躅ヶ岡」に移される以前において、「小萩観音」は、どのような存在であったのか。同じく、『封内風土記』には、「伝にいふ」ということで、「和泉三郎忠衡が女の護持仏にして、其侍女小萩尼となり、同を国分玉手崎に建て（原注、今の福沢明神の社地、是なり）、之を安置す」と続けられていた。これまた、さきに紹介している通りである。だが、「和泉三郎忠衡が女の護持仏にして、其侍女小萩尼となり」とする、その物語が信用しがたいことについても、さきに記している通りである。

けれども、それならば、信夫佐藤元治の妻（のちに信夫嫗）の願いによって「観音像を福沢の尼寺に安置した」。信夫佐藤滅亡後には「十一面観音を奉じて、玉手崎の安養寺に居た」とするような記載があって、藤原氏の推測を裏づけてくれていても、そのようなものだが、まったく見当たらない。

「天神社が八幡崎にあった時代にも、柴田郡川内邑にあった時代にも、別当寺の沙汰がなく、国分荘玉手崎に勧請されてから、『別当は寺あり、大松寺といふ』と見えますから、ここで始めて、行基作と伝へる十一面観音が、この天神社の本地仏として、別当寺に納まったものと見なければなりませぬ」。と、藤原氏は記している。すなわち、信夫佐藤元治の妻が将来した十一面観音が天神の本地仏として取り立てられたのは、国分荘玉手崎の地に天神社が勧請されてきた、その段階における出来事だったのだ。と記している。

けれども、「天神社を国分荘小田原玉手崎に移す、別当寺は天台宗にして威徳山大松寺といひ、後に天照寺と改む」とする『封内風土記』の記事をいくら読み返しても、その「別当寺に十一面観音が納まったもの」と受け止めるべき積極的な証拠を見いだすことはできない。

どうやら、真実のところは、福沢の地に、「小萩観音」の堂宇が立つばかり。たとえ、その観音像が、信夫嫗の安置仏と物語られてきたとしても、眞實にはあらず。というか、信夫嫗の安置仏とする物語が存在していたのか、どうか。それさえも、不確実といわなければならない。

その信夫嫗の安置仏説を踏まえたうえで、加美郡における平泉の姫君の落人伝説に結びつけるべく、藤原氏はがんばっている。すなわち、姫君らが加美郡から国分荘に移転してきたとされるのは、同じく平泉の出身ということで、信夫嫗の安置仏を継承するためだったのだ。とするような辻褄合わせに及んでいる。けれども、信夫嫗の安置仏説、そのものが疑わしいのだから、意味がない。

さらにいえば、その観音像が天神の本地仏とされることになったのも、天神社が「躑躅ヶ岡」に移されることにあわせた措置だったのではあるまいか。

そういえば、加美郡における平泉の姫君の物語の末尾には、「寛文七丁未歳秋、前大藩侯左中将藤原綱村公、相攸於仙台震維、奉勧請菅神之聖廟於躑躅岡、以経営庇宮、古蹟之依為霊場仏、以小萩観音、為本地仏、奉移於同所者也哉」と記されていた。そこにあるように、信夫嫗とは関係なく、さらには平泉の姫君にも関係なく、「古積の霊場仏」たるが故に、「菅神の聖廟」（天神社）の「躑躅岡」移転の機会に、天神の「本地仏」に取り立てられることになって、同所に移転させられた。というのが実情だったのではあるまいか。

この記述について、「寛文七年以前には、天神社に本地仏がなく、同年遷座のとき始めて本地仏が定まったやうになりますが、事実はさうではないやうです」。と、藤原氏はがんばっている。すなわち、「代々の領主が信仰した玉手崎天神社に、その本地仏を安置する別当寺のあったことはいふまでもないことですが、その別当寺が領主の盛衰の運命に伴ひ、興されたり、廃されたりを繰返した後、本地仏だけが観音堂に残って居たといふに過ぎないので」、と藤原氏は持説を繰り返している。けれども、「その本地仏を安置する別当寺」の文言を裏づけてくれる積極的な証拠を見いだすことができないのだから、意味がない。

さいごに、「平泉では信夫の佐藤元治に国分の荘司を兼ねさせて、この辺一体を支配させて居たと見えます」。「鎌倉時代になってからも、平泉の由緒のものが、此地方に住み易かったらしく、そして住民も亦、平泉の旧恩を懐ふものが多かったのでありませうから、小萩と平泉関係の伝説も、この地方が中心となり、永く伝はって来たものらしく思われます」。と、藤原氏は記している。あわせて、「小萩物語を語る歌比丘尼にしても、平泉由緒のものとあれば、百姓町人の同情と尊敬をかち得たことは想像に難くありません。自然に、それが語り物にも影響して物語中の小萩は、平泉の姫さまの事だと解する様にもなり、中には又自己睡眠の人格転換から物語る人それ自身が、物語中の人物になってしまって、平泉の姫として立ちふるまうようになった比丘尼なども、あったかもしれません」。と、記してもいる。

結局のところ、加美郡の平泉の姫君の落人伝説にしても、それに後づけて追加された平泉姫君護持仏の物語にしても、さらには信夫嫗の安置仏説にしても、眞實にはあらず。いずれにしても、その辺りの人心を豊かなものにしてくれた、広義における平泉伝説の一環にほかならない。というわけである。この藤原氏による総論風な取りまとめに対しては、異議を差しはさむ余地なしである。

逆にいえば、小萩観音の本来的な物語は、広義における平泉伝説とは無関係なかたちで、生み出されたものだった。ということにならざるをえない。

それでは、その本来的な小萩観音の物語とは、どのようなものであったのか。また、物語が生み出されることになった背景には、どのようなことがあったのか。その問題に向き合うためには、これまた藤原氏が聞き出してきた、すなわち玉手崎福沢の辺りに語り伝えられてきた「もうひとつの小萩物語」に耳を傾けなければならない。

小萩観音の本来的な物語とは

藤原氏が、「地方の老人、男女三名から採訪」した本来的な物語の「大要は」は、つぎのようなものであった。

昔、蜂屋長者といふ大長者があった。その屋敷跡は、今の仙台遊郭の辺一円で、そこは今でも蜂屋敷といふ名が残ってる。この長者は見渡せないほど広大な田畑地所を占め、何百人といふ大勢の男女を召使ひ、何百頭といふ駒を飼って居た。百年ほど前までも向小田原には駒留の松といふ老松があった。長者の駒留めだったのだといふ。

ある時、貴い人（御公卿さまの姫さまとも、平泉の和泉三郎さまの姫さまとも）の御姫さまが零落して来て（人買いに買はれて来たとも）、長者へ奉公した。その名を小萩と呼ばれる美しい姫さまであった。然るに、強欲で人使ひの荒い長者夫妻は、この弱々しい小萩に、身に余る仕事を課して稼がせた。姫は爪から血を流しながら稼いだが、それでも稼ぎが足らぬとて責め折檻した。姫は月明かりの晩には外に出て歌を詠み、又お仏さまを拝む癖があったので、長者夫妻は之を憎み、仏を拝んだからとて、歌を詠んだからとて、米一粒秣《まぐさ》一把にもなりはせぬ、そんなことをする暇に、麻なら七粽（ヘソ）、麦なら七臼搗《つ》け、さもなければ、焼銕（ヤキカネ）を当てると責めた。

小萩は耐えかねて長者の屋敷を出て（追い出されたとも）、福沢といふところへ来て野宿した。その時、雨もふれ風の吹くのも苦にならぬ、今宵一夜は露なしの里、といふ歌を詠んだ。それからそこに露が下りなくなった。それは小萩姫の信仰する観音さまの御利益の現はれであった。

長者方では小萩姫が去てからは、なぜか広大な田畑から物実一つ獲れなくなったので、さては小萩は唯人ではなかったとて、その行方を探したが、露《つゆ》なしの里に観音さまが残っているだけだった。そこで、そこに観音堂を建て、小萩観音と名つけ、夫婦ともに信仰した。

たしかに、藤原氏によって、「小萩物語の第一形態」として紹介されただけのことはある。内容豊かなる物語のありようであった。

たとえば、蜂屋長者の屋敷跡とされる「蜂屋敷」は、藤原氏の指摘の通り、「北一番丁東入りの地」

に相当するとみられる。

そして、蜂屋長者夫妻によって「観音堂」が建てられたとされる「露なしの里」には、「福沢明神」が鎮座していて、その北隣が「観音堂」の跡地なのであった（『仙台鹿ノ子』『残月台元荒萩』ほか）。藤原氏が調査したあたりには、一本の老杉があり、「小萩観世音」と彫った「小さい芋割石」が傍らにあるだけになっていた。さらには、明治になってから立てられた「露なしの歌碑」（「雨もふれ風の吹くのもいとはねと、今宵一夜は露なしの里」）があった。けれども、いま現在、それらは南隣の社地に移されてしまっている。

その福沢明神の縁起によれば、延暦年間に、山城国比叡山の児玉明神を、小田原の郷士、蜂屋俊延といふ人が勧請して来たものであった。これまた、藤原氏の紹介による。

もしかすると、「小田原の郷士、蜂屋俊延といふ人」は、「蜂屋長者」その人だったのではないか。あわせて、その観音像の造立主だったのではあるまいか。とさえも、言いたくなるような雰囲気である。

それにしても、なぜに、蜂屋なのであろうか。その問題についての藤原氏の見立ては、つぎのようなものであった。

「美濃の蜂屋荘の安楽山等永寺から、勧進比丘などの多く出た関係であらうと考えます」。すなわち、「蜂屋長者も、蜂屋俊延も、実在の人物ではなく」、かれらの名前が、「美濃の蜂屋荘」から出た「勧進比丘」らによって語り広められた。そのことによるものだった。とする回答に、藤原氏は及んでいる。

あわせて、「古い〳〵時代の小萩物語には、美濃の蜂屋の長が語り込まれてあったのかも知れませぬ」。その物語の「原型にあっては、横野の牧の荒駒を乗り廻し乗り鎮める英雄などがあって、小萩姫と対照する筋があったのではないかと想像されます」。と、記してもいる。

さらには、「小萩姫がいくら虐待酷使されても、其身に少しも恙《つつが》なかったのは、観音さまの加護によるものであり、野宿しても、そこに露が下りなない」というようなことが、「勧進比丘や比丘尼」によって歌い物語られたであろうと思われます。さらには、その「原始的の核心は」「『小萩が露の重さに耐え兼ねてるいとしさに露なしの里が生じた』といふ単純なものだったと考えられます」。とさえも、記している。

つぎには、そのような観音さまの霊験譚が、蜂屋荘出身の比丘・比丘尼らによって語り広められたものだったにしても、奥州は国分荘にだけ流布していたとは限らない。列島内の各地にも、地名や人物名を異にしながら、そのようなスタイルの霊験譚が流布していたのに違いない。とするならば、そのようなスタイルの霊験譚の実例はいかに。

この問題について、藤原氏が紹介しているのが、「美濃の国、安八の郡、正八幡、荒人神の御本地」たるべき「小栗判官」の物語である。「をぐり」（『説教集』新潮日本古典集成八、一九七七年）によって、そのあらましを記すならば、

小栗判官は、二条大納言兼家の子ながら、常陸国に流されることになる。そして、武蔵・相模両国の郡代横山殿のもとで、鬼鹿毛《おにかげ》の荒馬を乗りこなして、横山殿の女子、照手の姫を見染めて、恋仲となる。だが、横山殿は許さず、小栗を毒殺する。けれども、小栗は閻魔大王の計らいによって、餓鬼の姿にて蘇生する。そして、常人の姿にもどるべく、土車に乗せられて、熊野の湯をめざすことになった。その

間に、姫は父の手を逃れることはできたものの、人買いの手を経て、美濃国青墓宿《あおつか》よろづ屋の君の長者のもとに奉公することになる。そこにて、姫は常陸小萩ときには念仏小萩（いつも念仏を唱えていたので）とよばれて、さまざまな雑役に召し使われる。だが、「千手観音の影身に添うて御立ちあれば」、何人分の仕事も無事にこなすことができた。そうこうしているうちに、餓鬼姿の小栗が乗せられた土車が、小萩の目の前を通り過ぎる。小萩は、小栗とは知らねども、供養のためならばとて、その土車の綱を引く。ようようにして、熊野の湯に漬かることができた小栗は、常人の姿にもどり、朝廷に参じて、五畿内五か国にあわせて美濃国を賜る。そして、小萩と再会して、常陸国にもどることができた。その小栗が神となって祀られたのが、「美濃の国、安八の郡、正八幡、荒人神」である。同じく、照手の姫が祀られたのが、「契り結ぶの神」である。

たしかに、その物語における高貴の姫君の受難のエピソードは、国分荘における姫君のそれに、瓜ふたつであった。それぞれの受難の時期に、「小萩」の「醜（しこ）名」を名乗らせられていることが、なによりもの証明であった。

そういえば、同じく、中世後期に流行した「さんせう太夫」の語り物においても、人買いの手によって、太夫のもとに召し使われることになった安寿姫と厨子王殿のばあいにも、境遇を同じくする「伊勢の小萩」という女性があって、二人を慰めてくれた。聞けば、彼女は大和国宇陀郡の人。継母の讒言によって、伊勢国二見が浦から売られてきたのであった。

どうやら、小萩の名は、女奴隷を意味し、女被官の通称だったらしい。折口信夫「小栗判官論の計画」（前掲）を引用しながら、藤原氏が記している通りである。

「をぐり」の「常陸小萩」（念仏小萩）がモデルなのか

それならば、国分荘の小萩の物語と「をぐり」の常陸小萩（念仏小萩）のそれとでは、どちらが先行するものであったのか。

その問題について藤原氏は、国分荘の方が古い。すなわち、小萩観音の霊験譚がもともと流布していた。それが、「室町の頃になって」「をぐり」に取り入れられた（「合体」「没入」）ものだ。と記している。

その証拠として取り上げられているのが、『鎌倉大双紙』（東京教育大学附属図書館蔵本、今回は国文学資料館作成マイクロフィルムのネット版による）に納められた、「をぐり」の語り物の素材になったと見られるエピソードであった。藤原氏は、その『鎌倉大双紙』所収のエピソードを再録した『蘿月庵国書漫鈔』巻之三（『日本随筆大成』吉川弘文館、一九九三年。今回は国会図書館蔵本のネット版による）を用いているが、小論では、主として、『大双紙』の原本によって、そのあらましを紹介することにしたい。

それによれば、室町期は応永三〇年（一四二三）、常陸国の小栗満重は、鎌倉公方持氏に討たれて、三河国に逃れる。それを追って、息子の「小次郎」は、相模国権現堂にさしかかるが、強盗どもに毒殺されようとする。けれども、「遊女」「てる姫」の機転によって、その場を逃れ、「鹿毛」の荒馬に乗って、藤沢の遊行上人のもとに身を隠すことができた。さいごに、小次郎は「てる姫」を探し出して、種々の宝を与えるのにあわせて、盗人どもも誅罰する。

たしかに、シンプルな筋書きであった。そこには、かの女にかかる受難の場面ならびに観音の霊験譚がない。

それならば、「をぐり」の語り物にまで発展する途上において、小萩の本地物語が取り入れられたのだ。とする藤原氏の推測が成り立つ可能性があるのかもしれない。

けれども、やはり、その可能性は成り立たない。すなわち、「をぐり」の語り物が先にあって、小萩観音の霊験譚は、その影響によって形成されたものだったのではあるまいか。

たとえば、「をぐり」には、照手の姫が常陸小萩と名づけられた理由が語られているのに、小萩の本地には、それがない。すなわち、語り物の主人公にして受難の当事者たるべき姫の呼び名は「小萩」なりとするような通念が、「をぐり」の流布によってかたちづくられていたからこそ、小萩の本地では、その呼び名の理由が語られることがなかったのではあるまいか。

そのうえに、照手の姫がいつも念仏を唱えていたので、念仏小萩ともよばれたエピソードは、小萩観音の霊験譚にも見えていて、小萩には「お仏さまを拝む癖があったので」と語られている。これは即ち、「をぐり」の影響下に小萩観音の霊験譚が形成されることになったあらわれなのではあるまいか。すなわち、小萩とよばれる女性の受難の物語という本筋においては、両者の間に継承関係が存在していたのではあるまいか。ただし、照手の姫が「念仏小萩」とよばれたことまでは、小萩観音の霊験譚によって継承されていないのだが。

藤原氏によれば、秋田県山本郡仁鮒《にふな》附近の鬼神といふ村には、「小栗判官の乗た鬼鹿毛の産地」とする伝えがあった。これを評して、「古い小萩物語が、小栗物語に残った痕跡なので、小萩物語が小栗物語から影響された痕跡ではないと考えます」と、藤原氏は記している。けれども、それは強弁にすぎる。

そもそも、「鬼鹿毛」のエピソードは、小萩物語に存在していなかった。さらには、姫の恋人になるべき貴公子のそれについても、また然り（藤原氏による想定はあれども）。それなのに、どうして、小萩物語の方が影響を与える側だったと見なすことができようか。

それよりは、むしろ、小栗物語には、秋田にまで流布するようなパワーが具えられていた。すなわち、その圧倒的な影響のもとに、秋田における小栗の伝説が、さらには国分荘における小萩観音の霊験譚が形成されることができたのだ。と、素直に考える方が、よいのではあるまいか。

そういえば、岩木山の安寿姫の物語のばあいにも、丹波国金焼地蔵の本地物語が日本海方面に流布するなかで、そのユニークな姿が形成される。という経過を想定することができた（本書Ⅲ五・六章）。それればかりではない。たとえば、小野小町のばあいには、各地に小町の墓があったりする。どうやら、語り物のばあいには、各方面に流布するなかで、多かれ少なかれ、各地の土地柄に即応するかたちに変貌させられる。というようなことがあったらしい。

いずれにしても、「をぐり」の物語が各方面に流布するなかで、「常陸小萩」（念仏小萩）をモデルにして、国分荘の小萩物語がかたちづくられることになった。そのように考えても、常識的には、差支えがないのではあるまいか。けれども、藤原氏の推測のように、その逆もありえたのかもしれない。受難譚につきものの「焼鋏」文言の有無なども含めて、これからの勉強によって、詰めてゆくことにしたい。

なほ、ここまでは、小萩観音の霊験譚は、広義・狭義の平泉伝説とは関係なしに形成されてきた筋道を確かめてきた。けれどもが、「貴い人（御公卿さまの姫さまとも、平泉の和泉三郎さまの姫さまとも）の御姫さまが零落して来て（人買いに買はれて来たとも）」とする部分から、霊験譚の成立後には、広義・狭義の平泉伝説の影響を免れることができなかったことが察知される。それによって、奥州における平泉伝説のパワフルな広がりを改めて痛感することにもならざるをえない。

実をいえば、藤原氏によって紹介されたなかには、もうひとつの小萩物語ともいうべき伝説が存在していた。

それによれば、「泉の守の二女、萩姫」が、乳母に連れられて落ち延びてきた。そして、一寸八分の清水観音をもって、諸国巡礼の旅にでた。その途次、山賊のために、小舟に乗せられて荒海を漂う。けれども、観音の妙力によって助かり、旅を続けることができた。小松二本（小田原に二本松の地名あり）のもとに野宿した折には、「今宵一夜は露なしの里」と念じたので、露は下りなんだ。ついには、白老山白水寺（仙台市青葉区台原）にたどりついて、その名も小萩と改めて、大往生を遂げた。その遺骸を祀ったのが、小萩塚である。とされている。

これは明らかに、先に紹介した小萩観音の霊験譚の派生物であった。「泉の守の二女、萩姫」の文言からも察知されるように、広義・狭義の平泉伝説からの影響も免れていない。けれども、その詳細については、煩瑣に過ぎるので、今回は省略することにしたい。くわしくは、藤原氏による考証に委ねることにしたい。

もうひとつ、実をいえば、藤原氏によって、国分の荘の小萩物語の方が、「をぐり」の常陸小萩のそれよりも古い。とされる根拠とされているなかには、「『源氏』の桐壺の御門の御歌」に、「宮城野の露吹く結ぶ風の音に、小萩のもとを思ひこそやれ」と記されていることがあった。このばあい、「小萩」とは、光源氏のそのひとを指している。そのほかにも、王朝歌人の歌には、「宮城野」の「小萩」が登場している。そこからは、「小さい、若い、弱々しい女の聯想が強く働いて、人格化して」くる。さらには「歌物語として発達する可能性も生ずるわけです」。「小萩の歌物語といふもの、行はれたのは、平安朝を下るまいと思われます」。と藤原氏は記している。そのうえで、聞き取りによって得られた例の蜂屋長者の物語が、そのような歌物語の「断片」が残ったものとして、紹介されてる。

けれども、そのような王朝時代の古歌における「小さい、若い、弱々しい女の聯想」、しかも高貴の子女のイメージが、蜂屋長者の物語における奉公人たるべき小萩のそれに直結するとは、とても受け止めることができない。

ただし、そのような古歌における「小さい、若い、弱々しい女の聯想」が、中世の語り物における「女奴隷」「女被官」のイメージに変容するプロセスはいかに。という問題そのものについては、放置しておくわけにはいかない。大事な問題である。それにつけても、「安寿その他の中世の宗教名よりも、小萩は古い」とする折口の指摘が気にかかる。

そもそも、小萩が詠んだとされる「雨もふれ風の吹くのも苦にならぬ、今宵一夜は露なしの里」の和歌が、王朝歌人のそれに因んだものだった可能性は否めない。

いずれにしても、中世語り物に登場する小萩のイメージについては、藤原氏による問題提起を受け止めて、解明すべき事柄が、まだまだ多く残されている。それだけは、間違いがない。

信夫佐藤氏と国分荘

それにしても、意欲的かつ壮大な取りくみであった。小萩観音の物語が、平泉伝説のなかで平泉の姫君のそれに変って行く。さらには、小栗物語に発展していく。という藤原氏の見立てについては、ともかくとして、その取りくみのなかで、「国分荘」の歴史に光が当てられることになった。分けても、天神社を勧請してきた信夫佐藤氏の役割が、ならびに天神社の再造を担った島津陸奥守のそれが、二つながらに、解明の対象として取り上げられたことになった。その歴史学的な意味は小さくない。「郷土研究としての小萩ものがたり」のタイトルが、藤原氏によって選ばれたのは、まことに然るべし。

それでは、まず、天神社を勧請してきた信夫佐藤氏の問題から考えてみることにしたい。そのためには、もう一度、『封内風土記』の記事をふり返って見なければならない。

天神の神体は、延喜年中、空也の作。もと山城国竹内沼崎山中にありしを、天延二年、平将春、之を宇田郡八幡崎に勧請、其後柴田郡川内邑に遷座。

藤原基衡の時、白石城主刈田清光謀反せし為め、佐藤左衛門尉治信、其子小太郎、父子に命じて討たしむ。父子柴田郡川内邑の神前に兵を整へ、戦勝を祈りしに、不日にして白石城陥落す。基衡之を賞して、治信に宮城郡国分荘を与へ、小太郎に基の一字を授け、荘司基春と称せしむ。基春瑞夢に感じて、天神社を国分荘小田原玉手崎に移す、別当寺は天台宗にして威徳山大松寺といひ、後に天照寺と改む。

文永元年、島津陸奥守（原注、諱は伝はらず）、再造。国司吉家及び黒川家臣山田大膳（原注、年月

伝はらす)、国分能登守家政、相継き再造、天文二十年白石三河守宗明再興、
貞山公仙台城を営むとき、杉槻の大樹百余株を天神林中より伐採せし報賽として、慶長十六年、宮社造営、稟米三石、祭田六石の地を寄附せり。寛永十七年、義山公再造、慶安三年、社を東隣に移し(原注、今之を旧天神といふ)、東照宮を造営、寛文七年、肯山公社地を躑躅ヶ岡に移す。(後略)

この記事によって、藤原氏は、「玉手崎天神社は、平泉の基衡時代に、信夫荘司佐藤元治が勧請して来たもので」、「元治が国分の荘司を兼ね、別館を築いて住むこととなった時」、「元治瑞夢により、平泉の北野天神になぞらへて、館の北なる玉手崎に天神社を勧請する」と記している。(ただし、その妻＝信夫嫗が平泉から将来した十一面観音のエピソードを真実なりとする部分は、省略する。)

すなわち、玉手崎天神社が最初に勧請されてきた在所は、のちに東照宮が建てられることになる「森の北方五六丁の丘陵上にあった。いまも、「古天神」とよばれている。「天神松」「一本松」、さらには「高山樗牛瞑想の松」ともよばれる古木が立つ辺りでもある。その後、義山公(伊達忠宗)の東照宮造営によって、東照宮の森の東に移された。そこを「元天神」とよぶ。さらには、肯山公(綱村)によって、躑躅ヶ岡に移されている。それらの事実を確かめたうえで、つぎに見るように、島津陸奥守による再造についても、事実なりとしながら、平泉の「基衡が、佐藤氏を国分庄司に兼任させたことを事実と認めたいのです」。と、藤原氏は記している。

たしかに、その通りかもしれない。これまでは、平泉藤原氏の滅亡後、千葉常胤の五男、胤通《たねみち》が、国分荘の地頭職を給与されたことが、通説になっている。けれども、それ以前、平泉期には、だれが知行者だったのか。明らかにされていない。もしも、それが信夫佐藤氏だったのだとするならば、好都合き

わまりない。

たとえば、陸奥府中の存在する宮城郡のうち、府中の都市空間における広大な領域は、「陸奥国留守職」ならびに「高用名」地頭職たるべき伊沢（留守）家景の掌握下に置かれることになった。それ以前の平泉期には、「新留守所」「本留守」の掌握下にあったことは、いうまでもない。

同じく、平泉滅亡の後に、宮城郡衙が存在したと見られる「宮城本郷」（「にかたけの郷」）は、伊沢家景の舎弟、小四郎家業に給与されることになった。ただし、平泉期には、郡司の掌握下にあったと見られるものの、具体的な人物名は分からない。

そして、府中に南接する八幡《やわた》荘は、陸奥介平氏の知行が、平泉期から変わることなく維持されていた。ここまでは、『仙台市史』ほかにも紹介されて、周知の通りである。

そして、『余目氏旧記』には、「荒井七郷ハ、さい所の三河守とて、さいしょの先祖之恩なり」と記されているので、在庁官人税所《さいしょ》氏の知行が、これまた、平泉期から変わることなく、維持されていたことがわかる。

また、「山村」の山間部（いまは仙台市泉区）は、高柳（大河戸）氏が、地頭職を給与されることになった。平泉期における知行者は不明。けれども、高柳宗信の「代官郡司太郎」の名前が見られるので（朴沢文書、永仁三年三月廿八日関東下知状）、郡司が知行者だったのかもしれない。

さらには、「宮城郡南目《みなみのめ》村」が、「大掾《だいじょう》沢田平次跡」として、国分淡路守に宛行われている。南北朝期は、文和二年（一三五三）のことである（東京大学白川文書）。してみれば、南目村は、平泉期以来、これまた在庁官人の大掾沢田氏が、変わらずに知行を維持していたのではあるまいか。

そうなると、宮城郡内で残るのは、国分寺の在所たるべき「国分寺郷」（小論では「国分荘」）だけである。

「国分寺郷」が、平泉藤原氏の滅亡後、千葉常胤の五男、胤通に給与されたことは、周知の通りである。けれども、平泉期における知行者が、だれであったのか。これまで、アカデミズムの世界では、問題にされることがなかった。考えてみれば、不思議なことである。

そのなぞの知行者が、藤原氏の推測の通り、信夫佐藤氏だった。とするならば、これほどに、おもしろいことはない。

府中の都市空間は、治承四年（一一八〇）源頼朝の旗揚げに始まるドサクサ（天下大乱）のなかで、秀衡による軍事的掌握下に置かれることになった（入間田『藤原秀衡』ミネルヴァ書房、二〇一六年）。とするならば、府中掌握の実をあげるためには、然るべき代官を派遣しなければならない。その然るべき代官として、府中に乗り込んでくることになったのが、ほかでもない、信夫佐藤氏だったのではあるまいか。

そういえば、源義経が平泉を出て鎌倉方面に向かったさいに、随行を命じられたのも、信夫佐藤の忠信・嗣信の兄弟であった。秀衡の身代わりとして、側近の後見として、かれらが義経に奉公したことは、いうまでもない。

もしかすると、「信夫の嫗が尼となって国分玉手崎の安養寺に居たといふ伝説」は、ないしは小田原「万寿寺の高松伝説、即ち丘陵上の一本松が、信夫嫗の墓じるしの松だと信じられていたこと」は、いずれとも、信夫佐藤氏が国分荘の知行者だったことの痕跡だったのではあるまいか。

島津陸奥守とは何者だったのか

あの玉手崎天神社の縁起について、信夫佐藤元治による勧請のことに続けて、『封内風土記』には、「文永元年、島津陸奥守（原注、諱は伝はらず）、再造」とする記事が載せられていた。それによって、藤原氏は、「島津と称したのは、実は国分氏であると信じます」。と記している。

平泉滅亡の後、国分荘の地頭職を給与されることになったのは、千葉常胤の五男胤通に始まる国分《こくぶ》氏なのであった。それが通説である。ところが、その常胤は、島津荘寄郡《よせごおり》の地頭職ほかを給与されていたので、島津を称することがあったらしい。それならば、常胤に倣って、国分氏もまた、島津を名乗ることがあったとしても不思議ではない。という論法である。

たしかに、鎌倉御家人が、地方に給与された所領を名字の地とする事例は少なくない。たとえば、伊達氏がそれである。伊達氏の本拠地は常陸国伊佐の辺りだが、陸奥国伊達郡を給与されると、伊達氏を称することになった。その後、伊達氏は、出雲・但馬・駿河などにも所領を給与されて、分家を派生させることになった。けれども、千葉常胤のばあいには、そのような事例があったとする史料が見当たらない。そのために、せっかくの想定ながら、藤原氏に従うわけにはいかない。

それよりは、むしろ、『吾妻鏡』建長八年六月二日条には、奥大道の夜討・強盗取り締まりを命じられた沿道の御家人ら二四名の交名が載せられている。そのうちに見える「周防五郎兵衛尉」が、すなわち、同じく、『吾妻鏡』建長八年七月十七日条にみえる「周防五郎左衛門尉忠景」が、「島津陸奥守」に相当する人物だったのではあるまいか。

杉本雅人『増訂　越前島津氏―その事歴と系譜―』（デザインエッグ株式会社、二〇一六年）においては、忠景が「周防五郎兵衛尉」なり。そのうえで、「一箇月半後の七月十七日の条（吾妻鏡）によると、忠景は『周防五郎左衛門尉』と称して六代将軍宗尊親王の山内最明寺参詣に供奉しており、兵衛尉から左衛門尉に昇進している」と記されてもいた。ただし、「周防五郎兵衛尉」たるべき忠景が「奥大道の沿道に地頭職を有していた」とはあるものの、具体的な在所にまで踏み込んだコメントは記されていない。

同じく、『吾妻鏡人名辞索引』（吉川弘文館、一九七一年）においても、「周防五郎兵衛尉」は、「周防五郎左衛門尉」と同一人物なり。として取り扱われていた。

その越前島津氏に属する忠景については、杉本『増訂　越前島津氏』にくわしい。それによれば、忠景は、周防守忠綱の息子。弓矢・蹴鞠の芸に優れ、歌人として知られる。鎌倉幕府六代将軍宗尊親王の近臣として活躍した。文永三年（一二六六）、宗尊親王が京都に追い返された後にも、京都に随従して、六波羅探題に勤務した。その頃に、豊後守・常陸介に任命された可能性がある。その所領としては、薩摩国知覧院地頭職・但馬国朝来郡粟鹿大社地頭職があった。

島津忠景は、玉手崎天神社が再造されたとされる文永元年の段階には、陸奥守にはあらず。「周防五郎左衛門尉忠景」と呼ばれていた（『吾妻鏡』弘長三年八月十五日、文永二年六月二十三日条）。けれども、晩年には、豊後守・常陸介を歴任したかとされている。それならば、陸奥守に任じられていたとしても、不思議ではない。近世の地誌類における「島津陸奥守」の表記は、その晩年における官途を採用したものではなかったのか。あるいは、天神社が奥州の地なるをもって、なんとなく「陸奥守」の文字を用いたのに過ぎなかったのかもしれない（柳原敏昭氏の教示）。

さらにいえば、「島津陸奥守」が国分荘を知行していたことは、玉手崎天神社の再造にかかる『封内風土記』の記事のほか、近世の地誌類のそれにも見えている（『残月台本荒萩』『仙台鹿の子』『奥羽観蹟聞老志』）。なかには、「千代城」（仙台城）に居住したと記すものさえあり。それらの記事によっても、事態は明瞭なのではあるまいか。

これまでは、千葉常胤の五男、五郎胤通が、国分荘の地頭職を賜って、鎌倉～南北朝期にかけて知行を維持してきた。と、なんとなく考えられてきた。たとえば、佐々木慶市「中奥の鎌倉武士」（同『中世東北の武士団』名著出版、一九八九年。初出は一九五七年）を参照されたい。ただし、『仙台市史』通史編2・古代中世（二〇〇〇年）には、平姓国分（千葉）氏による国分荘知行の説は、「仙台藩による歴史書の編纂事業のなかで生まれた可能性がある」とする否定的な指摘が記されるようにもなっている。

けれども、千葉常胤の次男師常・三男胤盛らが、それぞれに常胤を介して、亘理《わたり》郡・行方《なめかた》郡の地頭職を分与されていたのに、五男胤通だけが除外されたとは考えにくい。そのうえに、国分の名乗りが下総国分寺の地名に由来するものだったにしても、恩賞地の給与にさいして、その国分の名乗りに因んだ国分荘が選ばれたことは、想定に難くない。鎌倉殿によるって恩賞地の分与にさいしては、そのような語呂あわせのような事例が少なくなかったからである。したがって、ここでは、平姓国分（千葉）氏による国分荘知行の説を尊重することにしたい。

それにしても、その平姓国分氏による知行が、鎌倉期の中途にして、越前島津氏のそれに取って代わられたように見えるようなことが、ありえたのか、どうか。それが、問題である。

結論からいえば、大いにありうることであった。たとえば、近隣の留守領においては、留守家政の所領「宮城郡岩切村地頭職」が、妻の尼眞妙を介して、外孫の大江女子（毛利左近蔵人親忠の女子）に譲られている（「留守文書」徳治二年十一月廿七日関東裁許状ほか）。同じく、隣接の八幡《やわた》荘では、陸奥介景衡の所領「宮城郡内蒲生《がもう》村」が、那須資長に嫁いだ女子に譲られている。さらには彼女の息子たるべき那須高頼に譲られている（「大島正隆氏採訪白河文書」正安二年十二月廿日鎌倉幕府政所下知状ほか）。また、宮城郡に隣接の大谷《おおや》保では、菅原幸信の所領「みやけ（三宅村）のむら地頭しき」ほかが、義兄弟の田代普賢丸（顕綱）に譲られている（「田代文書」永仁三年三月十五日菅原幸信譲状ほか）。そして、葛西領五郡二保のうち、「岩井郡内千馬屋《せんまや》郷もまたも、「親父伯耆四郎左衛門入道（葛西光清）」から、茂木《もてぎ》氏に嫁いだ女子に譲られ、さらには息子の茂木三郎知氏に譲られている（「秋田藩採集茂木文書」弘安八年三月十五日尼慈阿譲状ほか）。

このように、婚姻ほかの人間関係によって、所領の一部が他氏の手に渡ることは通常の事態であった。けれども、一旦は他氏の手に渡ったとしても、所領の大部分を確保する本宗（惣領）家のもとに回収されることが多かったようだ。

それならば、島津陸奥守のばあいにも、平姓国分氏の所領の一部が、婚姻ほかの所縁によって、一時的に島津氏の手に渡る。そのようなケースがあったと想定することができるのではあるまいか。

国分氏については、正嘉二年（一二五八）に「国分五郎跡国分彦五郎」が将軍隋兵として（『吾妻鏡』当年三月一日条）、建治元年（一二七五）「若宮八幡造営役注文」に、「鎌倉中　国分五郎跡」として、それぞれに登場している。すなわち、島津陸奥守が登場する文永元年（一二六四）のあたりにも、「国分五郎跡」たるべき本主国分氏による全体的な取り仕切りは維持されていたとみられる。とするならば、島津陸奥守の手に渡っていた所領は、やはり、国分荘の一部だった。と受け止めるべきであろうか。

ふり返ってみれば、近代アカデミズム歴史学によって「取扱い不能」として棚上げにされてきた島津陸奥守問題に関して、果敢に立ち向かう気概をあらわしたのが、藤原相之助『郷土研究としての小萩ものがたり』だったことは、いうまでもない。けれども、「島津と称したのは、実は国分氏であると信じます」とする見立てには、従いがたいものがあった。

そして、同じく、ヤマニ屋末永笑助氏のブログ「虚空の柏・奥大道夜討強盗警固令と放生会供奉人選考」「虚空の柏・謎の人物島津陸奥守」（二〇一七年三月二〇日／四月一八日）である。

そこには、あの奥大道夜討強盗警固令における「周防五郎兵衛尉」は、島津忠景なり。ならびに、「島津周防五郎左衛門尉忠景こそが島津陸奥守に相当するのではないか」と、しっかりと明記されていた。

慧眼の至りである。その結論に至る筋道についてはブログに記されていないが、小論のそれに近似するような筋道が思案されていたのに違いない。したがって、島津陸奥守にまつわる積年の難問の解決者は、小論にはあらず。末永氏のブログなり。といわなければならない。

また、建長八年六月二日奥大道の夜討・強盗の取り締まりを命じられた沿道の御家人ら二四名のうち

「周防五郎兵衛尉」なる人物については、これまでの歴史学界では、下野国の御家人たるべき塩谷親時なり。と比定されてきた。建治元年（一二七五）六条若宮八幡宮造営役注文に、「鎌倉中　周防入道跡」とみえていることが根拠にあげられている。

その「周防入道」は、塩谷親時の父親たるべき「前周防前司入道朝親法師」（建長二年一〇月一四日死去）なのであった。塩谷親時は、舎兄の泰朝にならんで、『吾妻鏡』正嘉元年（一二五七）十月一日条に、「塩谷周防四郎兵衛尉泰朝　同五郎親時」とみえている。

たしかに、その「周防入道（朝親）跡」の一員たるべき「同（周防）五郎親時」が、「周防五郎兵衛尉」に相当する人物なりとすることができるかもしれない。けれども、「周防五郎兵衛尉尉」の名前が記された建長八年（一二五六）の段階において、「兵衛尉」に任官しているのは、舎兄の「周防四郎兵衛尉泰朝なのであった。舎弟の「同（周防）五郎」は、任官さえもしていなかったのである。その点が疑問である。

同じく、結城七郎朝光とは何者か

島津陸奥守だけではない。もうひとり、なぞの人物が存在していた。その名を、結城七郎朝光あるいは七郎政光という。

たとえば、『奥羽観蹟聞老志』には、「青葉城、中古、島津陸奥守者、始居茂嶺城、文治中、結城七郎朝光居之、爾後荒廃已久」と記されていた。同じく、『仙台鹿ノ子』には、「青葉城　島津の何人住居して陸奥守と号す、対馬国へ城府を移し、其跡荒廃す云々」、「また、文治の頃、結城七郎朝光公住す」、そして『封内風土記』にも、「青葉城、或記曰、島津陸奥守某居之、島津移住于西国之後、結城七郎政光居之」、さらには『千田家資料』にも、「国分千代御城之事、鎌倉期、結城七郎政光」と記されていた。

また、『仙台領古城書上』（延宝年間）は、「小泉　城主結城七郎朝光、結城末孫天文中迄、末孫国分能登守」、「杭城（国分田中）　実沢城主山内須藤刑部少輔が、結城七郎朝光のために、実沢《さねざわ》を追い落とされて、田中に来り、杭《くい》を打ち急造した城であるから、杭城という」と記されていた。『仙台市史』城館編特別編7においても、「松森城下　清水寺境内熊野社、鶴ケ谷・市名坂・七北田《ななきた》・上谷刈《かみやかり》・松森、五村鎮守、結城七郎苗裔結城五郎建立」とされていた。

佐々木慶市『中世東北の武士団』（名著出版、一九八九年）においては、それらの記事に基づいて、「とにかく、鎌倉時代名取郡に結城氏が所領を有し居住したことが知られる」。と記している。そのうえで、「中奥の鎌倉武士」の九人目に、結城氏を数えあげている。

けれども、鎌倉期には、結城氏が国分荘を知行していたとする確実な証拠を見いだすことはできない。それどころか、国分荘（実は国分寺郷）そのものが、確実な史料に登場することがない。そのために、『仙台市史』通史編二・古代中世などでは、「仙台地域の地頭」に数えあげられてはいない。

ところが、南北朝期になると、事態は一変する。たとえば、貞治二年（一三六三）には、「宮城郡国分寺郷半分国分淡路守并一族等跡内地頭職」が、「八幡介景朝跡之替」として、相馬讃岐守胤頼に宛行われることになった（相馬文書、当年七月一一日斯波直持書下）。

相馬胤頼は、その前年（康安二）、「東海道」「検断職」に任命されているので、斯波方の有力武将として存在感をアピールしていたことが明らかである（同、当年十月二日斯波直持書下）。

それに対して、「国分淡路守并一族等」ならびに「八幡介景朝」は、斯波方に敵対する勢力として所領没収の憂き目にあっていたことが知られる。

そういえば、延文元年（一三五六）には、「宮城郡内余目郷岩切村」ほかの所領について、「八幡介押領」を止めて、留守参河松法師丸（持家）に「安堵」すべしとの将軍家の命令が伝達されたことが知られる（「留守家文書」当年十月廿二日斯波直持施行状）。

さらには、文和三年（一三五四）には、「宮城郡内南目村大掾沢田平次跡」が、石河蒲田《かまた》左近大夫兼光に預け置かれている（「白河結城文書」斯波家兼十二月廿日書下）。

それによって、同じく、南奥の石河兼光は斯波方に属して、存在感をアピールしていた。反対に、宮城郡南目《みなみのめ》村の大掾沢田平次は敵対勢力として、所領没収の憂き目にあっていた。それが明らかである。

それらの事例をもってするならば、陸奥国府（府中）の掌握をめぐって、ないしは宇津《うづ》（埋）峯《みね》城（いまは福島県郡山市）の攻防をめぐって、斯波家兼・直持父子、石塔義憲、吉良貞経・満家・治家、畠山国詮、北畠顕信らの陣営が入り乱れて争うなか、宮城郡内においても、留守・国分・八幡介・大掾沢田ほかの地元勢が、それぞれの陣営に属して、これまた入り乱れて、争っていたことが明らかである。

そして、斯波家兼・直持父子の陣営に敵対して没収の憂き目にあった国分・八幡介・大掾沢田らの所領は、相馬・石川らの南奥勢に宛行われる。というような特徴的な経過が明らかである。

南奥勢が所領宛行の対象に選ばれたのは、宇津峯城攻防戦での軍忠によるものであったか。さらには、府中攻防戦でのはたらきが期待されたものであったか。

斯波家兼・直持父子にとっては、宮城郡内の三大勢力のうち、国分・八幡介が敵の陣営に与し、頼りになるのは留守ばかり。というような状況が、「外人部隊」ともいうべき南奥勢の導入を決断させる要因になっていたのかもしれない。

その頼りの留守領にしても、正平六年（一三五一）一〇月七日には、「宮城郡留守上総介跡」を、もうひとつの郡内勢力たるべき「大河戸《おおこうど》四郎左衛門尉」に預け置くとする、北畠顕信御教書が発給されるなど、決して盤石とはいえない状態になっていた（「留守家文書」）。いまは、将軍家によって安堵されて味方に属しているものの、それ以前には、敵対勢力に与していた経過が、留守氏にはないでもない。

けれども、いずれにしても、宮城郡内に、南奥勢のパワーが及ぼされることになった。そのことには変わりがない。

そこで、問題になるのは、「宮城郡国分寺郷半分国分淡路守并一族等跡内地頭職」の残り半分の所領を、だれが宛行われることになったのか。これである。

これまでの観察からするならば、宛行われたのは、これまた、南奥勢にして、「東海道」「検断職」たるべき相馬讃岐守胤頼に肩を並べるような存在だったのに違いない。

それでは、具体的に、そのような人物とはだれかといえば、「白河・石川以下八郡検断職」に任命されていた結城弾正少弼顕朝だったのではあるいか。「白河・石川以下八郡検断職」といえば、中通方面における最大の実力者に相応しい役職であった。

かれならば、浜通り方面における相馬胤頼に肩を並べるどころではない。胤頼を凌駕するよう役柄にあった。その大役に顕朝が任命されたのは、文和二年（一三五三）正月二〇日足利尊氏御判御教書によるものであった（「東北歴史博物館所蔵白河文書」）。

とするならば、はじめに紹介したように、近世の地誌類に、結城七郎朝光・七郎政光などと見えるのは、結城七郎顕朝のことだったのではあるまいか。それなのに、鎌倉初期の朝光や政光（小山）の名前が伝承されているのは、『吾妻鏡』で活躍する先祖の名の方が通りがよい。というような事情があったのかもしれない。

それにしても、どちらかといえば、青葉城（千代城）・松森熊野社ほか、山際の方に、かれらの名前が伝えられているのは気にかかる。もしかすると、結城顕朝が宛行われたのは、国分領の半分といっても、「荒巻」の広域地名をもって呼ばれる山際の方だったのかもしれない。そういえば、同じく、伝説の島津陸奥守の所領にしても、どちらかといえば、山際の方にあった。なにかしら、関連があったのかもしれない。

いずれにしても、相馬・結城ほか、南奥勢の導入によって、奥州管領たるべき斯波直持による府中掌握が盤石になったかのように想われた。そのことに間違いがない。けれども、さにはあらず。国分・八幡介ほか、鎌倉初期以来の地元勢の伝統的なパワーを根絶することはできなかった。留守氏にしても、いつまた敵側の陣営に与することになるのかしれない。

相馬・結城ほかの勢力、そのものにしても、「外人部隊」としての性格を払拭することはあたわず、長期的なレベルにおいては、地元勢を凌駕することはできなかった。

そのあたりの府中の掌握をめぐる政治情勢については、佐々木慶市『奥州探題大崎十二代史』（今野出版企画、一九九九年）にくわしい。もしかすると、斯波直持から息子詮持の時代にあって、奥州統治の中心が、府中にはあらず、大崎地方に移行しつつあるかに見えるのは、奥州管領（↓探題）の職をもってしても、府中の掌握が不可能だったことによるものかもしれない。

ただし、国分氏については、地元勢が優位を最終的に維持することができたとはいっても、その内実においては、当主の血統が、千葉系国分氏から、長沼系国分氏へ、とするような交代があったらしい。『余目氏旧記』（室町期は文明年間に成立）には、「国分ハ、小山より長沼相分、なかぬまの親類ニて、出家ニて、下荒井か先祖也、きへ僧たりしか、きよう（器用）たるによつて、聟に成、けつく（結句）正印（員）とかう（号）す、果報の人也、動（ややもすれば）かち（勝）大将味方ヲいたし、其いせい（威勢）いやましニ候也」と記されていた。

すなわち、長沼氏出身の「帰依僧」（国分氏の当主の安泰を祈願する護持僧）だった人物が、その「器用」を買われて、当主の聟になり、やがては「正員」（国分氏の当主）におさまった。という「果報」そのものの経過が明らかである。その事実は、国分領の寺社に残された棟札類に、「長沼」を当主とする文字が残されていることから明らかである。

けれども、それによって国分のパワーが衰えるどころか、かえって「威勢」が「いや増す」ことになった。と、『旧記』には記されていた。

§コメント§

瀬田勝哉「説教『をくり』の離陸―『引く物語』は何を語るか―」（『武蔵大学人文学会雑誌』四一巻二号、二〇一〇年）では、『をくり』が今日に広く知られているようなかたちを整えることができたのは、「藤沢十三代上人」「普光」（常陸源氏佐竹氏の血を引く）が「入山する慶長十二年（一六〇七）以降」のことであった。そのことが解明されている。あわせて、「照手の像」は、念仏比丘尼の活動拠点たるべき青墓宿のあたりで作り上げられ、管理されてきたものにはあらず。すなわち、「『をくり』の本文では意外に美濃の在地色は弱い」として、通説的な理解（福田晃「小栗照手譚の生成」「『小栗』語りの発生」ほか）が退けられている。さらには、物語のヒーローたるべき小栗判官の数奇な人生（『鎌倉大草紙』）についても、常陸小栗氏の関連にはあらず。三河小栗氏によって語り伝えられた「一族の先祖の物語」だった。とされている。それによって、木村晃子「『鎌倉大草紙』から御物絵巻『をくり』へ」の指摘が宜われている。

それならば、「照手の像」（「常陸小萩」照手受難のイメージ）は、どこから生まれてきたものだったのか。

瀬田論文では、そこのところが分かりづらい。

それにつけても、国分荘の小萩受難譚の方が、「照手」のそれよりも古い。とする藤原論文が気にかかる。

小論では、その可能性が低いとして、退けてはみたものの、「もしかすれば」という気持ちがないでもない。

なほ、瀬田論文ほかにて、『をくり』と『鎌倉大草紙』との共通性について注目されてきたのは、和辻哲郎「小栗判官」（一九五五年）以来と記されているが、それよりも早くに、藤原論文によって注目されていた。

そのような意味でも、藤原論文には、今日でも、顧みられるべき余地が残されているのではあるまいか。

ただし、藤原論文にて、小萩物語の「原型にあっては、横野の牧の荒駒を乗り廻し乗り鎮める英雄などがあって」と記されていることには、同意することができない。こちらの小萩観音の霊験譚を何度読み返してみても、そのような英雄活躍の痕跡（「鬼鹿毛」のエピソードほか）は認めがたい。

また、藤原論文によって紹介された「蜂屋長者」の物語については、『宮城県史』二一巻・民俗三（一九五六年）にも、「露無の里」の項目にて、短文が収められていた（別人による聞き取りの取意文か）。同じく、及川儀右衛門編『みちのくの長者たち』（未来社、一九五七年）にも。

また、松島瑞巌寺の寺侍だった蜂谷家には、鎌倉後期からの歴史があった（入間田「中世の松島寺」、大石直正ほか編『中世社会の成立』東京堂出版、二〇〇一年）。境内の三聖堂には、美濃国蜂屋荘から同家が将来の「蜂谷観音」（聖観音）が本尊として祀られている（松島町指定文化財）。

一一章　平泉の姫宮と衣河殿

――二人の謎の女性の物語――

はじめに

平泉に関わる女性たちには、それぞれに、物語るべき波乱万丈・奇想天外の人生ドラマが待ち受けていた。

たとえば、藤原氏初代清衡の母は、前九年合戦の敗北によって、夫の経清が斬首され、敵将たるべき清原武貞への再嫁を余儀なくされた。

清衡の最初の妻は、義理の弟たるべき家衡による焼打ちにあって、無念の死を遂げた。そして、清衡の二度目の妻は、常陸国（いまは茨城県）の豪族、大掾氏の女子。清衡の死後は、基衡による跡目相続の認可（安堵）をもとめて、京都に出る。けれども、その大任を果たした後には、同じく在京中の常陸国の豪族、佐竹氏の妻となって、平泉に戻ることはなかった。

また、二代基衡の妻は、前九年合戦に敗れて西国方面に流された安倍宗任の遺児。安倍一族が離散するなか、清衡の母に、すなわち基衡の祖母に養われて成人する。基衡の妻になったのも、その基衡の祖母たるべき養母の勧めによるものだったらしい。基衡の妻は、いわゆる姉さん女房で、しっかりものだった。夫基衡による毛越寺の造営に肩をならべて、観自在王院の造営に乗り出していることからしても、それが明らかである。

さらに、三代秀衡の正妻は、折から平泉に滞在中の大物貴族、藤原基成の女子。順風満帆の人生かと想われた。けれども、秀衡が死去したうえに、鎌倉方による侵攻の危機が迫るなかで、実子泰衡を中心とする一族の結束を固めるために、義理の息子たるべき国衡への再嫁を余儀なくされる。けれども、国衡が戦死し、泰衡が北走した後には、一族が離散するなか、ただ一人、平泉に残って、余生を過ごすことになった。

国衡といえば、かれの生母にして、秀衡の最初の妻たるべき女性のことも気にかかる。かの女は、藤原氏歴代に近侍する側近中の側近。どちらかといえば、朝夕奉公（常勤）に近い役回りの家臣たるべき信夫佐藤氏の女子であった。両親や兄弟姉妹が出仕奉公に励むなかで、かの女も主人たるべき基衡や秀衡の周辺に立ち居していたのにちがいない。すなわち、かの女は、秀衡の幼馴染《おさななじみ》だったのにちがいない。そこに、正妻として基成の女子が後から乗り込んでくる。さらには、その基成の女子を、すなわち義理の母たるべき女性を、秀衡死去の後、かの女の実子国衡が妻とすることになる。けれども、その甲斐もなく、平泉は滅亡する。それぞれの節目ごとに、かの女がいだくことになった想いは、いかなるものであったのか。考え始めれば、キリがない。

あれも、これも、多少の異論はあれども、ほぼ、これまでに明らかにされている通りである。入間田『藤原清衡　平泉に浄土を創った男の世界戦略』（ホーム社、二〇一四年）、『藤原秀衡』（ミネルヴァ書房、二〇一六年）ほかに記している通りでもある。

だが、平泉の姫君と衣河殿の人生については、それほどには知られているとはいえない。したがって、今回は、それらの二人の女性の人生に寄り添いながら、考えをめぐらしてみることにしたい。わけても、かの女らが、都市平泉のなかのどこに住まいしていたのか。気にかかる。

平泉の姫君と衣河殿とは、都市平泉の方面にはあらず、いずれも、京・鎌倉の方面に聞こえたネーミング（呼び名）であった。してみれば、かの女らは、奥州土着の人にはあらず、京・鎌倉の方面から平泉に来住していた人だったのにちがいない。わけても、姫宮などとは、尋常のレベルではない。かならずや、京下りの高貴の人だったのにちがいない。

とするならば、かの女らの住まいしていたのは、藤原氏の一族らが集住する身内本位かつ不躾の地（都心部）にはあらず、然るべき距離を隔てた閑静の地（郊外）だったのにちがいない。すなわち、同じく、京下りの高貴の人たるべき藤原基成や源義経の住まいする衣川北岸の辺りだったのにちがいない。

その端的なあらわれが、「衣河殿」のネーミングだったのはあるまいか。すなわち、衣川北岸の辺りに住まいしていたことがあればこそ、その呼び名が奉られることになったのではあるまいか。

衣川北岸の迎賓館

それでは、まず、これまでに明らかにされている衣川北岸のありさまを、入間田「衣河館と平泉館」（同編『平泉・衣川と京・福原』高志書院、二〇〇七年。同『平泉の政治と仏教』Ⅲ一章、高志書院、二〇一三年）ほかによって、おさらいすることから取りかかることにしたい。

今日、陸奥国において、泰衡、源予州を襲う。これ、かつうは勅定にまかせ、かつうは二品の仰せによるなり。予州、民部卿基成朝臣の衣河館にあり。泰衡、兵数百騎を従えて、その所に馳せいたり、合戦す。予州家人ら、あい防ぐといえども、ことごとく、もって、敗績す。予州、持仏堂に入りて、先ず妻廿二歳・子女子四歳を害す。次いで、自殺すと云々。(『吾妻鏡』文治五年閏四月卅日条、原漢文)

この史料によって、「源予州」(源伊予守義経)が住まいしていたのは、「民部卿基成朝臣」(藤原)の主《あるじ》する「衣河館《ころもがわらたち》」の一郭であった。そのことが知られる。

その一郭には、一定数の「家人」らが守りを固めていた。「二十余人」の「郎等」らが、とする別伝もあった(『尊卑分脈』)。

そのうえに、「持仏堂」も備えられていて、威風堂々の屋敷構えであった。基成の「衣河館」の一郭とはいいながら、実質においては、「大将軍」に相応しい、すなわち秀衡の遺言により、泰衡・国衡らを従えて、「国務」を取りしきるべきことを委ねられた「大将軍」に相応しい大邸宅であった。そのことが明らかである(『吾妻鏡』文治三年十月廿九日条ほか)。

さらにいえば、鞍馬山を下りて平泉にやってきた「最初から基成の客人に近かった」と指摘される義経のことである(保立道久『義経の登場—王権論の視座から—』NHKブックス、二〇〇四年)。その人の住まいしたのが、基成の主する「衣河館」の一郭だったとされるのは、不思議でも、なんでもない。ごくごく、自然のなりゆきによるものであった。

その「持仏堂」にて、「自殺」を遂げた義経の首は、「黒漆櫃」に納められ、「美酒」に浸されながら、鎌倉は腰越浦にまで運ばれて、「実検」に処せられることになった（『吾妻鏡』文治五年六月十三日条）。

注目すべきは、その「持仏堂」に火が懸けられたとする記載がない。ましてや、義経の大邸宅。さらには基成の「衣河館」たるべき大々邸宅においてをや。ということである。

だからこそ、義経の首は、焼損することなく、首実検に処せられることが可能になって、「観るもの、みな双涙を拭い、両衫を湿らす」という光景が現出されることになったのである（同）。

同じく、「衣河館」に主する基成の一族も、類焼の危機に見舞われることなく、これまで通り、大々邸宅のくらしを継続することが可能になったのである。

その大々邸宅たるべき「衣河館」はといえば、秀衡の「平泉館《ひらいずみのたち》」に同じく、四面庇《ひさし》の主屋のまわりに、大小の雑舎群を附属させたような、すなわち多賀城の「国司館」に準じたような佇まいだったのにちがいない。そうでなければ、「館《たち》」のネーミング（呼称）を付せられるはずがない。

これまでは、室町期以降における語り物たるべき『義経記』の記載に引きずられるなどして、義経の大邸宅は、まるごと炎上させられたかのようなイメージがかたちづくられてきた。けれども、それには、なんの根拠もない。これからは、同時代の史料たるべき『吾妻鏡』の記載にしたがって、慎重に考えてみなければならない。


「平泉館」に自ら火を放って、泰衡が北走した後にも、「衣河館」に残留して、様子をうかがっていた基成と三人の子息らが、その身柄を「生虜」すべく、派遣されてきた千葉六郎大夫胤頼らの目前に、「兵具」を取って戦う姿勢をあらわすどころか、「手を束ねて、降人として」出頭してきたのは、平泉館の炎上から四日後のことであった（『吾妻鏡』八月廿五日条）。

もしかしたら、基成には、泰衡滅亡後も、これまでのように、平泉政界の黒幕として、頼朝の委任を受けて、奥州の取りしきりに当たりたい。とするような思惑があったのかもしれない。

けれども、頼朝の側には、そのような気は、さらさらにない。基成は「指せる勇士にはあらず」、「指せる武士にはあらず」ということで、降人（捕虜）として鎌倉に連行することはなけれども、その身柄を軟禁状態におくことになった。そのうえで、追放するにせよ、京都に連れ戻すにせよ、そちらのご意向の通りにいたしますと、京都側に申し入れている（同九月十六日・廿六日条）。実に、冷たいものである。責任の押しつけでもある。その結末が、どうなったのか。記録にない。

それに対して、「秀衡の後家」「故秀衡入道後家」と記された基成の女子は、頼朝によって、手厚くもてなされることになった。たとえば、平泉館焼亡から数えて六年後には、「故秀衡入道後家、いまに存生す。ことに憐愍を加うべきのよし、葛西兵衛尉清重・伊沢左近将監等に仰せつけらる。両人は、奥州惣奉行たるによってなり」とする記録が残されていた（同当年九月廿九日条）。

それによって、鎌倉側による奥州統治の責任者たるべき葛西・伊沢（留守）の両人が果たすべき重要な任務として、かの女に対して「憐愍を加うべき」こと、すなわち手厚くもてなすべきことが挙げられていたことが知られる。

それだけではない。平泉館焼亡から数か月も経ることなく、衣川北岸はもちろん、都市平泉そのものが、平泉側の残党たるべき大河兼任の軍勢によって占領される。という鎌倉側からすれば危機的な状況が生起することになった。

その一大ピンチから逃れるために、かの女の身柄は、一時的に鎌倉に移されることになった。鎌倉は鶴岡八幡宮に残され「日次記《ひなみ》」（文治二年二月廿九日条）に、「秀衡之後家、到来畢」と記されているのが、その証拠である（池田寿氏による史料紹介、『古文書研究』五七号、二〇〇三年五月を参照）。

かの女の身柄を奪われて、奥州の人心が兼任の側に靡くようになることだけは、絶対に避けなければならない。すなわち、奥州の統治を円滑ならしめるためには、人心掌握の切り札とも、掌中の珠ともいうべきかの女の身柄を奪われることだけは、絶対に避けなければならない。それが、鎌倉側による認識の根幹をなしていたことが明らかである。

鎌倉側の総反撃によって、都市平泉が奪還されたのちにも、兼任側は、衣川を前に、五百余の騎馬を連ねて、最後の抵抗を試みたことも記録されている（『吾妻鏡』文治六年二月十二日条）。

その衣川北岸の「衣河館」の辺りに、すなわち父基成の主した実家の大々邸宅の辺りに、かの女は住まいしていたのではあるまいか。そして、一時的に避難させられた鎌倉から帰還した後においても、その実家の大々邸宅の辺りに住まいしていたのではあるまいか。さらには、その大々邸宅において、一族の菩提を弔いつつ、余生を過ごすことになったのではあるまいか。

いずれにしても、衣川北岸の辺りには、基成や義経に代表されるような「京下り」の貴人らが住まいする大邸宅ないしは大々邸宅が設営される。すなわち平泉に到来の貴人をもてなすための「迎賓館」ともいうべき邸宅群が設営される特別のエリアだったことには間違いがない。

その辺りの発掘・調査が、すなわち衣川遺跡群の発掘・調査が、岩手県埋蔵文化財センターによって行われたのは、二〇〇五年のことであった。

その結果、接待舘遺跡からは、柳之御所遺跡に同じく、大きな二本の空堀によって区画された平場にて、大量のカワラケ（土器）が検出されて、盛大な宴会儀礼がくりかえされていたことが浮びあがってきた。時期的にも、基成の「衣河館」のそれに近い。ただし、四面庇の主屋ともいうべき大型建物はともなっていない。

けれども、隣接する細田遺跡では、四面庇の大型建物が検出されていて（羽柴直人「衣川遺跡群の発掘・調査」、入間田編『平泉・衣川と京・福原』、二〇〇七年）、貴人の住まいを想わせないでもない。あれや、これやで、接待舘遺跡が、基成の「衣河館」そのものではなかったとしても、それに関わる盛大な宴会儀礼の場であったことについては、疑うべくもない。もしかすると、今回の調査区域のすぐ外側に、「衣河館」や義経の遺跡が存在しているのだ。ということさえも、できるのかもしれない。

平泉の姫宮の登場

平泉の姫宮に関する史料は、A～Eの五点である。いずれも、保立道久氏によって紹介のうえ、解説が加えられている通りである（保立『義経の登場』二〇〇四年）。したがって、今回は、保立氏に学んで、そのおさらいから、始めるからことにしたい。

（A）『吾妻鏡』建久元年六月廿三日条（原漢文）

去年、奥州に入らしめ給うの時、姫宮と称する女性出来す。尋問せしめ給うの処、答え申して云く、母は九条院の官女なり。われ、箏を弾くの間、かつは母の好みにつき、その芸を聞しめさんがため、しばらく彼の院中にあり。後日不慮のついでありて、奥州に下向すと云々。これを疑うべしといえども、肥後守資隆入道の母、宮たるの条もちろんのよしを申さしむるのうえ、奥州住人一同に、その儀を存す。はたまた、秀衡、賞玩のあまりに、出家せしめんと欲するといえども、免さずと云々。一向の狂人たるにおいては、秀衡いかでか賞せしめんかのよし、二品（頼朝）、いささかご猶予あり。よって、王胤たらば、田舎に居住せしむるの条、その恐れあるべしと称して、京都に送り進められ、廷尉公朝（大江）に付け、この子細を申され訖んぬ。

（B）文覚上人書状（鎌倉遺文四五五号文書）

宮と申し候て鎌倉に出来て候人の候を、鎌倉殿は、争（いかでか）、宮と申さん人をば、これにては、ともかくもし候べき。く（具）したてまつりてのほりて、院（後白河）にことのよしを申て、ともかくも御定にしたがふべきよし候へば、相具して上洛し候なり。江判官（公朝）に此由をいそき仰候て、事由を申上て、其左右を、近江の江みなとへ可仰遣候。宮くしたてまつりて、京へ入り候なんときこえ、ことごとしく候へば、随仰おいはなち候べくは、さやにも可沙汰候。鎌倉殿仰候事も、尤其謂候事也。宮なと申て諸国散在候、朝家御ために不便事に候。肥後入道のまこ（孫）とそ申候。早々此旨を江判官に仰候へ。いそきいそきみちへ可被仰遣候也。

（C）後白河院宣（『吾妻鏡』建久元年六月廿三日条、原漢文）

宮と称する人のこと、無実なり。まったく王胤にはあらず。聞しめす如くんば、差せる人にはあらざるか。在京、しかるべからず。早く返し遣わすべきのよし、内々の御気色候なり。よって上啓、件のごとし。

六月九日　　参議

（D）源頼朝書状（同）

宮と称し候狂惑のこと、子細謹んでもって承り候いおわんぬ。もとより信受しがたく候。しかれども、実否を承らんがために、召し進めしめ候の処、猶もって返し預かり候いおわんぬ。その旨を存ずべく候。御定にまかせて、関東に召し下し、誡むべく候といえども、今年殺生を犯すべからず候。しかれば、いかにも御計らい候て、面顔に疵をも付けられて、追放せらるべく候か。しからざれば、経高阿波国に居住候ものに候。件の男に預け給わるべく候。関東へ召し下すべきのよしの御定を申し返し候。その恐れ候により、かくの如く、子細を言上候なり。この旨をもって、申上せしめ給うべく候。頼朝、恐々謹言。

六月廿三日　　頼朝

（E）『九条兼実日記』元暦元年二月二日条（原漢文）

伝え聞く、伯耆国の美徳山に、院（後白河）の御子と称するの人あり。生年二十歳。いまだ元服せずと云々。件の宮、資隆入道の外孫と云々。幼稚の時、九条院、養育し奉られ、その後、衆生《（ママ）》なきにより、外祖父の家にあり。しかる間、生年十五の年に、無音に逐電す。人その意趣を知らず。すなわち大和国に向かい、しばらく二川冠者に随逐す、（その時は、成親卿の子と称すと云々）。その後、まず伯耆大山に到り、次いで美徳山に移住す。なを、成親卿の子と称す。然るに、平氏追落さるるの後、その実をあらわして、院の御子と称す。すでに伯耆半国を伐り取る。海陸業戌（かの国、有勢の武勇の者なり）付き奉る。（中略）、昨日、使者を京都に上げて、院の見参に入らんとすと云々。仰せを奉り、源氏と相倶に、平氏を伐るべしと云々。事の次第、奇異なり。よって後のために記す。

これらの史料のうち、（A）によって、「姫宮」の母は、九条院の官女、すなわち近衛天皇の后たるべき女院に仕える女房であった。そして、「肥後守資隆入道の母」は、「姫宮」が後白河院の御子たるべきことを保証する、身元引受人ともいうべき役割を果たしていたことが知られる。

（B）によれば、「宮」は「肥後入道のまこ（孫）」でもあった。とするならば、「資隆入道の母」は、「姫宮」の曾祖母だったということにもなって、高齢ながら、身元引受人としては、この上もない立ち位置にあったことが知られる。

あわせて、（E）によれば、平泉の「姫宮」のみにはあらず。「有勢の武勇の者」たるべき「海陸業戌」（村尾海六成盛）を頼りに、伯耆国に下って、その「半国を伐《き》り取る」というはたらきに及んだ人物もまた、「院の御子《みこ》」と称していた。そのうえに、その人は、「資隆入道の外孫」、すなわち資隆入道の女子が生んだ子でもあった。しかも、その人は、「幼稚の時」に「九条院」のもとに養育されてもいた。

これらの史料のいずれにも、「資隆入道」が登場する。あわせて、「九条院」が登場する。そのうち、「資隆入道」は、後白河側近であり、歌人としても知られる。その女子たるべき「右衛門佐」もまた、八条院・九条院の女房として仕えるなかで、「法皇殊寵」の人となり、後白河の「御所に参仕」していた。

それならば、保立氏の推測の通り、かの女子が、後白河との間に、男・女の御子をなしたとしても、不思議でも、何でもない。また、それらの御子のうち、男子が「幼稚の時」に「九条院」の庇護の下に置かれていたとしても、不思議ではない。さらには、女子が平泉に下るにさいして、かの女の曾祖母たるべき「肥後守資隆入道の母」が、高齢の身をおして、随行してきたとしても、これまた、不思議でも、何でもない。

それにしても、後白河の御子たるべき男・女子が、あいついで、地方の有力者を頼りに、都を離れているとは、尋常ではない。それほどまでに、平氏の専横ぶりが嫌われていた。ということであったろうか。

保立氏は記している。「平氏権力に対して不満を抱くものが、公家・武家を問わず、全国的に地方社会との連携をはかり、活発に地方に行き来し、情報を交換するのは当然のことだったのである」と。その通りである。何の異論もない。

ただし、「姫宮」に同道してきた「資隆入道の母」については、信心濃厚な深い人であった。それゆえに、「比叡山末であった中尊寺や毛越寺との宗教的関わり」に媒介されて、ないしは、そのような「宗教的な環境の中ではぐくまれた文化と巡礼の旅への欲求」にしたがって、かの女は平泉を目指すことになったのではないか。とするような指摘も、保立氏によって、おこなわれていた。そのようなことがなかったとはいえない。けれども、その可否について、踏み込むことは控えることにさせていただきたい。

かの女が、平泉にて手厚くもてなされたことは、「秀衡、賞玩のあまりに、出家せしめんと欲するといえども、免《ゆる》さずと云々」とする記載によって明らかである。

かの女が出家したいと申し出たのにもかかわらず、秀衡が押し止めたとされるのは、ほかでもない。出家を認めてしまえば、後白河院の「姫宮」ということで、平泉政権の金看板として利用するという目的にそぐわなくなってしまう。という思惑によるものであったろうか。

さらには、かの女が「宮」なることは、「奥州住人一同に、その儀を存す」と記されてもいた。それによっても、政権の金看板として、かの女の存在を世間に知らしめようとする秀衡の思惑が察知できるであろうか。

それならば、かの女が頼朝の面前に「出来《しゅったい》」してきた理由は、後白河院の「姫宮」ということで、これまでに秀衡によって「賞玩」されてきたのに同じく、頼朝によって手厚くもてなされることを期待する。そういうことだったのに違いない。

そういえば、同じく、秀衡によって手厚くもてなされて、衣川の「迎賓館」に住まいしていた基成もまた、泰衡の北走に同行することはなく、頼朝の面前に出頭してきた。これまた、従来のように、奥州統治の「黒幕」としての立ち位置を、頼朝によって保障されたい。とする思惑によるものだったのに違いない。これまでにも記している通りである。

当時における常識的な感覚からすれば、かれらの思惑通りに、うまくいく可能性が十分に存在していた。なにしろ、天皇家や摂関家に繋がる高貴の人びとである。かれらを金看板として手厚くもてなすならば、みちのくの人心を掌握するのに、頼朝にとっても、好都合この上あるまい。というわけである。現に、そのような政治路線を、秀衡は採用していたのであった。入間田「義経と秀衡」二〇〇六年、同『藤原秀衡』Ⅱ二章ほかにおいても、くりかえし記している通りである。伯耆国の有力者たるべき「海陸業戍」のばあいにしても、また然り。

とするならば、そのような金看板利用の政治路線を、秀衡の他の施策に同じく、頼朝が継承することが期待されたとしても、不思議でも、何でもない。

けれども、頼朝の認識からすれば、そのような生ぬるいことではやって行けない。これからの武家政権の構築にさいして、そのような王朝国家の伝統的な権威に連なるような存在を許容するわけにはいかない。ということだったのではあるまいか。

平泉の姫宮は、どこに住まいしていたのか

ここからは、「姫宮」が鎌倉殿頼朝の面前に「出来」してきた以降の経過についてのおさらいである。そこで、頼朝の採った措置は、「王胤たらば、田舎に居住せしむるの条、その恐れあるべし」と称して、「姫宮」の身柄を都近くまで連行して、その処分については、後白河院側による裁定に委ねようとするものであった。史料（Ｂ）の通り、その公家側との折衝の役にあたったのは、あの文覚上人であった。

かの女を手厚くもてなすどころか、やっかいものとして公家側に追い返す。すなわち、かの女の処分について、みずからの決定を回避して、公家側に委ねる。という高等戦術であった。ところが、後白河院側の返答は、「宮と称する人のこと、無実なり。まったく王胤にはあらず」。「差せる人にはあらざるか。在京、しかるべからず」。というにべもないものであった。そのうえで、その身柄を受け取るわけにはいかない。頼朝側にて、勝手に処分せよ。という木に鼻をくくったような返事である。冷たいものである。これまた、責任回避そのものの態度である。

それに対して、頼朝の側は、逆提案をもって応酬する。すなわち、かの女の身柄を「関東に召し下し」たうえで、「誡む」べし。というわけにいかない。なんとしても、公家側にて、処分を決定していただきたい。たとえば、「面顔に疵をも付けられて、追放せらるべく候か。しからざれば、経高阿波国に居住候ものに候。件の男に預け給わるべく候」。ということでは、いかかでしょうか。というものであった。

かの女の面顔に疵《きず》をつけて追放に処する。ないしは阿波国の守護たるべき佐々木経高のもとに身柄を預け置く。どちらの措置を講ずるにしても、公家側の責任で決定して、とり計らっていただきたい。いずれにしても、かの女の身柄を受け取って、関東に連行するわけにはまいりません。というものであった。

そのような複雑な交渉のすえに、かの女の処分が、どのように決着することになったのか。史料は黙して、語らない。けれども、かの女が、「姫宮」「宮」の身分を剥奪されて、よるべのない暮らしを余儀なくされることになった。それだけは、間違いがない。

そこで、保立氏は記している。頼朝の政権づくりは、「平泉姫宮のような存在に対する地方社会の讃仰を無視し、それを破壊しながら始められた」。すなわち、「王権の国家的・社会的権威の空無化と同時進行する過程」をもって推進された。と、その通りである。何の異論もない。

そういえば、基成のばあいにも、出頭してきた身柄の処分について、姫宮に同じく、京都側との間で、複雑な交渉がくり返されたことが想定される。

すなわち、頼朝の側には、基成を手厚くもてなそうとするような気持ちは、さらさらにない。基成は「指せる勇士にはあらず」、「指せる武士にはあらず」ということで、降人（捕虜）として鎌倉に連行することはなけれども、その身柄を軟禁状態におくことになった。そのうえで、「追放するにせよ、京都に連れ戻すにせよ、そちらのご意向の通りにいたします」と、公家に申し入れている（同九月十六日・廿六日条）。これまた、実に、冷たいものである。責任回避の態度、そのものである。前節でも、紹介している通りである。その申し入れを受けて、公家側との複雑な交渉がくり返されたのに違いない。けれども、結末が、どうなったのか。史料は黙して、語らない。

さて、いよいよ、これからが、本番である。一口で、平泉といっても、狭くはない。その平泉のどのあたりに、姫宮は住まいしていたのであろうか。それが、問題である。

保立氏は、無量光院の一郭におかれた「加羅御所《からのごしょ》」であったことは明らかであろう。「御所」という言葉はやはり、王族もしくは公卿クラスの貴族にふさわしいのではないだろうか。と記している。

さらには、『平家物語』（延慶本）に、以仁王の子供の「三宮」（いわゆる北陸宮）を迎えた木曽義仲が「越中国宮崎と云所に御所を立て据奉り」とあるのは、一つの参考となるだろう。と記してもいる。

これまでは、「無量光院東門に、一郭を構う（加羅御所と号す）。秀衡の常の居所なり。泰衡、これを相継いで、居所となす」と記されていることから（いわゆる「寺塔已下注文」、『吾妻鏡』文治五年九月十七日条、原漢文）、加羅御所は秀衡・泰衡の「常の居所」、すなわち公式の居所たるべき「平泉館」に対して、私的かつ日常的な居所なり。とする解釈がおこなわれてきた。

保立氏によれば、その私的かつ日常的な居所に、「姫宮」を迎え入れて、秀衡が「賞玩」し、「身近に仕えた」。というのだから尋常ではない。そのようなことが、本当にあったのだろうか。すなわち、頼朝の周辺にて発せられた「賞玩」の言葉から、直ちに「身近に仕えた」という意味内容を引き出すことは妥当であろうか。この問題については、入間田『藤原秀衡』（二〇一六年）においても、簡単に述べている。ここでは、あらためて、きちんとしたかたちにて、考えてみることにしたい。

そもそも、京下りの高貴の人を、恐れ多くも、みずからの私的かつ日常的な居所に迎え入れる。というようなことがありえたのか、どうか。きわめて、疑わしい。

すなわち、「姫宮」が住まいしたのは、藤原氏の一族・郎党らが集住する身内本位かつ不躾《ぶしつけ》の地（都心部）にはあらず、然るべき距離を隔てた閑静の地（郊外）だったのではあるまいか。すなわち、京下りの高貴の人たるべき藤原基成や源義経らに同じく、衣川北岸の辺りだったのではあるまいか。

そのような事例は、歴史上、枚挙に暇なし。である。すなわち、高貴の人を迎え入れるには、みずからの主する居所から然るべき距離を隔てた迎賓館にて。というのが、古今東西の作法だったのではあるまいか。

たとえば、小野正敏氏は記している（「平泉、鎌倉、一乗谷─都市・館・威信財にみる武家権力─」、『平泉文化研究年報』一五号、二〇一七年）。「戦国城下町一乗谷では」、「浅倉氏のイエに属する」一族や家臣らが集住する「城戸の内」に対して、その「イエに属していない」室町将軍ほかの「身分が高い客人」らが住まいする「城戸の外」という「二重構造」が存在していたのだと。

さらには、それとの対比において、都市平泉の「二重構造」についても論及してもいる（同）。「平泉では、内側の世界には奥州藤原氏のイエの論理に属する人たちが屋敷を構えて生活し、藤原氏よりも身分が高い前陸奥守藤原基成の屋敷や、源氏の棟梁の血筋を引く源義経の屋敷は、衣河の外側にあります」と。まったくの至言である。それならば、「姫宮」の屋敷においてをや。ということにならざるをえない。

具体的な状況に即して踏み込んでみるならば、なおさらである。泰衡は、「平泉館」に火を放って北走した。みずからの居所を敵の手によって蹂躙されたくないとする心情に従ったものである。ないしは「自焼」の作法に従ったものである。それならば、同じく、泰衡の私的かつ日常的な居所たるべき「加羅御所」にも、火が放たれないまでも、破壊の措置が及ぼされることになったのに違いない。そのような廃墟ともいうべき場所に、姫宮が住まいし続けて、そこから「出来」してきた。というようなことがありえたであろうか。

それに対して、衣川北岸の辺りには、戦禍が及ぼされることなく、静まり返っていた。

そのなかで、基成らは息をひそめ、様子をうかがっていたのである。そして、基成らが、派遣されてきた鎌倉勢の前に、手を束ねて、降人として、立ちあらわれたのは、泰衡北走から数えて四日の後であった。それならば、「姫宮」もまた、衣川北岸の辺りにあって、息をひそめて、「出来」する機会をうかがっていたのではあるまいか。

さらにいうならば、平泉には、「姫宮」ばかりではなく、多数の中・下級貴族や官人たちが下ってきていた。保立氏によれば、かれらもまた、都市平泉の中心部に、具体的には観自在王院の南門に向かう大路（奥大道）の両側に展開する街区「倉町《くらのまち》」の辺りに住いしていた。そればかりか、「平泉に留住した貴族などの家政機関」さえもが、「倉町」に設営されていたのだ。とされている。けれども、その裏づけとなる証拠には乏しい。それよりは、かれら留住の貴族などにしても、「姫宮」に同じく、衣河北岸の辺りに住いしていた。そのように考える方が、穏当なのではあるまいか。

ただし、それならば、秀衡の常の居所が「加羅御所」のネーミングをもって呼ばれたのは、なぜなのか。姫宮が住まいしてからこそのネーミングだったのではないか。とするような保立氏側からの反論が聞こえてくるような気がしないでもない。けれども、今のところ、それに対する有効な回答は持ちあわせがない。今後の宿題ということにさせていただきたい。

もとより、確たる証拠があってのことではない。基成や義経のばあいに即してみれば、そのようなことがありうるのではないか。とする憶測に過ぎない。けれども、つぎに取り上げる「衣河殿」の事例をあわせ考えるならば、多少の真実味を加えることができるかもしれない。ただ、それだけのことであった

衣河殿のばあい

あの荒行をもって知られる文覚上人が突然出家することになった理由については、興味深いエピソードが伝えられている。

それによれば、上西門院（鳥羽天皇の皇女にして、後白河天皇の准母となる）の武者所に奉仕する遠藤盛遠には、「外戚のをば（伯母）」があった。

かの女については、「事の便り有るに依て、昔は奥州の衣河にぞ、住しける。是に依て、一家の者ども、衣河殿と申しける。わか（若）くさか（盛）りなりし時は、みめかたち人にすぐれて、心ばへなども優に、やさかりける女なり」と記されていた（『長門本平家物語』）。

かの女には、一人の娘があり、「左衛門尉わたる（渡）といふ」「一門」のものに嫁いでいた。ところが、ある機会に、かの娘を目にした盛遠が、横恋慕に及んだから堪らない。

恋の病にやつれはてた盛遠は、伯母のもとに訪れて、いきなり、その首に刀を差しあてた。そして、呼ばわった。「伯母なれども、盛遠をころ（殺）さんとし給へば、敵ぞかし、わたなべとう（渡辺党）のならひ（習）にて、一日なれども、敵を目にかけて置くことなし、頓て只今ころし申さむ」と。恐る恐る、聞きただしてみれば、恋が叶わず、死ぬような気持ちに陥っているのは、恋する娘の母親たるべき衣河殿の協力が得られないからだ。という。

そこで、衣河殿は、やむなく、娘に書状を遣わして、嫁ぎ先から呼び寄せて、盛遠に面会させることになった。

盛遠は、必死に口説く。想いが叶わなければ、娘も、盛遠も、そしてわたる（渡）も、命を失うことになろうといって、「おどし」にかかる。

あまりの脅迫ぶりに、娘は観念していう。承知しました。ただし、条件があります。夫のわたるをそのままにして置くわけにはまいりません。夫の寝所にまで忍びこんで、その首を掻き切ってくださいと。

その言葉に勇みをなした盛遠は、早速に、わたるの寝所に忍び込んで、その首を掻き切ることができた。けれども、意外や意外、その首は、わたるに扮した娘の首であった。

盛遠は、茫然自失。やがて、わたるのもとを訪れて、ことの次第を申し述べたうえに、みずからの首を差し出すことになった。

ところが、わたるは、盛遠の首を掻こうとはしない。それどころか、みずからの「本どり」（髻）を切り落として、出家の意志をあらわにした（法名は「渡阿弥陀仏」）。

それに応じて、盛遠も、衣河殿も、出家することになった（盛遠の法名は「盛阿弥陀仏」）。さらには「両方（盛遠・渡）の家人」にして、「あま（尼）、法師に成るもの、三十余人なり」とされるような情景がかたちづくられることになった。

そして、娘の首は、とりべ（鳥辺）山に送り葬られることになった。出家した衣河殿が、「往生のそくわい（素懐）」を遂げることができたのは、次の年の八月八日。生年四十五歳のことであった。

この悲劇的そのもののエピソードによれば、上西門院の武者所に奉仕する遠藤盛遠も、かれの「外戚のをば（伯母）」たるべき衣河殿も、さらには娘の夫たるべき「左衛門尉わたる（渡）」も、いずれも、「わたなべとう（渡辺党）」、ないしは同じ「一家の者ども」「一門」に属する人びとであった。

そのうち、衣河殿の娘について、『長門本平家物語』は触れていないが、同一系統の伝本たるべき『源平盛衰記』は、「あとま」「袈裟」と、その名を記している。また、『盛衰記』は、衣河殿について、「内戚の叔母」と記してもいる。けれども、エピソードの大筋においては、変わりがない。

それに対して、『延慶本平家物語』の系統では、「渡辺の遠藤武者盛遠とて、上西門院の武者所にに［て］」とする箇所には変わりがなけれども、衣河殿については「故三条さへき（佐伯）の頭」の後妻（尼）、同じく娘の夫については「鳥羽の刑部左衛門」「渡あみた仏」（法名）と記している。そのうえに、エピソードの大筋においても、盛遠が衣河殿や娘を脅迫する肝心の場面を欠いている。さらには衣河殿に相当する尼公が、盛遠の伯母であったとする、すなわち「わたなべとう（渡辺党）」「一家の者ども」「一門」に属する人物であったとする基本的な枠組みを踏み外して、渡辺党の人びとよりもワンランク上の身分（階層）に属する人物であったとする。など不自然かつ文学的な改変ぶりが目立っている。したがって、今回は谷口耕一「延慶本平家物語における文覚発心譚をめぐる諸問題」（『千葉大学日本文化論叢』二号、二〇〇一年）に学んで、本来的な系統たるべき『長門本』に依拠することにしたい。

それでは、早速に、かれらの人間関係について、具体的にはかれらの属した「渡辺党」（「一家の者ども」「一門」）の系図について、確かめてみることにしたい。

盛遠については、『続群書類従』に収められた「遠藤系図」によって、「滝口・判官」「後に文覚上人と号す」（原漢文）と記されていた。父の為長についても、「滝口・左馬允・内舎人」と。同じく、甥の長継についても、「隠岐院（後鳥羽上皇）の北面に伺候す」と記されている。

それによって、かれらが、天皇の側近くに詰めて（滝口・北面・内舎人）、武力をもって奉仕する人びとだったことが明らかである。概要については、略系図1を参照されたい。

それならば、盛遠が伯母に向かって、「わたなべとう（渡辺党）のならひ（習）にて、一日なれども、敵を目にかけて置くことなし」と言い放ったとしても、不思議でも、何でもない。さらには、盛遠が、鳥羽天皇の皇女にして後白河天皇の准母たるべき上西門院の武者所に奉仕していたとしても、不思議で

系図1（遠藤系図より）

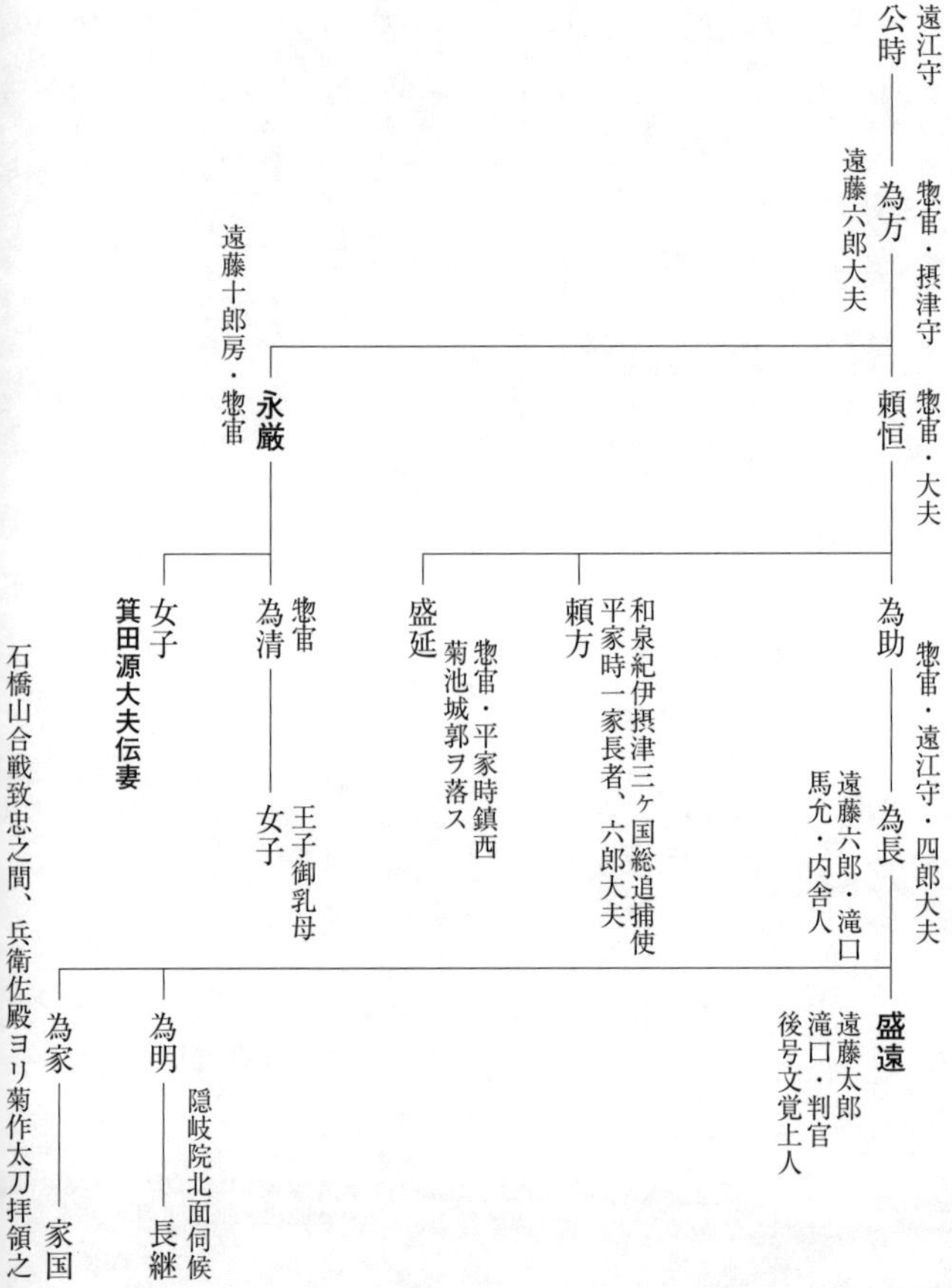
遠江守
公時
惣官・摂津守
為方
遠藤六郎大夫
惣官・大夫
頼恒
遠藤十郎房・惣官
永厳
惣官・遠江守・四郎大夫
為助
遠藤六郎・滝口
馬允・内舎人
為長
盛遠
遠藤太郎
滝口・判官
後号文覚上人
和泉紀伊摂津三ヶ国総追捕使
平家時一家長者、六郎大夫
頼方
盛延
惣官・平家時鎮西
菊池城郭ヲ落ス
惣官
為清
王子御乳母
女子
女子
箕田源大夫伝妻
為明
隠岐院北面伺候
長継
為家
家国
石橋山合戦致忠之間、兵衛佐殿ヨリ菊作太刀拝領之

系図2（堺善通寺蔵渡辺系図より）

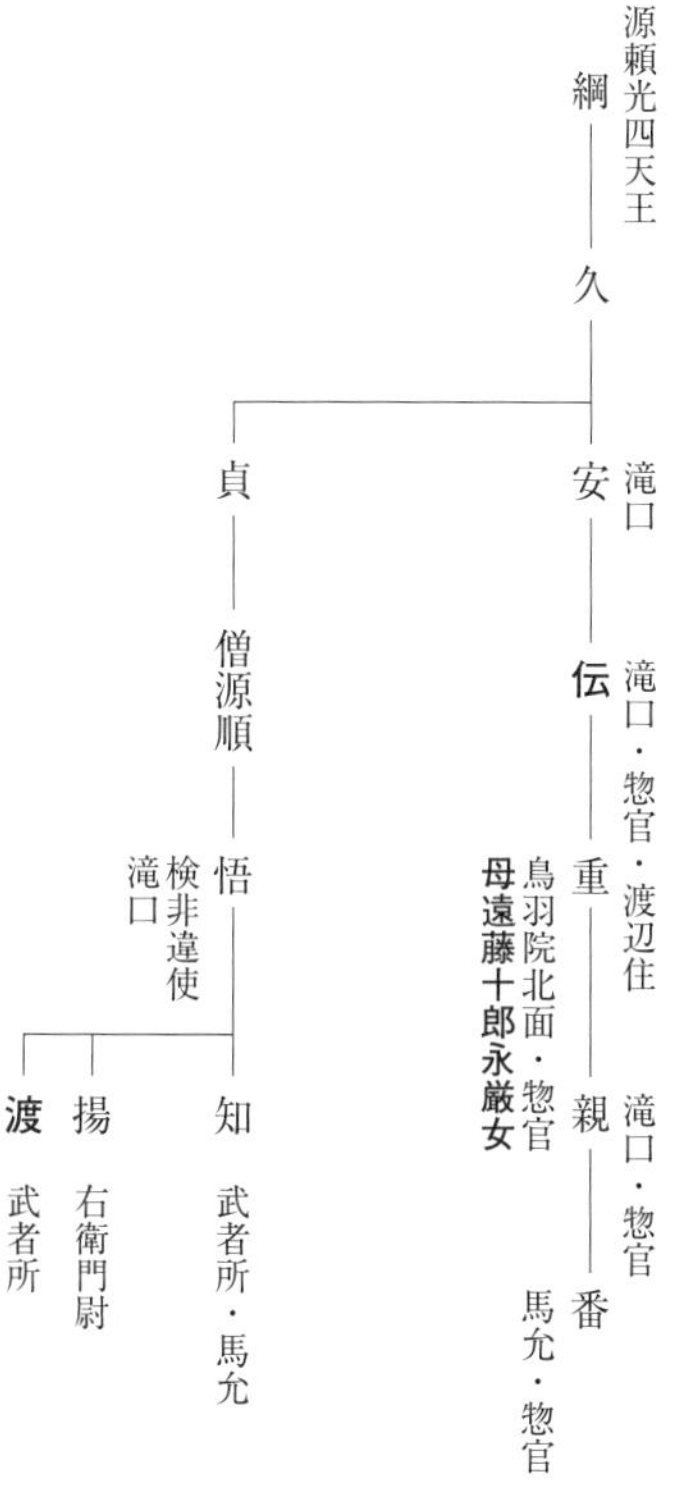

も、何でもない。

つぎに、渡については、大阪府立中之島図書館に収められる『堺善通寺蔵渡辺系図』によって、「武者所」と記されていた。父の悟《さとる》についても、「検非違使・滝口・左衛門尉」と。兄の知《しらる》についても、「武者所・馬允」と記されていた。同じく、惣領筋の重《かさぬ》についても、「鳥羽院北面・惣官・左衛門尉」と。その子の親《むつる》についても、「滝口・惣官・兵衛尉」と。その孫の番《つがう》についても、「馬允・惣官」と記されている。

なほ、義経に従った咎で捕らわれの身になっていた番が、文治五年奥州合戦への参陣を許され、奮戦した次第ついては、『古今著聞集』に記されて、広く知られている。入間田「白旗迎撃に築かれた背水の陣—奥州藤原氏と阿津賀志山の決戦—」、『風翔ける鎌倉武士』日本史の舞台三、集英社、一九八二年のほか、多くの研究者によって紹介されている通りである。

それによって、渡辺系図に登場する面々もまた、天皇の側近くに詰めて、武力をもって奉仕する人びとだったことが明らかである。概要については、略系図2を参照されたい。

海上交通の要衝たるべき渡辺の津（いまは大阪城天守閣を見上げる旧淀川左岸の辺り、すなわち摂津国一之宮坐摩《いかすり》神社の旧社地の辺り）に最初に勢力を拡張したのは、盛遠の先祖たるべき為方・永厳の父子のあたりだったらしい。かれらについて記された「摂津守」「渡辺惣官職の始めなり」の文字によってもそれと知られる（「遠藤系図」）。

それに対して、源頼光四天王の一人たるべき綱の系統が、渡辺に来住するようになったのは、その曾孫の伝のあたりだったらしい。具体的には、遠藤永厳の女子を娶ることによって、その伝統的な勢力を継承することに成功した伝《つたふ》のあたりだったらしい。永厳の女子について記された「箕田源大夫伝妻」（「遠藤系図」）、ないしは伝の息子、重について記された「母遠藤十郎永厳女」（「渡辺系図」）の文字に注目されたい。

さらには、渡辺の津を管轄すべき伝統的な職権が、公家側によって正式に認知され、「惣官」職の名をもって呼ばれるようになったのも、伝のあたりからだったらしい。そして、伝の世代以降は、「惣官」

の職掌は、その惣領の系統によって継承されることになったらしい。

伝について記された「源大夫、此時渡辺ニ居住、仍号渡辺源次、滝口・惣官」の文字、さらには息子の重について記された「鳥羽院ノ北面ニ被候、惣官」の文字によっても、それと知られる。ないしは、孫の親、曾孫の番らについて記された「滝口・兵衛尉・惣官」「馬允・惣官」の文字によっても、それと知られる（「渡辺系図」）。

したがって、「遠藤系図」において、為方・頼遠・為助らについて記された「惣官」の文字については、遠藤氏の側からする一方的な自己主張の所為であった。ということにならざるをえない。「惣官」の表記を用いている次第である。

いずれにしても、盛遠・渡のあたりには、遠藤氏の系統も、渡辺源氏の系統も、どちらもあわせて「渡辺党」に属する。ということになっていたことには間違いがない。たとえば、遠藤十郎永厳の娘が渡辺伝の妻となっていることからしても、さらには永厳の娘が生んだ重―親―番ほか、渡辺源氏の惣領の系統に連なる人名が、「遠藤系図」のなかに、しっかりと取り込まれていることからしても、おのずから明らかであろうか。ただし、衣河殿や娘の袈裟についての具体的な情報は、それらの系図からえることはできなかった。残念である。

そのような「渡辺党」の成り立ちについては、生駒孝臣『中世の畿内武士団と公武政権』（戎光祥出版、二〇一四年）によって詳しく解明されている。『堺善通寺蔵渡辺系図』についても、紹介かたがた、くわしく解説されている。その教えなくしては、小論をなしえなかった。記して、感謝を申しあげる。

あらためて振り返ってみるまでもない。盛遠や渡など、「渡辺党」の人びとは、渡辺の津を拠点とする在地武士団の一員でありながら、天皇家を始めとする権門勢家に近侍するために京都にも住まいする。という暮らしぶりによって、特徴づけられていた。

それは、武力をもって奉公の実をあげた男性ばかりではない。女性もまた、女房・乳母などとして、諸家に奉公していた。

たとえば、永厳（遠藤十郎房）の孫娘が、「王子御乳母」だったとしるされていることなどによっても（「遠藤系図」）、その一端が察知されるであろうか。

そのことは、衣河殿とて、例外ではない。「わか（若）くさか（盛）りなりし時は、みめかたち人にすぐれて、心ばへなど優にやさしかりける女なり」と記されるほどであっから（『長門本平家物語』）、諸家から誘いの手があったのに違いない。

『延慶本平家物語』に至っては、衣河殿に相当する尼公（「故三条さへき（佐伯）の頭」の後妻）みずからに、「我身、昔は諸宮・諸院を経廻して、好色・遊宴の方々、さりとも多くこそ見知り給らめ」。「我身、今はすたれものなれとも、昔承りし人のみおわすれ、遠国までは叶わずとも、洛中にては、いつれの御方なりとも、又六はら（波羅）の人共の姫共なりとも、かゝる嘆きする者あり、助け給へと申さむに、なしかは叶わて有へき」と語らしめている。

いずれも、恋の病を患っている盛遠を元気づけるべく、その相手が自分の娘とは知らないままに、どちらの姫君でも、仲を取り持ってやろうぞ。とする自信満々の発言である。そのなかで、「諸宮・諸院を経廻して」とあるのは、権門勢家の奉公を重ねている。ということにほかならない。だからこそ、かの女の知名度は洛中に高く、「好色・遊宴の方々、さりとも多くこそ見知り給らめ」、「昔承りし人のみおわすれ」ということになっているのである。だからこそ、どちらの姫共でも、仲立してやろうぞ。とする自信になるのである。

小林美和「中世文芸と地域伝承―文覚発心の物語をめぐって―」（『帝塚山大学短期大学部紀要』四一号、二〇〇四年）は、「好色遊宴」云々とあるところから、「母尼公の前身は、京中の権門貴紳を経廻する遊芸の徒であったことが推測される」と記している。けれども、「故三条さへき（佐伯）の頭」の後妻として、旧宅に暮らし続けているような人物が、そのような浮草のような存在であったとは考えられない。

それに対して、名波弘彰「延慶本平家物語における文覚発心説話―地下官人社会における母娘の悲劇―」（『文芸言語研究・文芸編』三一巻、一九九七年）には、かの女は「親王家や女院家に宮仕えした経験のある女房であったらしい。その経歴からしても、上層の貴族社会にあって、〈色好み〉の貴顕たちと接した経験をもっている」と記している。そのうえに、上西門院と遠藤渡辺家の主従関係の成り立ちについても、踏み込んで解明に及んでいて、有益である。ただし、名波論文は、『延慶本』の方が、『長門本』『盛衰記』よりも優れているとする立場に貫かれているので、ご用心である。

名波氏によって記されているように、『延慶本平家物語』によって描き出された尼公の人物像は、「親王家や女院家に宮仕えした経験のある女房であったらしい」。とするならば、その人物像がかたちづくられる原型になっている、『長門本』における衣河殿その人についても、「親王家や女院家に宮仕えした経験のある女房」というようなイメージが具えられていたのではあるまいか。すなわち、そのような衣河殿のイメージがあったればこそ、それをより一層に拡張するために、尼公の前身を「故三条さへき（佐伯）の頭」の妻とするような文学的な改変に、『延慶本』は及ぶことになったのではあるまいか。

いずれにしても、『長門本』において、盛遠の伯母たるべき老女が、「衣河殿」の敬称をもって奉られていたのは、然るべき女院などのもとに奉公する女房などとして、奥州衣河にまで赴任してきていた。そのような前歴によるものだったことには疑いを容れない。すなわち、「事の便り有るに依て、昔は奥州の衣河にぞ住しける。是に依て、一家の者ども、衣河殿とぞ申しける」（『長門本』）と記されている背景には、そのようなかの女の前歴があったことには疑いを容れない。

振り返ってみれば、衣川北岸の辺りには、基成や義経の「迎賓館」が存在していた。後白河法皇の皇女たるべき「姫宮」が住まいしていたのも、その辺りであったらしい。それならば、同じく、然るべき女院などが、その辺りに住まいしていたとしても、不思議でも、何でもない。さらには、その女房として、衣河殿のような人物が赴任してきていたとしても、不思議でも、何でもない。

ただし、白河法皇の皇女たるべき「姫宮」が、その然るべき女院などにあたる可能性はない。なぜならば、その然るべき女院などに奉公した衣河殿は、文治五年奥州合戦を遙かに遡る時期に、すなわち文覚発心時には、帰京・引退していたからである。

すなわち、「衣河殿」のネーミングそのものが、衣川の辺りにあった高貴の人びとの「迎賓館」を想起させずにはいられない。そのような事情にあったことには間違いがない。

むすびにかえて

衣川北岸の現地において、「袈裟女」の悲劇が物語られることになったのは、一八八八年（明治二一）、高平真藤『平泉志』（一八八八年）によるものであった。けれども、それは、『源平盛衰記』からの抜粋の域を出るものではなかった。

それに対して、同じころに公刊され千葉孫左衛門『衣川の古蹟』（一八八七年、『衣川村史』Ⅲ資料編二、一九八八年より）には、『盛衰記』の抜粋にあわせて、字富田の地を取り上げて、「衣川老嫗宅址」なり、すなわちかの女が「衣川に下りし時の宅址」なり。と記している。

そして、一八九五（明治二八）を過ぎる辺りには、梅尾禅牛『衣川誌』（『衣川村史』Ⅲより）によっても、「衣川老嫗宅址」（字富田）説が踏襲されている。そのうえに、「現今は、井戸のみ残れり」とする記載がつけ加えられている。さらには、盛遠の末孫たるべき遠藤氏の屋敷が、伊達家臣として、「僅か半丁ばかり隔って」設営されていたことに注意が向けられて、「是不思議なる因縁、奇絶なるべし」とする記載がつけ加えられてもいた。

あれや、これやで、衣川北岸における「袈裟女」の物語は、『盛衰記』の受容によって、さらには伊達家臣遠藤氏の居宅が近所に設営されていたことを奇貨として、明治年間にかたちづくられた。そのことに間違いがない。

すなわち、地元に伝わる「袈裟女」の伝承が、中世にまで遡る確証はない。歴史的な根拠はない。といわざるをえない。残念である。けれども、そこまでして、郷土の歴史を顕彰しようとする先人たちのがんばりには、親近感のようなものを覚えること。なきにしもあらず。

そういえば、接待館遺跡のこともあった。発掘・調査によって、柳之御所遺跡に次ぐような大量のかわらけや二重の堀跡が検出された例の遺跡である。問題は、そのネーミングにある。地元では、「ここを居館とした藤原秀衡の母が、仏法への帰依が深く、慈善事業として、往来する旅人を接待したり、施しを与えたので、接待館と呼ばれた」、と伝承されている。

それが中世にまで遡る伝承なりとする確証はない。けれども、安永六年（一七七七）に書きだされた『風土記』（下衣川村、『宮城県史』二八巻）には、「接待　一セツタヤ館　南北三拾一間／東西六拾間　秀衡朝臣御母公居館之由、申伝候、当時畑ニ罷成候事」と記されていた。あわせて、「接待屋敷」の地名が、記されてもいた。そのうえに、『衣川の古蹟』には、「接待館跡」について、「藤原秀衡の母堂、慈善のため、往来の人に接待せし所なり」。と記されていた。そして『衣川誌』にも、「往古、衣の関の跡にして、后年、秀衡朝臣の母公が、居館を構えり、又一説に、藤原朝臣三衡には、仏法に帰依するを以て、母公も、其意に随い（中略）、夫々の施物を、往来する行人へ与えて施せし所なり」と記されていた。

どうやら、こちらの方が、「袈裟女」の伝承よりも、筋がいいようだ。少なくとも、「接待」の地名については、近世にまで遡る由緒があった。ということができそうである。

もしかすると、この辺りに、平泉を訪れる賓客を接待する（もてなす）施設が、すなわち「迎賓館」が設営されていたとするような中世以来の記憶が、かすかなれども、残存していて、その反映として、このような伝承がかたちづくられていた。と想定することができるならば、これほどに、おもしろいことはない。

ただし、「接待」の地名には、巡礼者などを接待する中国伝来かつ中世以来の慣行が反映していることも少なくないので（有馬嗣郎「入宋僧と接待所について―入宋僧心地覚心と紀伊歓喜寺―」『印度学仏教学研究』四八巻二号、二〇〇〇年ほか）、ご用心である。注意しながら、見守りをつづけることにしたい。

さらにいえば、毛越寺に伝えられる延年舞のハイライトたるべき「勅使舞」（京殿舞）には、毛越寺の落慶供養にさいして派遣されてきた「勅使」「左少弁富任朝臣」が、数年の間、逗留していた場所が、「衣川」だったと想わせる台詞がふくまれていた。

すなわち、勅使富任の従者たるべき「有吉《ありよし》」が、京都の近況をうかがいに遣わされて帰ってくる道筋として、「都を出デ海道ヲ遥々ト日数経テ、東ノ旅ニも成ヌレバ、恋ヲ信夫ノ摺衣、松山越テ衣川」とあって、富任の逗留先とおぼしき衣川に、ようようにして帰着した次第があらわされていた（本田安次「平泉毛越寺の延年」、同著作集『日本の伝統芸能』一五巻、舞楽・延年Ⅰ、一九九八年）。

毛越寺の延年には、中世にまで遡る伝統が存していた。どちらかといえば、こちらの方にこそ、衣川北岸における「迎賓館」に関わる中世以来の記憶が、かすかなれども、残されているのではあるまいか。

§コメント§

小論は、平泉の姫宮と衣河殿という二人の謎の女性について、主として京・鎌倉方面における言説に即して、あわせて現地の実情を勘案することによって、それなりにトレースすることをめざしたものである。その意味では、本書の掲げる目的には、必ずしも、合致していないのかもしれない。

けれども、平泉に関わる京・鎌倉方面の言説には、一筋縄にはいかないものがあった。すなわち、平泉は、「エミシの王」「謀反人」「流人」などの居住地だったとする反面において、天皇家や公家に連なる高貴の人々が、さらには然るべき高僧が留住するに相応しい特別の場所だったとするような言説が存在してもいた。現実にも、その裏づけとなるような事象には事欠かない。さらには、現地においても、それなりの受け止めが伝説のかたちにて残されてもいた。

そのような平泉に関わる多様かつ都鄙にわたる言説の一環として、その二人の謎の女性の物語は存在していたのである。とするならば、それらの物語は、本書の成り立ちにとっても、それなりの意味あり。ということになるのではあるまいか。

なほ、小論の初出における注記は、本文の末尾に一括して掲載するかたちをとっていた。それに対して、今回は、本文における該当部分に落とし込んで掲載するかたちになっている。他章のスタイルに準じたままのことである。

V　北方海域における境界儀礼と在地信仰の風景

一二章　人魚供養札の背景に

人魚の供養札は、境界儀礼の産物だった

八郎潟の東岸、大河《おおかわ》（いまは馬場目川《はばのめ》）が流入する辺りに位置していた洲崎《すざき》集落の遺跡では、一九九九年に、「人魚供養札《ふだ》」（木簡）が出土して、大きな話題になっている。その調査報告書『洲崎遺跡』（秋田県教育委員会、二〇〇〇年三月）が公刊されている。それによって、あらましを紹介したい。

そのうえに、調査チームの取り仕切りに当たった高橋学氏の執筆になる、「発掘された中世の街道・古道―秋田県洲崎遺跡の事例を中心に―」（伊藤清郎ほか編『中世出羽の領主と城館』高志書院、二〇〇二年）、「井川町洲崎遺跡とは何か―洲崎遺跡に見る中世出羽北半分の一様相―」（『秋田県埋蔵文化財センター研究紀要』一六号、二〇〇二年）も公表されている。それらも、随時、参照しながら、ということにしたい。

一三世紀後半に記されたと見られる木札の表面には、手足を縛られた人魚の姿が描かれている。その前には、茶碗と折敷《おしき》が置かれている。末期の水を供えたものであろうか。後ろには、長い数珠を手にし、高下駄を履いた僧侶の立ち姿が描かれている。

そして、左右の余白には墨書にて、「アラ、ツタナヤ、弖（テ）ウチ、〱ニ、トテ候、そわ可（か）」と記されている。

その文字の読み取りに当たっては、送付された写真によって、自分なりの意見を求められることがあった。そのために、周囲の研究者に教えを乞い、たとえば、「弖（テ）ウチ」について大平聡氏に教えられるなどして、調査チームに書き送ることがあった。報告書の読みに、それを生かしていただいている。まことに、ありがたいことである。

その文字列の意味するところは、「あら、きたならしい、手討ちにしてしまえということだ。そわか」。ということであったろうか。「ツタナシ」は、「キタナシ」（汚し）に近い意味で用いられていた。たとえば、『今昔物語集』には、「古ク、ツタナキ衣ヲ着テ」と記されていた（巻九ノ一六）。大野晋ほか『岩波古語辞典』（一九七四年）に紹介されている通りである。「そわか」が、経文や陀羅尼・呪文の末尾に常用される梵語で、「功徳あれ」「成就あれ」などを意味することは、周知の通りである。

それなのに、報告書では、「あらかわいそう（だけれども）、殺してしまえ　そわ可」とする解釈が採用されている。だが、「ツタナシ」を「かわいそう」と解釈する用例には乏しい。それでは、人魚を手討ちにする理由が判然としがたい。したがって、疑問とせざるをえない。

そのうえに、報告書には、「アラ、ツタナヤ、ミウチ、人ニトテ候、そわ可」とする読み取りが併記されていて、「とてもかわいそう　同じ人間なのに、こんなに縛られてしまって　そわ可」とする解釈が提示されている。だが、「ツタナシ」を「かわいそう」と解釈には、前記の通り、従いがたい。「ミウチ、人ニトテ候」とする読み取りには、字形からして従いがたい。かりに、その読み取りが成立したとしても、「同じ人間なのに」と解釈することには無理がある。

あれや、これやで、人魚が手討ちにされたのは、「アラ、ツタナヤ」、すなわち汚《きたな》らしい、汚《けが》らわしい、という理由からであった。ということにならざるをえない。

それでは、何故、人魚は、汚らしい、汚らわしい、という理由で、手討ちにされなければならなかったのであろうか。そのうえに、洲崎遺跡は、大河に近く、明らかに、北方世界との境界領域に属していた。そのことは、人魚が手討ちにされたことに、いかに関連していたのであろうか。

報告書では、「中世期の人魚は不吉なものとして捉えられていたようである」と記したうえで、平安後期に始まり鎌倉から室町期にかけて数多く描かれた『聖徳太子絵伝』における人魚登場の場面が紹介されている。信仰の造形的表現研究委員会編『真宗重宝聚英』巻七（同朋社、一九八九年）によるものである。

そこには、摂津国から献上された人魚を、太子が屋内から見ている様子が描かれている。報告書では、その人魚の姿から、「アザラシ、アシカなどの鰭脚類を誤認した可能性が強い」とする判断が導き出されている。確かに、その通りである。

だが、その絵だけでは、太子の周辺が、その人魚に対して、どのような印象を抱き、どのような処置を講ずるに至ったのか。必ずしも、分明ではない。

それらの疑問に応えるためには、絵伝が描かれる土台になった文字史料に当たらなければならない。

すなわち、中世に記された数多くの太子伝に当たらなければならない。

たとえば、『聖徳太子伝暦』には、太子四十八歳、推古天皇廿七年（六一九）、夏四月に、摂津国から献上された人魚を見て、「太子悪之」、すわわち太子が悪（にく）んだことが記されていた。そのうえで、「これ、禍（わざわい）の初めなり」と言って、早く捨て去るべしと命じたことが記されていた。

それればかりではない。同年の春正月にも、「如人非人、如魚非魚」、すなわち人魚のような物体が蒲生河で発見されたことが、近江国司によって言上された。それに対して、太子が、「禍は、之に始まる」、「これ、国の禍なり」、と語ったことが記されていた。

同じく、『聖徳太子伝記』にも、太子四十八歳、春正月に、「如人非人、如魚非魚」、「有四ノ手足於一身、備多ノ畜類之躰」、すなわち人魚のような物体を、近江国司が献上したことが記されていた。そのうえで、太子が、「これ、いわゆる五色の人魚なり」、「堯季末世には、かくのごとき異形・不思議の物、化現して、滅仁失賢の恠（怪）を示す」、「早々に、城の外に払失うべし」と語ったこと記されていた。

結局、人魚は、近江の湖水に放たれたと記されていた。そのうえで、「これ、太子入滅・衰相の始まり」と、総括的に記されていた。さらには、これより以降、凶兆が相ついで、たとえば、諸国の池水が血や紺の色に変わり、大小の魚鱉等が死んだことが記されていた。

『聖徳太子伝暦』は一〇世紀頃の成立。中世に流布した多くの太子伝の原型をかたちづくった本である。「後世への影響が甚大」とされる所以である。『聖徳太子伝記』は、鎌倉後期、文保二年（一三一八）頃の成立とされる。『伝暦』の増補版とも称すべきものである。それらの『絵伝』の土台をかたちづくる諸本において、共通して、人魚が凶兆として認識され追放されたことが記されていた。まず、もって、それに、注目しなければならない。なお、それらの諸本については、藤原猶雪『聖徳太子全集』三巻（龍吟社、一九四四年）を参照することがあった。

ただし、『日本書紀』推古天皇廿七年夏四月には、「近江国言、於蒲生河、有物、其形如人」と記されていた。同じく、秋七月には、「摂津国有漁父、沈罟（網）於堀江、有物入罟、其形如児、非魚非人、不知所名」と記されていた。

そのような言説レベルにおける事例ばかりではない。鎌倉期には、実際に、幕府によって、人魚出現の怪異が取り沙汰されたことが記録されている。

宝治元年（一二四七）、夏五月には、「陸奥国津軽海辺」に「大魚」が流れ寄ったことが報告されている。その形は、偏に、「死人の如し」とある。先日、鎌倉由比ガ浜の海水が赤変したのは、この魚が死んだことによるものであったかとも記されている。その証拠に、奥州海浦の波涛も、同時期に紅に変化したことも記されている。

早速に、古老に尋ねたところ、「先規不快」の由が、返答されてきた。すなわち、文治五年（一一八九）には、この魚が夏に出現して、秋に泰衡誅罰の戦争になった。建仁三年（一二〇三）には、同じく、秋に比企氏が滅ぼされ、将軍頼家が失脚させられた。建保元年（一二一三）には、四月に出現して、五月に和田合戦が勃発した。という先例が挙げられたうえで、「殆ど、世の御大事なり」とする返答がもたらされた（『吾妻鏡』当年五月廿九日条）。

確かに、その通りであった。今回の人魚出現は、まさしく、翌月に勃発した宝治合戦（三浦氏滅亡）を告げる予兆になったのである。

それだけではない。翌年冬十一月にも、「津軽海辺」に、「人状のごとき」大魚の死体が浮かんだことが、陸奥国留守所によって報告されている。それ以前に風聞が鎌倉に達して、真偽の報告を求められたことによるものである。留守所の報告が遅れたのは、「吉事にあらざる」によって、ためらいの気持が生じたためであった。その正式報告を受けて、鎌倉では、早速に、大般若経の「信（真）読会」が大々的に繰り広げられることになった。（同当年当月十五日、十二月廿四日、閏十二月十二日条）。宝治合戦の記憶さめやらない時節にあって、人魚出現の情報に過敏になっていた幕府関係者のありさまが察知される。

報告書では、『吾妻鏡』にはあらず、近世の編纂になる『北条五代記』の記事が紹介されている。しかし、前者の記事には、後者のそれに比肩するほどの信頼度が具えられていない。すなわち、後者のそれをアレンジした域をでるものではない。

『聖徳太子伝暦』ほかに示された人魚出現を凶兆と見做す列島規模における言説の広がりが、幕府関係者の心意をも捉えていたということであったろうか。人魚の出現と海水の赤変をリンクさせる発想などは、その端的なあらわれだったということであろうか。

それにしても、「津軽海辺」における人魚出現が、何故に、それほどまでに重大視されることがあったのか。その解答は、大石直正氏の論文、「外が浜・夷島考」（関晃先生還暦記念『日本古代史研究』吉川弘文館、一九八〇年、のちに大石『中世北方の政治と社会』校倉書房二〇一〇年に再録）によって自ずからにして明らかである。すなわち、日本六十余州にわたる軍事指揮権を根幹とする鎌倉幕府にとって、ないしは「東夷成敗」をもって自任する幕府にとって、その一方の境界をかたちづくる外が浜における安寧の確保は、その存立に関わる重大な使命であった。逆にいえば、外が浜における安寧が人魚出現によって脅かされることは、日本六十余州を、延いては幕府の威信を揺るがす不安定要因にならざるをえない。だからこそ、外が浜＝津軽海辺における人魚出現の情報に、幕府関係者は過敏にならざるをえない。そのようなことになっていたのである。

外が浜は、犯罪人や異形の馬、さらには疫神に至るまで、「悪しきもの」を国外に追放する境界線であった。逆にいえば、国内に侵入しようとする「悪しきもの」を阻止する境界線でもあった。言い換えれば、外が浜には、「悪しきもの」の出入りをめぐる厳しい緊張感が不断に持続させられずにはいられない。そのようなことにもなっていたのである。これまた、大石論文に指摘されている通りである。

とするならば、同じく、北の境界をかたちづくる出羽国八郎潟大河の辺りにおいても、外が浜＝津軽海辺に同じく、「悪しきもの」の出入りをめぐる厳しい緊張感が、分けても人魚出現に対する警戒感が、漂っていたとしても、不思議ではない。

洲崎遺跡から出土の人魚供養札に、「アラ、ツタナヤ」といって、「弖（テ）ウチ」（手討）にせよと命じられた文言が書きつけられていたのは、その端的なあらわれだったのではないか。人魚を手討にして供養することによって、なんとしても、鎮護国家の役割を果たそうとする強烈な意識のあらわれだったのではないか。「アラ、ツタナヤ」の文言に、汚らしい、汚らわしい、すなわち「悪しきもの」に通ずる意味あいを読み取ろうとした所以である。報告書のように、「かわいそう」と読み取ったのでは、その肝心の所が落ちてしまうのではないか。

それにしても、手討にせよとは、穏やかではない。『聖徳太子伝暦』ほかには、人魚を追放せよ、捨て去るべし、との言葉が見えていた。それなのに、手討にせよ、という言葉にエスカレートしているのは、北の境界領域における「悪しきもの」を警戒する緊張感が、それほどまでに高まっていたということであったろうか。それとも、武家による統治に本来的に具えられた過酷さのあらわれということであったろうか。

いずれにしても、古くから北の境界領域をかたちづくる大河の辺りならではの儀礼だった。そのようにいわざるをえない。

小峯和明「未来記の射程」（同『予言文学の語る中世―聖徳太子未来記と野馬台詩―』Ⅱ一章、吉川弘文館、二〇一九年）には、「聖徳太子未来記」における「外敵への潜在的な脅威や畏怖」に関わる言説が、承久の乱を経過して、蒙古襲来の危機を迎えるあたりには、「より国家的な規模に拡大されて権力闘争や内乱をめぐる未来記にまで成長する」。その飛躍的な展開のプロセスが跡づけられていた。

けれども、「津軽海辺」における二度にわたる「人状の如き」「死人の如」き大魚の出現を「先規不快」「吉事にあら」ずと受け止めたうえで大般若経の「信（真）読会」を催すような言動は、ならびに八郎潟東岸における「人魚」出現を「アラ、ツタナヤ」といって「弖（テ）ウチ」（手討）にせよと命じるような言動は、いずれについても、「聖徳太子未来記」の射程が、鎌倉方面のみにはあらず、北方の海辺にまで達していたことをあらわにしていた。

そういえば、相原友直『平泉雑記』五巻(安永二年・一七七三、『平泉町史』資料二)には、「津軽ノ人魚」の項目にて、宝治元年、津軽海辺における人魚出現の怪異記事にあわせて、「貝原翁(益軒)ノ大和本草ニ人魚ノコトヲ載ス」として、益軒の考察を紹介している。すなわち、聖徳太子四十八歳、推古天皇廿七年(六一九)、摂津国における人魚出現の記事(『日本書紀』秋七月)について、「今按、此魚本邦所々稀ニ有之、亦人魚ノ類ナルヘシト云リ」とする、その考察を紹介している。

さらには、近世にも、外ヶ浜における人魚出現の怪異あり。として、「又松島天嶺《てんれい》和尚幼少ノ時、人魚ヲ見ル、外ヶ濱ノ漁人、網ニテ取タルヲ把(トラ)へ来ル、食物本草ニ引ル處ノ徂異記ニ書ル所ト些(スコシ)ノ差(タカヒ)無シ、両ノ肘(ヒシ)ノ後、紅鬣(ヒレ)長一尺有餘ナルアリ、両手ナシ、鬢(ビン)髪赤黄、面色青黒ナリ、女児ノ如シ、男子ニハアラス、其年頃十二三ハカリ、言語セズ、著ス處ノ燕南記譚ニ記ス」と記している。

『燕南記譚』(享保十二年・一七二七、木版和装、宮城県図書館蔵本、ただしマイクロ・フィルム版にて閲覧)は、松島瑞巌寺住持百五世天嶺性空禅師の編輯になる。前集・後集あわせて六巻。そのうち前集三巻に、「人魚」の項目が収められている。その記事内容は、『平泉雑記』の紹介に違うところがない。ただし、「外ヶ濱ノ漁人」については、「東国邊塞外濱漁人」と記されていた。

天嶺禅師は、仙台藩士伊東家の出身。してみれば、かれが「小少ノ時」に、「人魚」を目撃したというのは、仙台城下におけるできごとだったのではあるまいか。

いずれにしても、近世期においてさえも、「東国邊塞外濱」方面における「人魚」出現の怪異が取り沙汰される雰囲気が残存していた。そのことに、間違いはない。

八郎潟に注ぐ大河の辺りは南・北の交易を媒介する境界領域だった

八郎潟東岸は大河の辺りでは、鎌倉時代に入る辺りから、舟運が発達し、南北の交易が活況を呈し、賑わいの光景がかたちづくられていた。そのことが、最近の発掘・調査によって浮き彫りにされ、研究者の興味を引きつけるようになっている。

たとえば、塩谷順耳氏ほかによって編纂された『秋田県の歴史』(山川出版社、二〇〇一年)には、八郎潟の舟運に関連づけて、琴丘《ことおか》町鯉川《こいかわ》字堂ノ下の巨大な製鉄・溶解炉跡、ならびに井川町洲崎の商業的機能を強く帯びた武家屋敷跡に関わる発掘・調査の成果が紹介されている。そのうえで、「鉄製品や交易・交流にも従事する多角的性格を持った地域に成長していた」。ないしは「陸上・湖上交通に便利であるため、日本海海運の隆盛に併行して」、「いっそう商業的機能を強め」た。などの指摘が連ねられている。さらには、この辺りに、際立って板碑が集中することを、舟運の盛行などに関連づける指摘も行われている。

そのような境界領域としての位置づけは、中世に入ってから始まったものではない。平安時代に溯って、『和名類聚抄』が編纂された一〇世紀前半の頃には、そのような位置づけが鮮明に立ちあらわれていた。

すなわち、『和名類聚抄』では、この辺りが出羽国秋田郡率浦《いそうら》郷と記されて、日本海側に属する国・郡・郷のなかで、最北端のそれとして位置づけられていたのである。

これより北方に横たわる広大な山野河海には、ないしは米代川や岩木川によって形成された広大な沖積平野には、国・郡・郷の統治システムが導入されることがなかったのである。これより北方の世界が、古代日本国の外側として、いいかえれば蝦夷の地として認識されることになった所以である。すなわち、この辺りは、古代日本国を画する北の境界領域に当たっていたのである。

具体的には、この辺りを流れる最大の河川、大河（いまは馬場目川）が、古代日本国の北境としての役割を果たしていたらしい。それより北方の広大なエリアは、河北《かわきた》とよばれて、蝦夷の地として取り扱われていたらしい。

ほかでもない。人魚供養札が出土した洲崎遺跡は、その大河の南岸近くに位置していたのである。あの大河兼任の本拠地とされる五城目町大川も、ほど近い。

元慶の乱（八七八年）にさいして、蝦夷勢力の地盤をかたちづくった「秋田城下賊地」の十二村の内、大河より北方に広がる河北・野代の村々は、『和名類聚抄』が編纂された一〇世紀前半に至るも、日本国の統治下に組み入れられることなく、蝦夷の地のままに留め置かれていた。それほどまでに、蝦夷の抵抗が根強かったということであろうか。角川地名大辞典『秋田県』（一九八〇年）によって指摘されている通りである（「かわきたのむら」を参照のこと）。

それに対して、大河より南方に位置する大河村を始めとする五村は、日本国の統治下に組み入れられて、郡・郷のシステムが施行されることになった。すなわち、大河村が『和名類聚抄』における秋田郡率浦郷に組み入れられる、などのことになった。これまた、角川地名大辞典『秋田県』によって指摘されている通りである（「いそうらのごう」「あきたぐん」）。

ただし、その指摘には、秋田郡率浦郷の北境が、大河にはあらず、やや北寄りの山並だとする、すなわち三倉鼻─高岳山─森山のラインだとする推測が含まれていて、混乱した印象を与えている。大河がかたちづくる湖岸の平場を一体として把握した上で、その北限をかたちづくる山並をもって、郡境＝郷境だとする推測であり、説得力に不足はない。だが、河北・野代の村々に関する指摘に即して考えれば、どうしても、大河が郡境＝郷境だったとすることにならざるをえない。そういえば、陸奥国側においても、古代日本国内通常の郡郷を限る北境が、衣川のラインに設定されていた。山のラインか、川のラインか。難しいところだが、今回は、とりあえず、川のラインを重視するということにさせていただきたい。

いずれにしても、八郎潟東岸、秋田郡率浦郷、具体的には大河の辺りが、古代日本国の北境をかたちづくっていた。それを否定することはできない。

ところが、中世には、河北・野代村のあった広大なエリアは、河北郡《かほく》とよばれて、一括した取り扱いを受けていたことが知られる。すなわち、大河より北方に横たわる広大なエリアは、河北郡に組み入れられて、出羽国における最北の領域をかたちづくっていたことが知られる。ときには、檜山郡とよばれることもあったらしい。またまた、角川地名大辞典『秋田県』によって指摘されている通りである(「かわきたのむら」「ひやまぐん」「やまもとぐん」)。

遠藤巌「米代川流域の中世社会」(『秋田県埋蔵文化財センター研究紀要』九号、一九九四年三月)には、河北郡が出羽国の所管として建置されることになった経緯や、陸奥国との境界線に関して、相当に踏み込んだ考察が展開されている。同じく、遠藤「文献にみる檜山城」(『檜山城と檜山城跡』能代市文化財調査報告書八集、二〇〇四年三月)にも、河北郡が、米代川を境に南北の領域に二分され、そのために「合浦《がっぽ》」の別称がかたちづくられたことなどが指摘されている。そのうえに、二〇〇〇年九月、青森県深浦町で開催された画期的なシンポジウムにおける森山嘉蔵氏の発言もあった。河北郡は、八郎潟に注ぐ馬場目川から北のほうを指すと。森山「中世深浦と葛西木庭袋氏」(村井章介ほか編『北の環日本海世界—書きかえられる津軽安藤氏—』山川出版社、二〇〇二年)を参照されたい。

この河北郡については、中世後期の記録類に登場することが多いことから、正規の郡たるを疑う意見がないでもない。だが、中世前期、大河兼任《かねとう》の乱が開始されて間もなくに、「河北秋田城等」の地名があげられて、最初に兼任軍の掌握下に組み入れられたであろうことが示唆されている。すなわち、雄物川から米代川に至る日本海岸沿いの一帯が、兼任軍の掌握下に組み入れられたであろうことが示唆されている(『吾妻鏡』文治六年正月六日条)。これをもってしても、秋田城の在郡(秋田郡)に比肩すべき河北郡の存在感が察知されるであろうか。遠藤「文献にみる檜山城」(前掲)でも、注意されている通りである。遠藤論文には、そのほかにも、確実な古文書に登場する河北郡の事例が紹介されていて、興味深い。

念のために一言すれば、「河北秋田城等」の地名を、河北の秋田城と読んで、すなわち雄物川北岸の秋田城と読んで、河北郡の存在感を薄めようとする試みは成立しがたい。『吾妻鏡』ほか、当時における文書・記録類に馴れ親しんだ者にとっては、河北・秋田城の両地名を併記する以外に、このような表記が用いられるというなどとは、とても考えられないことである。

さらにいえば、陸奥・出羽両国における津軽海峡に至る全域に、国家的な意志によって、建置された郡が分布しているという状態のなかで、河北・野代村のあったエリアだけに、郡が建置されることがなく、日本国の通常の統治下に置かれなかった。というようなことが、ありえるであろうか。とても、考えられない。


振り返ってみれば、陸奥・出羽両国における津軽海峡に至る全域に、国家的な意志によって、郡が建置されるという状態が達成されたのは、延久二年（一〇七〇）北奥合戦が終了して一〇年ほどを経た辺りであった。すなわち、津軽平賀・津軽鼻和・津軽田舎・鹿角・比内など、北奥諸郡が建置されたのは、合戦が終了して、日本国による占領軍政から通常統治への切り替えが図られた承暦四年（一〇八〇）の辺りであった。入間田「延久二年北奥合戦と諸郡の建置」（『東北アジア研究』一号、一九九六年。のちに入間田『北日本中世社会史論』吉川弘文館、二〇〇五年に再録）に指摘している通りである。河北・野代村のあったエリアに河北郡が建置されたのも、それに即応してということだったに違いない。

ただし、北奥諸郡が建置された時期に関しては、遅れて、平泉藤原氏初代清衡の一二世紀初頭になるとする遠藤巌「米代川中流域の中世社会」（前掲）、「延久元〜二年の蝦夷合戦について」（『宮城歴史科学研究』四五号、一九九八年）による指摘があった。さらには、平泉藤原氏三代は一二世紀の全体のなかで、北奥諸郡が順次に建置された可能性ありとする大石直正「奥州藤原氏の北奥開発」（『六軒丁中世史研究』五号、一九九七年。のちに大石『奥州藤原氏の時代』Ⅱ二章、吉川弘文館、二〇〇一年に再録）による指摘があった。したがって、北奥諸郡が建置された時期に関しては、厳密には特定しがたいという現状にある。だが、いずれにしても、平泉藤原氏が滅亡して、鎌倉幕府による統治が開始される辺りには、北奥諸郡の建置は完了していた。それに即応して、河北郡の建置も完了していた。とする共通認識が成立していることには変わりがない。

だからといって、大河の辺りにおける南北の境界領域としての色彩が希薄になったかといえば、決して、そうではない。河北郡が建置された後においても、南北の地域差は解消されることがなく、南北の交易もまた、断絶されることがなかったのである。それどころか、日本海海運にリンクするかたちで発展しつつあった八郎潟舟運によって、南北交易を媒介する境界領域としての色彩は、ますます濃厚になったとさえ、指摘することができるのである。

大河次郎兼任の乱を見直す

大河次郎兼任の権力は、そのような南北の境界領域における特有の政治的・経済的環境に即応することによって、わけても交易の発展に関与することによってもたらされたものに違いない。『秋田県の歴史』（前掲）ほかによって指摘されている通りである。

その意味では、衣川の境界領域に形成された安倍氏の権力に共通する性格を、兼任のそれは有していたといってもよい。さらには、鎌倉後期以降、夷《えぞ》が島（北海道）との境界領域に形成された津軽十三湊安藤氏の権力に共通する性格を有していたといっても、差し支えがない。

そのうえで、どちらかといえば、津軽十三湊安藤氏の権力に共通する色彩の方が、濃厚だったように感じられる。同じく、日本海方面の交易に関与している。同じく、日本国における強力な政治的人脈に連なっている。具体的には、平泉藤原氏に連なる主従制の人脈を政治的な支えにしている。すなわち、安藤氏が鎌倉北条氏に連なる人脈を支えにしているのに似通った志向性をあらわにしている。などの事情を勘案すれば、どうしても、そのような感覚にならざるをえない。

文治五年（一一八九）奥州合戦にさいして、田河太郎行文・秋田三郎致文《むねふみ》・由利八郎らの面々は、北陸道追討使比企能員・宇佐美平次実政に率いられた鎌倉勢を迎え撃った。かれらのうち、田河太郎・秋田三郎の両人は敗れて、「梟首」に処せられた。由利八郎は捕らえられて、鎌倉殿頼朝の面前に引き出されたが、堂々たる立ち居振る舞いにより許され、存続することができた。よく知られている通りである。

同じく、日本海沿岸に盤居する豪族のことである。同じく、平泉藤原氏の傘下に属する郡司クラスの豪族のことである。大河次郎兼任もまた、鎌倉勢を迎え撃つ有力メンバーとして、かれらに提携する動きを示していたのに違いない。

鎌倉勢を迎え撃った日本海沿岸の豪族のうち、兼任だけが、捕虜にもならず、殺されもせずに、本拠地を確保することができたのは、大河の地が鎌倉勢の進路から外れることになったために他ならない。すなわち、鎌倉勢が、田河・由利・秋田を北上してきたルートから東方に反れて、山北三郡・奥六郡の方面を目指すことになったために他ならない。もしも、そのまま、北上するルートが採られていたならば、本拠地まで攻められて、兼任とて、無事ではいられなかったに違いない。ただし、兼任の弟、二藤次忠季《ただすえ》は「囚人」として鎌倉に連行されている。そのうえで、御家人として存続を許されている。忠季の兄、新田三郎入道もまた、然りである。本拠地を出て、田河・秋田・由利の面々と、共同行動を採るなかで、「囚人」とされたものであったろうか。その意味では、兼任とて、「囚人」とされる危険がなかったわけではない。

平泉藤原氏が滅亡し、鎌倉殿の統治が及ぼされるようになっても、兼任による現地支配は、それなりのかたちで維持することができたらしい。かれの兄弟のように、御家人に取り立てられることはなかったとしても、私宅を安堵されるかたちで、存続することができたらしい。鎌倉殿による比較的に寛宥な戦後処理方針からしても、そのように考えざるをえない。

ただし、兼任にとって、それが心地よい状態であったといえば、決して、そうではない。大勢の鎌倉御家人が、地頭に補任されて、つぎつぎに現地に乗り込んできた。日本海沿岸でも、兼任の居住する秋田郡・小鹿島方面には、鎌倉殿に親近の小鹿島橘次公成（公業）が乗り込んできて、秋田三郎の跡地を抑え、大河の境界領域にも影響力を及ぼし始めた。同じく、田河太郎の跡地にも、鎌倉御家人が乗り込んできたに違いない。隣接の大泉庄（いまは鶴岡市）にも、御家人の武藤氏が乗り込んできたことが知られる。そして、津軽方面には、北陸道追討使として大軍の指揮に当たり由利八郎を捕らえるのにも功績があった宇佐美平次実政が乗り込んできたものとされている。『吾妻鏡』文治五年九月七日・同六年正月六日条による判断である。

由利八郎のように、捕虜となりながら、鎌倉殿の特別の計らい（「芳情」）をもって存続を保証されたケースは、例外中の例外といわなければならない。だが、由利郡のばあいにも、鎌倉殿側近の御家人にして、伊豆国の流人時代から頼朝の側近に仕えていた吏僚的な存在たるべき「中八維平《これひら》」（中原八郎）が郡地頭として乗り込んできて、由利氏を名乗ることとなった（『吾妻鏡』治承四年八月二十日・養和元年三月六日・文治二年三月二十七日・同年十二月二十四日・建久元年一月六日・同月十八日・同月十九日・同月二十九日条。野口実「出羽国由利郡地頭由利維平をめぐって―源頼朝政権と出羽国―」、京都女子大学宗教・文化研究所『研究紀要』三二号、二〇一九年）。とするならば、鎌倉殿の「芳情」によって生きながらえることができた由利八郎とて、これまでのように、「郡主」としての振舞いは不可能となった。屈従の日々の始まりである。

そのうえに、同じく兼任の居住する秋田郡には、和賀・部貫（稗貫）両郡の稲作復興のために、「種子（種籾）等」を供出して、奥羽山脈越しに移送すべきことが、鎌倉殿によって命じられている。移送の時期は、雪が解ける来春を待ってということなれども（『吾妻鏡』文治五年十一月八日条）、種籾の供出命令そのものは、早くに到達していたに違いない。それでは、刈入れたばかりの種籾が、俵ごと、ごっそり持って行かれてしまう。秋田郡内は、たちまち、大騒動になったのに違いない。

それならば、大勢の鎌倉御家人の入来に対する抵抗勢力を糾合するかたちで、兼任が挙兵して間もなくの時期に、小鹿島橘次公成・宇佐美平次実政、そして中原八郎維平らの鎌倉勢を殺害、ないしは逃亡させるに至ったのは、すなわち、兼任の軍事行動が秋田郡・小鹿島・由利郡方面から千福《せんふく》（山北）・山本を経て津軽方面に拡大するに至ったのは、不思議でも、なんでもない。至極当然の成り行きだったと、いわなければならない。兼任は、ただ、闇雲に、多賀国府そして鎌倉を目指したわけではなかったのである。

兼任ほかの抵抗勢力が挙兵するに当たっては、「伊予守義経」ないしは「左馬頭義仲嫡男朝日冠者」さらには「秀衡入道男」を称したとするエピソードが、『吾妻鏡』に記されている（文治五年十二月廿三日・六年正月六日条）。義経・義仲・秀衡のネームバリューを利用して、人心を掌握しようとする必死の試みが展開されていたことが知られて、興味深い。

そういえば、平泉藤原秀衡は、臨終にさいして、義経を大将軍として盛り立て、鎌倉方に立ち向かうべしとする遺言を表明することがあった。それにしたがって、しばらくの間、義経を首班とする「奥州幕府」が、陸奥・出羽両国の軍政に当たることがあった。『吾妻鏡』文治三年十月二十九日・同四年正月九日条ほか、ならびに入間田宣夫「藤原秀衡の奥州幕府構想」（上横手雅敬『源義経　流浪の勇者―京都・鎌倉・平泉―』文英堂、二〇〇四年）、あわせて入間田「義経と秀衡―いくつもの幕府の可能性をめぐって―」（同『平泉の政治と仏教』高志書院、二〇一三年、初出は二〇〇六年）を参照されたい。

兼任もまた、秀衡の遺言を知り、その実現を志向する立場にあったに違いない。そして、泰衡らが遺言に背く決断に至った後においても、その実現を志向する立場に変わりがなかったのに違いない。ある意味では、秀衡の精神の真実の継承者として、兼任を評価することができるかもしれない。

それにしても、義経が殺害されてから、一年も経ずして、その名前を語る人物が登場することになるとは。その名前が、中央に対する地方の抵抗を元気づける特効薬として登場することになるとは。なんとも、不思議なめぐりあわせを感じないわけにはいかない。後年に流行する義経伝説の原点を感じないわけには行かない。

河北郡の地頭は、葛西氏だったのかもしれない（上）

大河兼任が挙兵して間もなくの時期に、秋田郡・小鹿島・由利郡方面から千福（山北）・山本を経て津軽方面にわたる広範な領域が陥れられ、小鹿島橘次公成が逃亡させられ、宇佐美平次実政、そして中原八郎維平らが殺害されることになった。とするならば、河北郡についても、鎌倉方の人物が殺害され逃亡させられることになった経過が想定されなければならない。兼任らによる軍事行動が、「河北・秋田城等」を手始めに拡大されたとする『吾妻鏡』の記事（前述）からとしても、河北郡に入来した鎌倉御家人が殺されもせず、捕らえられもせず、無事に過ごせたとは考えにくいのである。

『吾妻鏡』には、大見平次家秀・石岡三郎友景の両人も、兼任に討ち取られたことが記されていた（文治六年正月十八日・十九日条）。もしかすると、その両人のなかに、河北郡に入来の御家人が含まれているかもしれない。かれらの内、大見家秀は、鎌倉殿頼朝挙兵して間もなくの石橋山合戦に従い、文治五年奥州合戦にも従っていた（『吾妻鏡』治承四年八月二十日・文治五年七月十九日条）。そのうえに、北陸道追討使として活躍し、津軽方面の地頭職を賜った宇佐美平次実政とは、近親の間柄であった（太田亮『姓氏家系大辞典』）。それならば、大見家秀が河北郡地頭だったとしても、不思議ではない。だが、その確証はない。それに対して、石岡友景については、具体的な人物像を特定しがたい。したがって、河北郡との関係も推測しがたい。

それら兼任によって殺害された御家人らの跡地は、由利郡中原八郎維平の子孫のように、安堵されて、そのままに存続できるケースがあった。けれども、津軽方面の地頭職を賜った宇佐美平次実政のばあいには、改易の憂き目にあって、北条氏が新たな地頭として乗り込んでくることになった。けれども、秋田郡の地頭たるべき小鹿島橘次公成は、生き延びることができた。そのために、秋田郡は、その後も、公成の子孫によって維持されることになった。したがって、大河兼任の本拠地があった大河の辺りは、そして人魚供養札を出土した洲崎遺跡の辺りは、いずれも、公成の子孫たるべき小鹿島氏によって管轄されることになった。

それにたいして、河北郡のばあいには、兼任の乱が始まる以前における地頭については、大見平次家秀・石岡三郎友景の両人のうち、どちらかの可能性がないではない。だが、兼任の乱後における地頭の名前については、分からない。

けれども、最近に及んで、その乱後における河北郡の地頭については、奥州惣奉行ならびに五郡二保の地頭として著名な鎌倉御家人たるべき葛西清重を想定する学説が提起されるようになっている。入間田「鎌倉御家人葛西氏について」（葛飾区郷土と天文の博物館編『鎌倉幕府と葛西氏』名著出版、二〇〇四年）にも、指摘している通りでもある。

あらためて、おさらいしてみたい。『秋田県の歴史』（山川出版社、二〇〇一年）には、塩谷順耳氏によって、檜山安東（藤）氏が葛西出羽守秀清を討った後に、「河北郡」に入部して、「河北千町」を知行したとする伝承が紹介されている。『下国伊駒安陪姓之家譜』『新羅之記録』ほかの記事を根拠とするものである。すなわち、「桧山之屋形」（安東忠季）が「繁昌」することになる明応四年（一四九五）より遡った時期における「河北千町」の旧主は、「葛西出羽守秀清」であった。ということにならざるをえない。

さらには、室町期は文正元年（一四六六）、熊野御師による檀那売券に、「出羽国かつほう葛西、何も此両一族ハ、……」と記されていることから、かつほう（合浦）、すなわち能代周辺（正確には河北郡における南・北の海岸部の併称）に、葛西一族が居住していたことが推測されている。具体的には、「能代地方が葛西氏所領だった」とする威風堂々の見解が表明されている。

それでも、万人を納得させることは難しいかもしれない。「あくまでも伝承資料をもとにしていて、実証性に乏しい」とする批判に耐えられないかもしれない。

けれども、阿仁《あに》の住人、加成《かなり》（嘉成）氏は、「葛西が末葉」を名乗っていたことが知られる。『奥羽永慶軍記』によるものである。阿仁は、河北郡を流れる米代川の支流たるべき阿仁川を遡った山間部に位置しているので、見逃しにすることができない。しかも、加成氏のルーツは、「奥州栗原郡金成《かんなり》」に由来することが想定されることから、奥州葛西氏の一族・家臣だった可能性が大きい。嘉成一夫「秋田嘉成氏について」（『葛西氏研究』一四号、一九九四年）によって、それが指摘されていた。

すなわち、河北郡は、奥州葛西氏の所領であった。そのために、加成氏のような一族・家臣が、奥州から入来することになったのではあるまいか。その末裔が、阿仁川上流の山間部に存続していた。ということだったのではあるまいか。

ただし、その入来の時期は、鎌倉期にはあらず、南北朝～室町期に下るのかもしれない。というのは、「奥州栗原郡金成」が葛西領となったのは、鎌倉期にはあらず、南北朝～室町期に下ったからのことによる。

そういえば、河北郡に北接する津軽西の浜深浦《ふかうら》の辺りには、下総国葛西御厨から来住したと考えられる葛西一族が、すなわち葛西木庭袋《きばぶくろ》氏が存在していたことを窺わせる史料があった。今野慶信「津軽に下った下総葛西氏―木庭袋氏―」（入間田編『葛西氏の研究』名著出版、一九九八年）、入間田「鎌倉御家人葛西氏について」（前掲）、森山嘉蔵「中世深浦と葛西木庭袋氏」（村井章介ほか編『北の環日本海世界―書きかえられる津軽安藤氏―』山川出版社、二〇〇一年）によって紹介されている通りである。

日本海岸は深浦の古刹、春光山円覚寺には、二枚の棟札が伝来されていて、それぞれに、「大旦那葛西木庭袋伊予守頼清、息新三郎清順、平次郎忠清、弟又八清繁」（永正二年・一五〇五）、「大旦那葛西木庭袋伊予守頼清」（永正三年）、と記されていた。

木庭袋の名字は、葛西氏の本拠地、下総国葛西御厨の内、木庭袋（正確には木場袋、いまは千葉袋）に由来する。息子が「新三郎」を名乗っているのは、父親の頼清が三郎だったことによる。すなわち、三郎の名乗りを継承していることが知られる。三郎の名乗りは、葛西氏の始祖、三郎武常が、秩父の家から分立して以来、一族のなかで、特別に大事にされてきた。たとえば、三郎清重に始まる奥州葛西氏においては、惣領筋、すなわち直系の子孫にのみ、三郎の名乗りが許されていた。入間田「鎌倉御家人葛西氏について」（前掲）にも、記している通りである。その三郎の名乗りを用いて、しかも木庭袋の名字を称しているからには、葛西木庭袋氏は、三郎清重に始まる奥州葛西氏とは別系統の一族であり、しかも、奥州葛西氏の配下には属していない、それなりの由緒を誇る一族であった。そのことが察知される。

今野論文には、葛西木庭袋氏が南北朝後期に奥州気仙郡大崎より津軽大光寺城に入来したとする『前代歴譜』（大名津軽家の系譜）の所伝が紹介されている。だが、気仙郡に「大崎」の地名が確認されないなど、疑問が解消されず、「多くは謎としなければならない」。今野氏みずからによって注意されている通りである。

森山前掲論文では、奥州惣奉行として五郡二保を領有した葛西氏、すなわち奥州葛西氏の一族が、室町期に下って、合浦方面に来住したか、とする推測が記されていた。だが、それは当たらない。それならば、奥州の地名が称されることはあっても、葛西御厨の地名が称されることはありえない。そのうえに、奥州葛西氏の一族だったとするならば、その惣領筋にのみ許された三郎の名乗りが継承されることはありえない。

それに対して、同じく深浦シンポジウムにおける遠藤巌氏の発言では、奥州惣奉行たる葛西氏が、「蝦夷沙汰」職権行使の代官として、津軽に派遣したのが、西の浜近辺における葛西木庭袋氏の始まりではないか、とする推測が示されていた（村井章介ほか編『北の環日本海世界』前掲、一四五〜四七頁）。早くに公表された遠藤「蝦夷安東氏小論」（『歴史評論』四三四号、一九八六年六月）における指摘を敷衍したものである。遠藤「文献にみる檜山城」（前掲）にも、その趣旨が繰り返されている。

だが、それも当たらない。奥州惣奉行の職権行使との関連で……とする点については、葛西氏が「蝦夷沙汰」に関わり、したがって津軽に関わっていたとする想定、それ自体を疑問とせざるをえない。すなわち、もう一人の奥州惣奉行、留守氏が、「蝦夷沙汰」に関わり、したがって津軽に関わっていたことが明らかなのに対して、葛西氏には、そのような関わりを見出すことができないのである。そのような関わりは、陸奥国府を掌握する留守氏ならではものだったのである。入間田「奥州惣奉行ノート」（入間田編『葛西氏の研究』前掲）に記している通りである。

ただし、津軽方面に、奥州葛西氏の分れが存在しなかったというのではない。西野など、奥州の地名を称する「葛西氏の分かれ」が、南北朝・室町期に下って、津軽方面に入来したことは、諸家によって推測されている通りである。入間田「鎌倉御家人葛西氏について」においても、指摘している通りである。

したがって、どのように考えても、木庭袋葛西氏は、下総国の本拠地から奥州を経ることなく来住したのだということにならざるをえない。

けれども、葛西木庭袋氏が、その本拠地から津軽西の浜方面にダイレクトに来住という可能性は、きわめて小さいと言わざるをえない。なぜならば、西の浜は、鎌倉〜室町期にかけて、北条氏の代官たるべき津軽安藤氏の所領になっていて、他氏の入り込む余地はなかったからである。たとえば、鎌倉末期は元徳二年（一三三〇）、安藤宗季譲状には、「みちのくに、つかるにしのはま（津軽西の浜）」をもって、「むねすゑはいりやう」（宗季拝領）の所領とする記載が残されていた（新渡戸文書）。

それならば、葛西木庭袋氏が下総の本拠地が来住することになったのは、やはり、河北郡地頭葛西氏との所縁によるものだったのではあるまいか。

具体的には、奥州葛西氏との婚姻関係などを媒介にして、河北郡内の一部を分譲されたことによるものだった。そのうえで、折を見て、北接する津軽西の浜・深浦方面にまで進出することになったのではあるまいか。これまた、入間田「鎌倉御家人葛西氏について」に記している通りである。

奥州葛西氏を地頭の正員とする所領の一部が、鎌倉期に、縁戚関係を媒介にして、他氏に分譲されたケースとしては、岩井郡千厩郷の事例がよく知られている。奥州葛西氏の一族、伯耆四郎左衛門入道（光清）の娘が嫁いだことを媒介にして、下野国御家人茂木《もてぎ》氏によって当郷が相伝されることになったのである。そのほかにも、葛西氏に肩を並べる御家人千葉氏によっても、縁戚関係を媒介にして、岩井郡ほかの葛西氏の所領が相伝されることになったと見られる。入間田「葛西氏とその家臣団」（西田耕三編『葛西氏とその家臣団』東山町葛西史シンポジウム全記録、一九九二年）に記している通りである。

河北郡の地頭は、葛西氏だったのかもしれない（下）

あれや、これやで、河北郡の地頭職は、大河兼任の乱後、奥州惣奉行葛西清重に給与され、鎌倉期から室町中期に至るまで、奥州葛西氏によって相伝されたものということにならざるをえない。その過程において、下総葛西木庭袋氏などが縁戚の関係などを媒介に所領を分譲されて、あわせて奥州葛西氏の一族・家臣らが所領の管理を委任されて、相次いで郡内に来住したということにならざるをえない。

その河北郡一円にわたる葛西氏の勢力が失われた画期は、やはり、室町中期を過ぎて、戦国期に入ろうかという辺りに、葛西出羽守秀清が檜山安東氏によって没落させられて河北千町の知行を奪われた事件に求めることにならざるをえない。だが、それによって、葛西の勢力が郡内から完全に払拭されてしまったというわけではない。阿仁川や深浦など、縁辺の地帯には、葛西の勢力が根強く残存するということになった。阿仁の住人、加成（嘉成）氏、そして深浦円覚寺の大旦那、葛西木庭袋氏などは、そのような河北葛西の残存として理解することができるのではあるまいか。

深浦郷は、本来的には、津軽西の浜（鼻和郡）に属する。円覚寺に残された三枚目の棟札（永正一五年）に、「南閻浮提大日本国奥州鼻和郡」と明記されている通りである。遠藤「米代川流域の中世社会」にも（前掲）、「出羽国河北郡と陸奥国津軽西浜との境」は、深浦町の南境に当たる、「艫作崎・中山峠から白神山を結ぶ線」が選ばれていたかと記されていた。

だが、当時にあっては、郡境を越えて、河北葛西氏の勢力が及ぶような状態だったらしい。円覚寺の棟札は、そのなによりもの証明であったかもしれない。『新羅之記録』にも、「河北郡深浦森山之館主飛騨守季定」（天文一五年）と記されていて、そのような状態を反映した伝承のありかたを示している。その記事によって、「深浦もこの頃は出羽国河北郡と思われます」と、森山論文に記されたのは、まったくの錯誤にあらず、と言わざるをえない。

その西の浜の葛西木庭袋氏は、戦国期には、津軽平野の内陸部たるべき大光寺城方面にまでにも進出している。もしかすると、西野氏など、奥州の地名を称する「葛西氏の分れ」もまた、奥州から津軽へというダイレクトかつ常識的な経過にはあらず。木庭袋氏に同じく、河北郡から西の浜へ、さらには内陸部へ。という経過をたどってきたのかもしれない。

そういえば、あの津軽為信もまた、海岸部の種里《たねさと》城から内陸部へ進出していた。どうやら、海岸部から内陸部へという進出の流れは、室町〜戦国期における津軽史を特徴づけるものになっていたらしい。日本海交易の発展によって醸成された西の浜方面におけるポテンシャルの高まりは、それほどまでのレベルにまで達していた。ということであったろうか。

塩谷順耳ほか『秋田県の歴史』（前掲）には、「能代地方」の地頭、葛西氏の始まりを、奥州惣奉行葛西清重による職権行使に求めている。すなわち、職権行使のために、一族・代官が派遣されたことに求めている。大河兼任の故地であれば、なおさらに、念入りに、職権が行使されたであろうことに注意している。同じく、奥州合戦のあと、源頼朝によって派遣された当地方の新地頭は、秋田郡が橘公業、鹿角郡が成田一族、比内郡が浅利義遠で、米代川下流域だけが抜けている。そのうえ、鎌倉時代を通じて、この地域に郡単位の地頭が存立した形跡はない。ここにも、葛西氏と能代地方が結びつく可能性がある。とも記している。

葛西氏による関与が、鎌倉初期、葛西清重の時代から、当地方に及んだとする画期的な見解である。その意味では、同感を禁じえない。

だが、葛西氏の関与が、奥州惣奉行としての職権行使に関わって、当地方に及ぼされたとすることには、同意することができない。葛西氏による津軽方面における惣奉行職権の行使、それによる葛西一族・家臣の派遣を想定する遠藤論文に対して記したような疑問を提起せざるをえない。ましてや、出羽国に属する河北郡のことである。それなのに、奥州惣奉行としての清重の職権が及んでいたとすることはできない。

同じく、「この地域に郡単位の地頭が存立した形跡はない」とすることにも、同意できない。河北郡の存在そのものに関する認識がしっかりしていれば、このような議論は生みだされるはずがない。河北郡が存在した以上、当郡にだけ、地頭が補任されなかったということはありえない。確かに、当郡の地頭の名前は残されていない。だからこそ、葛西清重の名前が付与されるべき余地がある。そのように考えるべきなのではあるまいか。せっかく、当地方における葛西氏の関与を鎌倉期から想定しているのに、郡地頭としてのそれを抜かしてしまったのでは、何にもならない。

そのうえで、奥州惣奉行葛西清重が、何故に、河北郡地頭職を給与されることができたのか。その具体的な事情について考えることによって、補いにしたい。そのためには、大河兼任の乱に立ち戻って、葛西清重の並々ならない働きを明らかにしなければならない。

文治六年正月六日、兼任の乱が本格化して、宇佐美・大見・石岡ほかの御家人が討ち取られたことを鎌倉に通報する最初の飛脚が発せられたのは、葛西清重ほか、在国の御家人らによるものであった。なかでも、清重による飛脚は二名に及び、頼朝による情勢判断に寄与したことが知られる（『吾妻鏡』当年正月六日・十八日・十九日条）。

同じく、正月十三日には、「一方大将軍」として奥州に派遣されることになった千葉新介胤正が、葛西清重と共同して合戦を行いたいと、頼朝に願い出ている。その理由として、清重は「殊なる勇士なり」とする言葉が記されている。その願いを容れた頼朝は、早速に、奥州の清重に御書を遣わして、胤正に同行すべきことを命じている（同正月十三日条）。

そして、二月六日には、兼任に「同意」（与同）した罪科によって捕らえられた新留守・本留守の両人の身柄を預かり、「甲二百領」の過料を召すべきことが、葛西清重に命じられた。前年の奥州合戦では、頼朝の特命によって、府中への軍兵の立ち入りが制禁され、国府長官としての新・本留守の地位が旧来の通り、安堵されたのであった（島津家文書文治五年八月十五日源頼朝袖判平盛時奉書、入間田「文治五年奥州合戦と阿津賀志山二重堀」『之波田』一五号、一九八二年ほか）。それに対して今回は、新・本留守が兼任に与同したために、府中へ軍兵の立ち入りが実現されることになったのである。その軍兵の指揮には、葛西清重、その人が当たっていたに違いない。

そうこうする内に、大河兼任の勢力は、雪だるまのように膨れあがり、都市平泉を占拠して、一万騎を率いて多賀国府・鎌倉方面に向かう気配をあらわすに至った。それに対して、鎌倉勢は泉田（黒川郡）

に結集して、兼任勢を栗原一迫に迎え撃つことになった。その合戦に敗れた兼任勢は平泉を捨て、衣川に防衛線を敷いた。だが、そこでも敗れて、勢力を分散するに至った。それらの合戦においても、清重が重要メンバーとしての参加していたことが記録されている（『吾妻鏡』文治六年二月十二日条）。

それら一連の合戦において、分けても都市平泉の争奪戦において、清重が果たした役割には、決定的なものがあったに違いない。奥州惣奉行として都市平泉に駐留させられていた清重のことである。かれの案内がなければ、土地勘のない鎌倉勢は右往左往するばかりだったに違いない。

そのうえに、秀衡後家の身柄を、争奪の巷から連れ出して、鎌倉に送り届けるという役割をも、清重は果たしている。鎌倉鶴岡八幡宮に残された『文治六年日次記』（二月廿九日条）に、「秀衡之後家到来畢」と明記されていることによって、それが察知される。

秀衡後家は、平泉藤原氏の栄華を物語る生き証人として重きをなしていた。かの女の身柄が兼任側に奪われるようなことがあったならば、兼任側に大勢の残党が馳せ参じて、戦局が変化していたかもしれない。その意味でも、清重の働きは、比類なしと言わざるをえない。

兼任の乱が終息して数年を経た建久六年（一一九五）、秀衡後家を保護すべきことが、清重ならびに伊沢（留守）家景の両人、すなわち奥州惣奉行の両人に、改めて命じられている（『吾妻鏡』当年九月廿九日条）。これによっても、秀衡後家の身柄確保が、鎌倉幕府による奥州統治の要をかたちづくるものであったことが察知される。

以上に見てきたような兼任の乱における清重の働きからすれば、それまでに賜った奥州側の五郡・二保に加えて、新たに出羽国側に、それも兼任の本拠地近くに、然るべき恩賞地として、河北郡を賜ったとしても、不思議ではない。兼任の乱が終息して半年を経た九月には、古庄（大友）左近将監能直が注進した「両州輩忠不并兼任伴党所領等」のリストに基づいて、賞罰が決定されたことが記されている（同建久元年九月九日条）。その賞罰の決定によって、清重には、兼任の本拠地に近い河北郡の地頭職が給与されることになったのではあるまいか。

振りかえってみれば、小林清治・大石直正編『中世奥羽の世界』における「鎌倉期陸奥・出羽両国の郡（庄・保）地頭一覧表」では（東京大学出版会、一九七八年）、河北郡にはあらず。「（淳代郡）」の仮名にて、鎌倉前期の地頭は不明。鎌倉後期のそれは「北条氏？」なり。と記されていた。それから、四〇年あまり。ようやくにして、河北郡の地頭は、葛西氏なり。とする認識に辿り着くことができたのである。もしかすると、鎌倉後期における地頭は、北条氏だったのかもしれない。けれども、それまでの葛西氏の勢力は抜きがたく、南北朝～室町期にいたるも存続することができたのではあるまいか。

たしかに、人魚供養札を出土した洲崎遺跡は、大河南岸は秋田郡に属していた。したがって、人魚にまつわる境界儀礼は、秋田郡地頭によって取り仕切られていたことは疑うべくもない。ただし、秋田郡地頭職そのものは、小鹿島氏の子孫にはあらず。宝治合戦を契機として、小鹿島氏から没収されて、秋田城介安達氏のもとに帰していた。くわしくは、遠藤巌「秋田城介の復活」（高橋富雄編『東北古代史の研究』吉川弘文館、一九七六年）を参照されたい。

けれども、同じく、大河北岸に属する河北郡のことである。ある意味では、秋田郡よりも、境界領域としての性格濃厚の地のことである。かならずや、河北郡においても、大河の北岸の辺りにて、もしくは米代川の河口部の辺りにて、地頭葛西氏による、ないしは北条氏による類似の儀礼が取り仕切られていたのにちがいない。

§コメント§

本章は、もともと、『能代市史』通史編一　原始・古代・中世（二〇〇八年）における中世の「特論」として掲載される予定であった。けれども、河北郡の存否、河北郡地頭を葛西氏とすることの当否、遠藤巌・塩谷順耳氏の所説を前向きにとらえることの是非などをめぐって、編集部の考えにあわないという理由で、受理してもらえなかった。そのために、本書に収めさせていただくことになった。

ただし、「北の境界領域に見る中世の政治と社会」の原題は、「人魚供養札の背景に」と改めている。それにともなって、「人魚供養札」の一節は、原文の末尾から冒頭に移してもいる。あわせて、「人魚供養札」の節には、その後に得られた若干の知見を挿入してもいる。

けれども、そのほかの節については、若干の語句訂正のほかには、基本的に原文のままになっている。ただし、由利郡における平泉方の豪族、「由利八郎」については、その後、由利郡地頭として新たに乗り込んできた鎌倉御家人の「中八維平」（中原八郎）と混同する誤りを犯していた。したがって、それにかかわる記述を訂正させていただいている。野口実「出羽国由利郡地頭由利維平をめぐって―源頼朝政権と出羽国―」の教えに、あつく御礼を申し上げる。なほ、今回の小論のみにはあらず。これまでに、「由利八郎」について記した入間田「陸奥国の案内者佐藤氏について」（同編『日本・東アジアの国家・地域・人間―歴史学と文化人類学の方法から―』二〇〇二年、同「平泉藤原氏と日本海域の武士団」、本荘地域文化財保護協会『鶴舞』95号、二〇〇八年）ほかについても、訂正の必要がある。さらには、入間田のみにはあらず。姉崎岩蔵『由利郡中世史考』（一九七〇年）、『本荘市史』通史編Ⅰ（一九八七年）ほかにおける記述にも、ひいては『吾妻鏡人名索引』（吉川弘文館、一九七一年）における「維平」の記事内容にも、訂正の必要あり。ということになるであろうか。

あわせて、葛西木庭袋氏の居住した津軽西の浜深浦方面が、そもそも、河北郡内に含まれていたかとするような記述に及んでもいた。そのうっかりミスを訂正させていただいてもいる。

そういえば、葛西木庭袋氏にならんで、河北郡地頭葛西氏の流れに属する嘉成氏について、「河北郡で国人的性格を維持」するのに、あわせて「下国安東氏の重臣」だったとする指摘があった。佐々木哲学校「後南朝の系譜伝承についての考察」（ネット版）によるものである。加えて、嘉成氏が、「河北千町」の旧主たるべき葛西秀清の関係者だったとも。さらには、円福書状（長禄四年頃か）にみえる「河北面々」についても、「嘉成氏の先祖に当たる人びとでしょう」とも。

なほ、小論は、京・鎌倉発の人魚言説が、北の境界領域において、儀礼のかたちをもって、具現化しているありさまをトレースするだけに終わっている。あわせて、北の境界領域のありかたをスケッチするだけに止まっている。すなわち、京・鎌倉発の人魚言説を受け止めたのちに、それを換骨奪胎、ないしは反転・逆転することによって、地域の誇りに響きあうような姿に改変しようとする人びとの営為については、そのこと自体の存否をふくめて、俎上にのぼせることができなかった。その意味では、小論は、本書の目的には、合致しがたい。と想われるかもしれない。

けれども、京鎌倉発の言説が、ほかでもない、北の境界領域において、ストレートに受け止められている。

しかも、それが考古学的な遺物として鮮明にされている。このような事例は、めったなことでは遭遇することができない。そのような奇跡的ともいうべき事例を紹介することは、本書の成り立ちにとっても無意味とは考えられない。そのために、小論をあえて、収録させていただくことになった次第である。

なほ、北奥諸郡建置の時期については、もうひとつ、斉藤利男「安倍・清原・平泉藤原氏の時代と北奥世界の変貌—奥大道・防御性集落と北奥の建郡—」の指摘があった（義江彰夫ほか編『十和田湖の語る古代北奥の謎』校倉書房、二〇〇六年）すなわち、「北奥の建郡は、ある時期に一気に成し遂げられたものでなく、入間田の主張する延久から承暦年間と、遠藤の主張する康和〜天永年間の、少なくとも二つの段階を経て達成されたとみたほうがよい」。とするものである。この義江ほかの編著には、入間田「延久二年北奥合戦と清原真衡」が収録されてもいた。斉藤論文ともどもに、参照されたい。

また、大河兼任が決起した理由の一つとして、秋田郡ほかにおける「種子（種籾）等」の供出をもとめる幕府の意向があったことについては、大島佳代「成立期鎌倉幕府と大河兼任の乱」（『ヒストリア』二七五号、二〇一九年）によって指摘されていた。大島論文には、「兼任の乱」が、「幕府の政治的意図の外部から、奥羽地域の内乱状況の中から惹起した合戦であった」。「すなわち（文治五年）奥羽合戦とは質の異なる合戦であった」。とする大事の指摘に及んでもいた。もしかすると、河北郡地頭葛西氏の補任は、そのような文脈における特別な措置として捉えられるのかもしれない。

一三章　千葉大王御子の物語によせて

奥州遠島の漁村にて

「いくつもの日本」には、それに相応しいだけの数の神話が存在していた。それらの「いくつもの日本の神話」ともいうべき存在群のなかには、アマテラス（天照大神＝伊勢神宮）を主神とする天皇家の神話とは、接点をもつことなく、独自のプロセスを経ることによって形成されてきたユニークな内容を具えたものが少なからず。

たとえば、奥州遠島（とおしま）の漁村、すなわち三陸海岸の一部、いまは宮城県牡鹿《おしか》・桃生《ものう》郡の海岸部に位置する集落、尾浦《おうら》・大浜《おおはま》の辺りには、「天竺釋旦国義守里千葉大王」の「御子《みこ》」「皇子」が流れついたとする、不思議な物語が伝えられていた。

父王の枕を跨いだ咎によって、「日本将軍《ひのもとしょうぐん》」になるべしとて追放され、「てれほく」の木で造られた「うつふ船」（空船）に乗せられて、遠島の波打ち際に流れついた御子の年齢は、七歳だったと伝える。「聖武《（ママ）》天皇の御代」、「神亀年中」のことであった。その最初に上陸した場所が王浦（のちに大浦、いまは尾浦)。その皇子を養育したのが「蘇十郎」だったと伝える。さらには、御子に奉公して、「千葉王蔵」(のちに「千葉大蔵」)の名乗りを許された先祖の物語を伝える旧家の存在も記録されている。

そして、御子は成人して「瀬戸十郎」を名乗る。それからは、王浜(いまは大浜)に移ったと伝える。御子の「御守本尊」だった不思議な仏像は、石峯山権現を取りしきる羽黒派修験市明《いちみょう》院の先祖「千葉義清」に預けられて、山麓の薬師堂の本尊として安置されていた。付近には、「千葉大王御子御墓所」さえも祀られていた。してみれば、御子の住まいした場所も、石峯山権現の麓辺りと考えられていたのに違いない。

そもそも、羽黒派修験市明院の先祖「千葉義清」は、この地の人にはあらず。「桓武天王十七代末孫千葉助(介)太郎平朝臣義清」を名乗って、「常州筑婆(波)山天妻之麓」より罷り下って、石峯山権現の神主になり、浦々を知行した人物だった。その浦々を知行する領主としての暮らしが、四十代にわたって継承された後に、羽黒派修験としての暮らしに転換した。その羽黒派修験への転換がはかられたのは、室町中期の延徳二年(一四九〇)の辺りだった。とされている。

あわせて、大網初漁の鮪《まぐろ》を尾浦から大浜市明院に届ける慣習は、御子に対する献上に由来する。とも記されている。

これらの興味深い物語の内容は、安永年間(一七七二~八一)に、仙台藩が管轄下の村々に命じて書き出させた『安永風土記書出』のうち、尾浦・同代数有之百姓、王浜市明院に関わる部分(『宮城県史』二六、三二巻)によって、くわしく知ることができる。『石巻の歴史』巻一、中世編、一九九六年)にも、記させていただいている通りである。今回もまた、テーマに即して、改めて紹介させていただくことにした次第である。

海岸近くに聳え立つ石峯山《いしみね》からは、浦々・浜々の漁場たるべき広大な海面を見渡すことができる。その山頂近くに鎮座する巨岩を御神体とする「石上神社」「石神社」は、『延喜式』にも記載されている通り、古くから浦々・浜々の信仰を集めてきた。「神功皇后の御代」に創建とする伝えによっても、それが察知できるであろうか。

そのうえに、天竺から流れついた「千葉大王御子」が石峯山麓に住まいした。御子の「御守本尊」だった不思議な仏像が薬師堂に安置されてもいる。さらには、尾浦の旧家の主が、修験市明院の主が、共通して、千葉氏を称し、御子に近侍した先祖の由来を誇りにしてもいる。ということになれば、いよいよもって、浦々・浜々の信仰に熱心の度合いが加えられることになったのに違いない。

市明院は、大浜・立浜《たてはま》はじめ、八ヵ所の浜々の「霞場《かすみば》祭主」を勤めてきた。と記されていた。それにあわせて、中世には、一五ヵ所の浜々における「網之瀬祭リ」「幣《ぬさ》之切はき（剥か）」の取りしきりに当っていた。とする四通の古文書写の内容も、書き載せられていた。元久・建暦・享禄・々々の年号を記す、それらの古文書写のすべての内容を額面どおりに受け止めることはできないにしても、示唆的なること少なからず。それならば、浜々からの献上があったとしても、不思議でもなんでもない。それらの献上の延長線上に位置づけるならば、大網初漁の鮪を尾浦から大浜市明院に届ける慣習は、御子に対する献上に由来する。と伝えられているについても、すんなりと、受け止めることができるであろうか。

奥州遠島の漁村にて（続）

「千葉大王御子（皇子）」が本朝の人にはあらず、天竺の人であったとされたり、その「御守本尊」が市明院管下の薬師堂に安置されているとされたりする辺りからは、「熊野の本地」に親近のメンタリティーによって、この物語がかたちづくられたことが察知されるであろうか。

「熊野の本地」とは、天竺摩訶陀国の善財王が本国を厭い、王子らを伴って、日本に飛来し、紀伊国音無川のほとりに跡を垂れて、熊野権現として顕れた。とする物語である。南北朝期に端を発して、室町・戦国期には、熊野比丘尼らの口を通じて、広範に流布して、人びとの信仰心を掻き立てた。とされる。

熊野の末社が稠密に分布している遠島の辺りにも、その著名な物語が流布することによって、「千葉大王御子」の物語がかたちづくられる素地が醸成されることになった。と考えることができるのではあるまいか。

そのうえに、市明院は、羽黒派に属するとはいえ、熊野社を尊しとする本山派修験のありようにも無関心ではいられなかったはずである。仙台藩領の多くの修験が、羽黒派から本山派に転じたという近世における出来事に鑑みても、ライバル関係にあわせて近縁関係もまた、両派の間には存在していた。と想定することにならざるをえない。とするならば、市明院側による積極的な関与あっての物語の創作とも、考えることができるのではあるまいか。

前回には（『石巻の歴史』）、「千葉大王御子」、尾浦の旧家の先祖「千葉王蔵」、そして修験市明院の先祖「千葉義清」など、千葉の文字に着目することによって、この物語が、千葉一族による石峯山信仰の取りしきり、延いては浦々・浜々におけるリーダーシップを根拠づける物語としての側面に光を当てることができた。そのうえで、鎌倉御家人葛西氏との縁戚関係を媒介にして、葛西領の五郡二保（磐井・胆沢・江刺・気仙・牡鹿郡、興田・黄海保）に入り込んできた関東の千葉一族が、鎌倉幕府の滅亡から余り下らない南北朝期に、近接の遠島の辺りにまで勢力を拡大し始めた。それが、この物語がかたちづくられることになった背景にあり。とする想定にまで踏み込むことができた。

あれや、これやで、「千葉大王御子」の物語は、室町・戦国期から近世にかけて、古くから石峯山を信仰してきた浦々・浜々の漁民らに対して、地域社会の成り立ちを改めて教えてくれる「神話」として、大事な役割をはたしていた。そのように、言うことができるのではあるまいか。

石峯山にお参りする度に、麓の薬師堂に安置された御子の「御守本尊」に手を合わせ、「御子御墓所」に額づきながら、「千葉大王御子」の数奇な人生に想いを寄せるのにあわせて、千葉の先祖らの貢献話に耳を傾ける漁民らの姿が、目の前に浮かんでくるようである。

たとえば、映画『もののけ姫』の物語においては、タタラ場の危機を救うのにあわせて、「天朝さま」（天皇）の呪縛から人心を解き放つことによって、タタラ場再建の原動力をかたちづくることになったアシタカの英雄的なはたらきが、後々まで伝えられて、「アシタカのようにおなり」「アシタカのように生きよ」と、子供たちは言い聞かされた。と宮崎監督その人によって記されている。それならば、再建された夕タラ場の一角には、アシタカの画像が安置されて、老若男女らが額づくというような光景が存在していたのに違いない。これまた、地域社会の成り立ちを教えてくれる「神話」のひとつのありかたとして受け止めることができるであろうか。フィクションの世界ながら、示唆的の要素なきにしもあらず。くわしくは、入間田「もののけ姫と歴史学」(『季刊　東北学』二五号。二〇一〇年一一月)を参照されたい。

いずれにしても、石峯山に寄せられた古来の在地信仰をベースにして、「千葉大王御子」の物語がかたちづくられてくる経過においては、天竺の王族、その「御守本尊」とされる仏像を尊ぶメンタリティーのはたらきはあれども、ないしは千葉一族によるリーダーシップを根拠づけようとする心意のはたらきはあれども、アマテラスを主神とする天皇家の神話に連なるような観念のはたらきは、まったく、存在することをえなかった。そのことには、間違いがない。

そういえば、日本海に突き出す男鹿《おが》半島に鎮座する赤神権現についても、景行天皇十年に、漢の武帝が飛来したことに始まる。とする縁起が伝えられていた。それに関しては、遠藤巌「出羽国小鹿島赤神縁起の世界」(新野直吉・諸戸立雄両教授退官記念歴史論集『中国史と西洋世界の展開』みしま書房、一九九一年)ほかによって解明されている通り、「十二世紀の華北地方に興りながら十三世紀に宋朝とともに滅びた太一派道教の思想的影響を強く帯びた」鎌倉末期の思想状況を受けて形成されたものに違いない。「景行十年ヨリ正中二年(一三二五)マテ、凡一千二百二十九年也」と記された古態の伝承の末尾によっても、それが明らかである。

「千葉大王御子」や「熊野の本地」など、いわゆる本地物語の仏教的色彩ゆたかなジャンルのみにはあらず。中世後期には、「異域のカリスマ的な存在」に始まる物語をかたちづくるような濃厚な雰囲気が地域に立ち込めていた。そのように痛感せざるをえない。すなわち、入間田「中世奥羽における系譜認識の形成と在地社会」（九州史学研究会編『境界のアイデンティティ』岩田書院、二〇〇八年、本書Ⅱ三章）に記した所感をくりかえすことにならざるをえない。

津軽安藤氏の系譜伝承

ただし、アマテラスを主神とする天皇家の神話が、まったく、受容されることがなかったのかといえば、さにはあらず。だが、それは、古事記・日本書紀に記された「正統的」な所伝にはあらず、中世に入る辺りから開始された記紀神話の再解釈の流れが、すなわち仏教的な、わけても密教的な世界観をベースにして、アマテラスの地位の相対化に通じる記紀神話の再解釈の流れが、いいかえれば「中世日本紀」の流れが受容されるなかで、地域における新しい「神話」をかたちづくる媒介をなしていたのであった。

たとえば、津軽十三湊に栄えた海の大名、安藤（東）氏の系譜には、日本書紀の神武東征譚が中世における再解釈を経たうえで、しっかりと組み入れられていた。

すなわち、安藤氏の遠祖たるべき安日長髄（あびながすね）は、第六天魔王の孫と称して、ないしは日本の大魔王と称して、大和国伊駒嵩に住まいしていた。それに対抗すべく、神武天皇は日向国櫛振峯に登って、蒼天より下された霊剣三振のうち一振を帯びて、東征の途について、遂に安日を虜にすることができた。だが、安日長髄は殺されることなく、「醜蛮」（えぞ）と改名させられて、「東奥都遐流卒都破魔（津軽外が浜）」に追放させられはしたが、命を永らえることができた。その安日長髄の子孫が、「安東太」を称して、十三湊に栄えることになったのだ。と誇らしげに宣言されていた。そのことが、「下国伊駒安陪姓之家譜」（「下国家譜」とも）によって明らかである。その系譜がかたられたのは、室町初期、永享四年（一四三二）、安藤盛季が十三湊からの没落を余儀なくされる辺りだったと考えられている。

それよりも遡って、鎌倉末期には成立していたとみられる真字本『曽我物語』には、安藤氏の系譜がかたちづくられる媒介になった「鬼王安日」の追放伝説が収められていた。すなわち、神代が絶えて、七千年の間、安日という鬼王が世に出て、本朝を治めることになった。その後、神武天皇が世に出て、天より下された霊剣三腰をもって、安日の悪逆を鎮めることができた。そのために、安日の部類は、東国外が浜に追放されることになった。いまに「醜蛮」（えぞ）と称される人びとは、その子孫にあたるのだ。と断定的に記されていた。

安藤氏の系譜における安日長髄伝説の祖型（プロトタイプ）は、鎌倉末期に遡る関東系説話の流布のなかで育まれた。すなわち、関東版「中世日本紀」とも称すべき、記紀神話再解釈の関東バージョンの流れのなかで形成された。そのことが明らかである。入間田「津軽安東の系譜と第六天魔王伝説」、同『中世武士団の自己認識』一一章、ならびに入間田「中世奥羽における日本紀享受―津軽安東の系譜について―」（『国文学　解釈と鑑賞』六四巻三号、一九九九年三月）にも、記している通りである。

だが、そっくり、そのまま、というわけではない。大きな転換があった。関東では、「鬼王安日」は悪逆の張本であり、神武天皇に追放されるのは当然。ということになっていた。語り手も、聞き手も、天皇の側に身を寄せて、安日を白眼視する。延いては、「醜蛮」を差別視する。ということになっていた。

すなわちアマテラスの地位を相対化するような「中世日本紀」の流れにあっても、天皇家を尊しとする伝統的な枠組そのものを否定するまでには至っていなかったのである。それにひきかえて、安藤氏の系譜においては、安日長髄の側に身を寄せて、自家の遠祖として奉る。ということで、伝統的な枠組そのものを否定するまでになっていた。

それだけではない。天皇家が百代にして断絶すると予言する「百王説」も受容されることがあったらしい。具体的には、十三湊からの没落を余儀なくされることになった安藤盛季、その人をもって、「長髄百代之後胤」として、すなわち天皇が百代で途絶えた跡に君臨する新たなる権威として、内外に誇示するかのような記載にも及んでいた。そのことが知られる。これまた、平川新「系譜認識と境界認識―津軽安東氏の遠祖伝承と百王説」（『歴史学研究』六四七号、一九九三年七月）に学びながら、入間田「津軽安東の系譜と第六天魔王伝説」に記している通りである。

そして、また、日本（ひのもと）将軍のこともあった。日本将軍とは、正規の官職名にはあらず。鎌倉期、関東方面において、武人政権の成立史上に輝く英雄、すなわち平将門・源頼朝らを尊んで奉った非正規の官職名、ないしは名誉の職名であった。室町期には、「さんせう太夫」などの語り物（文芸）において、それが登場人物の尊称として採用されて、広範に流布した。その名誉の職に、日本将軍の安藤氏の当主、具体的には盛季の息子、康季が就いていた。とされているのである。「奥州十三湊日之本将軍安倍康季」とする同時代の記録が残されている『羽賀寺縁起』）。時代を下れば、「日ノ下将軍安倍大納言盛季下国殿」（『津軽郡中名字』）、「十三湊日下将軍安倍貞季公」（『十三湊新城記』）ほかの表記にも見かけることができる。

「中世日本紀」の逆転バージョンや「百王説」の流布ばかりではない。「日本将軍神話」ともいうべき語り物のそれをも、受け止めることによって、安藤氏の系譜がかたちづくられることがあった。それが明らかである。すべては、入間田「日本将軍と朝日将軍」（同『中世武士団の自己認識』一〇章、三弥井書店、一九九八年。初出は一九九〇年）に記している通りであった。

さらにいえば、「日本将軍神話」ともいうべき語り物、たとえば「さんせう太夫」の物語などには、日本将軍平将門の本地は天竺にあり。とするような一節が挿入されていた。具体的には、「天じく（竺）ほし（星か）のみかど（御門）に、七十二代のあそん（朝臣）、たいとう（大唐）にては、平しんわう（親王）に五十四代、我てう（朝）に渡り、仁（人）王四代のあそん、日本の将軍、正かど（門）の御まご（孫）、いわき（磐城）のはんがん（判官）正うし（氏）のそうりやう（惣領）、つしわう（厨子王）丸ありとし」とみえていた。

それならば、「天竺釋旦国義守里千葉大王」の「御子」「皇子」が、父王の枕を跨いだ咎によって、「日本将軍」になるべしとて、追放されてきた。とする、あの「千葉大王御子」の物語がかたちづくられた背景にも、「熊野の本地」のみにはあらず、そのような「日本将軍神話」ともいうべき語り物の流布あり。すなわち、とすることもできるのかもしれない。これまた、入間田「中世奥北の自己認識」コメント（同『中世武士団の自己認識』九章）に記している通りである。いずれにしても、中世後期には、「異域のカリスマ的な存在」に始まる物語をかたちづくるような濃厚な雰囲気が地域に立ち込めていた。とする所感をくりかえすことにならざるをえない。

虚言ヲ仰セラル丶神

ただし、関東版「中世日本紀」といっても、一色にはあらず。アマテラス＝伊勢の神を忌避するような流れもまた存在していたらしい。そのことが、新田一郎「虚言ヲ仰セラル丶神」（『列島の文化史』日本エディタースクール出版部、一九九八年）によって明らかにされている。たとえば、御成敗式目の末尾に載せられた起請文の神々のなかに、伊豆・筥（箱）根・三島・八幡・天神ほかの名前はあれども、アマテラス（伊勢）のそれは採りあげられていない。それは、何故かといえば、アマテラスは「虚言ヲ仰セラル丶神」だから。具体的には、大己貴命《おおなむちのみこと》に対して、「色々ノタバカリ事ヲ云テ」、この国を騙し取ったからだ。とするような式目の注釈がおこなわれていたらしい（『蘆雪本御成敗式目抄』）。同じく、第六天魔王から、この国を騙し取ったのだ。とするような注釈もあったらしい（『倭朝論抄』）。

すなわち、「国譲り」などの正当な手続きにはあらず、「虚言」「タバカリ事」によって、この国の旧主に取って代わって、この国の当主に、アマテラスはなることができたのだ。とするような、記紀の編者ならば悶絶するような注釈がおこなわれていたらしい。

さらにいえば、そのような注釈書のレベルにはあらず、戦国武将が起請文を取り交わす現実の局面においても、伊勢の神を忌避するメンタリティーがはたらいていたらしい。たとえば、天正一九年（一五九二）の辺り、「伊勢天照大神」を書き載せた起請文を相手に突き返すとともに、別の神名に書き換えて再提出するべし。と伊達政宗は書状に書き記している。その理由については、土佐房昌俊が伊勢の神を書き載せた起請文をさしだして、義経をタバカッた故事（謡曲『正尊』ほかに見える）を引きながら、「当世日本にて、か丶ぬよしを聞伝候」と記している（『仙台市史』資料編一〇伊達政宗文書Ⅰ）。土佐房の故事によるとする誤伝はともかくとして、政宗の心底にも、伊勢の神を忌避するメンタリティーがしっかりと根づいていた。そのことが明らかである。これまた、新田論文に学びながら、入間田「津軽安東の系譜と第六天魔王伝説」に記している通りである。

これまでは、中世に入る辺りから開始された記紀神話の再解釈が、すなわち仏教的な、わけても密教的な世界観をベースにして、アマテラスの相対化に通じる記紀神話の再解釈が、記紀等の注釈書はもとより、『平家物語』ほかの軍記物・語り物、本地物語ほか、さまざまなジャンルにおいて繰り広げられて、豊穣な世界像をかたちづくっていた。そのことが精力的に解明されてきた。具体的には、山本ひろ子『中世神話』（岩波新書、一九九八年）ほかを参照されたい。

だが、そのような再解釈の流れが、すなわち「中世日本紀」の世界像が地域に受け止められるなかで、天皇の権威を逆転させて、新たなる権威を創出する、すなわち地域における新たなる「神話」をかたちづくる否定的な媒介をなしていた。それまでには及ばすとも、「虚言」「タバカリ事」の神よばわりをして、アマテラス＝伊勢の神を忌避する。というようなメンタリティーを生みだしていた。そのような側面については、真正面から受け止められることがないままに推移してきた。

これからは、津軽安藤の系譜における逆転現象、さらには式目の注釈書類におけるようなメンタリティーの醸成。というような局面にまで視野を拡大して、「中世日本紀」における豊穣なる世界像のさらなる解明をめざすことがもとめられるであろうか。

白山縁起の世界

そのような「中世日本紀」の流れが、しっかりとした相貌をあらわし始めたのは、平安中期は天徳元年（九五七）に記された『泰澄和尚伝記』において、北陸の霊峰白山の縁起が物語られる辺りからであったろうか。平泉澄編『泰澄和尚伝記』（白山神社蔵版、一九五三年）によって、その縁起の要点を摘記するならば、以下のようになるであろうか。

泰澄和尚の目前に、天衣瓔珞をもって身を飾れる貴女として立ち現れた白山の神は、「日本秋津島は、神国なり。国常立尊《くにのとこたちのみこと》は、神代最初の国主なり」と宣言した。そのうえで、国常立尊に始まる「神代七代」の神名を列挙しながら、その七代目にあたる「伊弉冊尊《いざなみのみこと》が、わが身の正体なれども、いまは妙理大菩薩と号す」と告げている。

さらには、「天照大神は、われ伊弉冊尊の子なり」とする。そのうえで、天照大神に始まる「地神五代」の神名を列挙しながら、「人代第一の国主」たるべき神武天皇を告げるに及んでいる。

ここにおいては、記紀に盛り込まれた「神代七代」「地神五代」の神統譜の大枠に変更が及ぼされるまでには至っていない。だが、「国常立尊は、神代最初の国主なり」とされている辺りからは、あわせて「天照大神は、われ伊弉冊尊の子なり」とされている辺りからは、どのようにみても、天照大神＝アマテラスを主神とする天皇家の本来的な世界像を読み取ることができない。それどころか、国常立尊ほかに大事な役割を付与しようとする「中世日本紀」の流れへの接近を看取することにならざるをえない。

そして、「いまは妙理大菩薩と号す」とされていることについても、また然り。記紀神話の仏教的な再解釈ということで、同じく、「中世日本紀」の流れへの接近を看取することにならざるをえない。

それればかりではない。白山の神に寄り添う大己貴《おおなもち》命のこともあった。同じく、『泰澄和尚伝記』によれば、白山の主峰にて、「妙理大菩薩」の真身たるべき「十一面観自在尊」を拝した後、副峯に攀じ登った和尚は、「一の奇服の老翁」に遭遇した。その老翁の発言がふるっている。「われは妙理大菩薩の輔弼なり。名を大己貴という。また、西刹の主なり」と。

大己貴命は、記紀の正統神話では、アマテラスほか、高天原系の天津神（皇祖神）の側に国を譲って引退することになる国津神の主立ちとして登場させられていた。大国主命は、その別称なり。とされてもいる。

だが、ここでは、その大己貴命が、引退しているどころか、白山の神の「輔弼」（補佐役）として、威風堂々の存在感を誇示している。そのうえに、わが真身は「西利の主なり」と、すなわち西方極楽浄土の教主、阿弥陀菩薩なりと称してさえもいる。

これまでは、大己貴命ほか、国津神の面々は、国譲りによって引退を余儀なくされて以降は、なんとなく、元気なく、逼塞しているかのように見做されてきた。だが、記紀の正統神話の狭隘な枠組に自足するにはあらず、列島の全域に及ぶ広やかな世界に踏み込んでみるならば、国津神の面々は、逼塞しているどころか、威風堂々の存在感を誇示していた。そのうえに、仏教の尊格をも、わが身のうちに取り込んで、ますますのパワーを発揮していた。白山のばあいは、その一端に相当するに過ぎない。これからは、天皇家側からする「国譲り」の言説、そのものを、相対化するような複眼的な取り組みがもとめられるであろうか。

§コメント§

本章は、『季刊東北学』一七号における特集「いくつもの日本の神話」の一環として掲載させていただいたものである。その特集のベースをかたちづくったのは、保立道久・赤坂憲雄・入間田による座談「多彩な神々が活躍する列島の神話―地域の神話群と物語へと変容する記紀神話―」であった。小論にあわせて、ご参照いただければ、さいわいである。

その保立氏そして大己貴命といえば、保立「『宇治拾遺物語』の吉野地震伝承─大己貴命にさかのぼる─」（倉本一宏編『説話研究を拓く』思文閣出版、二〇一九年）の論考があった。

それによれば、大和国吉野には、甘南備型の霊峰に、「大地母神」「地震神」たるべき「大己貴命」を祭ることが、古来の伝統であったらしい。その起源は、三輪山伝説よりも古いとされる。

その甘南備型の霊峰に対する、ないしは大己貴命に対する信仰が、たとえばあの妹背山のうち妹山麓に鎮座する「大名持神社」に寄せられる信仰が、同じく吉野の金峯山に対する信仰を媒介にして、一一〜一二世紀のあたりに、みちのくにまで将来されことになった。それが、磐井郡の辺りに濃密に展開する金峯山（蔵王権現）の信仰だったのではあるまいか。

また、同じく大和国における甘南備型の霊峰たるべき三輪山における大己貴命（大物主命とも、本地仏は釈迦如来）に対する信仰は、近江国比叡山麓は牛尾山（八王子山とも）の同じく甘南備型の霊峰の辺りに持ちこまれることになった。あわせて、中国は天台山国清寺の伽藍神（山王真君）に対する信仰が持ちこまれてきた。それによって、大己貴命・山王権現をあわせ祀る山王神社（日吉神社とも）が成立することになった。その甘南備型の霊峰に対する、ないしは大己貴命・山王権現に対する信仰が、比叡山延暦寺の教線拡大にともなって、同じく、みちのくにまで将来されてきた。それが、都市平泉や中尊寺領骨寺村ほかにおける山王山ならびに山王社（日吉社とも）だったのではあるまいか。

ただし、それら最寄りの里山を大己貴命の「神体山」に見立てる大和の信仰形態が受容されることになった背景には、最寄りの甘南備型の山に寄せる、大已貴命以前かつ原初の自然信仰ともいうべき在地の心情が横たわっていたのに違いない（景山春樹『神体山』学生社、一八七一年）。

みちのく世界における、それらの大已貴命の「神体山」の成立をめぐっては、入間田「骨寺村における金峯山・御嶽堂の背景に（一・二）」（『骨寺村荘園遺跡村落調査研究報告書』令和元・二年度号、二〇二〇・二一年）を用意している。ただし、大已貴命ばかりではない。その弟分ともいうべき少名彦名命も忘れてはいけない。念のために、一言。

ところで、保立・赤坂・入間田による座談の掲載誌が発刊されたのは二〇一一年。すなわち、三・一一東日本大震災後間もなくことであった。小論にて紹介の「羽黒派修験市明院」が別当を務める「薬師堂」は、もともと、石峯山頂の巨岩を祭る「石神社」「石峯山権現」の里宮として、少名彦名命を祭神とするのにあわせて、千葉大王御子の「御守本尊」とされる薬師如来像を安置していた。そして、明治初期の神仏分離令以降には、「葉山神社」と改名して、今日に至っている（石巻市雄勝町）。ところが、三・一一の大津波によって、その社殿は、壊滅的な被害を受けてしまった。

社殿ばかりではない。神社には、「十五浜」の一帯に伝えられる雄勝法印神楽（重要無形文化財）の最重要の拠点としての役割が具えられもしていた。その神楽面・楽器・衣装・文書などもが、流失したり、破損したりしている。

それらの被災から立ち直って、社殿竣工奉祝祭ならびに神楽ほかの奉納がおこなわれたのは、二〇一六年秋のことであった。けれども、町の建物の八割が破壊され、住民二五〇名近くが犠牲になる。という全体的な被災状況から立ち直ることは容易ではない。内外にわたる継続的な支援が求められている。

　歴史学にとっても、また然り。相応のがんばりが求められている。たとえば、三・一一の自然災害を体験したことによって、これまでの研究の土台をかたちづくってきた感性のありかたにまで立ち戻って、見直す必要に迫られている。

　入間田「自然災害と歴史学」は（『季刊東北学』二八号、二〇一一年七月）、その体験から間もなくの時期に、自分なりの取りあえずの受け止めを記している。あわせて、その掲載誌には、保立「貞観津波と大地動乱の九世紀」の論考が収められてもいた。ともどもに、参照していただければ、さいわいである。

　ただし、法印神楽には、「日本武尊」「岩戸開」ほか、記紀神話に題材を求める演目がめだっていて、千葉大王御子の伝説に比べれば、後来性がきわだっている。具体的には、記紀の神々が奥州に浸透してくる近世中～後期における成立を想わせている。

　なほ、磐井郡ほかにおける金峯山信仰の展開については、入間田「骨寺村絵図にみる金峯山・御嶽堂の背景に」（『骨寺村荘園遺跡村落調査研究報告書』一関市博物館、二〇二〇・二一年）、同「大日岳社記―駒形根信仰における仏から神への転換をめぐって―」（『一関市博物館研究報告』二四号、二〇二一年）、同「中尊寺の七堂伽藍ができあがるまでに」（『関山』中尊寺報二六号、二〇二一年）ほかを参照されたい。

あとがき

中世奥羽の世界（言説空間）に生きる人びとは、みずからは何処から来たのか。そして、みずからは何ものとして存在しているのか。すなわち、みずからのアイデンティティについて、どのような自己認識をいだいていたのであろうか。

この基本的な問題について、どうやら、こうやら、それなりの解答にたどり着くことができた。少なくとも、自前の文化的資源を涵養する機会を奪われてきた辺境に生きる人びとが、なんとかして、みずからのアイデンティティをかたちづくろうとしてきた。そのことを明らかにすることができた。あわせて、京・鎌倉方面発の言説類を換骨奪胎もしくは反転・逆転するなかで、なんとかして、かたちづくってきた自前の物語が、近世に入るに及んで、中央の権威によって、表面的には改変を余儀なくされてしまう。とするようなプロセスを鮮明にしている。

平泉を京・鎌倉に代わる「世界の中心」とするような物語についても、また然り。近世幕藩体制のもとでは、そのままのかたちで存続することは望むべくもなかった。

ただし、北方海域における人魚出現譚のように、京・鎌倉方面発の言説が換骨奪胎もしくは反転・逆転のプロセスを経ることなく、そのままに受け止められてしまったケースも、皆無とはいえない。これは、珍しい。たしかに、特筆すべき貴重な事例ではある。

だが、その物語が受け止められたとは言っても、現地では、鎌倉から出向してきた御家人らによる人魚供養の儀礼が行われるに止まっていた。すなわち、人魚の出現が「境界領域に出現した国家的な脅威」だとは言っても、現地における通常一般の生活者にとっては、ピンと来なかった。さしせまった脅威だとは、感じ取れなかった。そのために、換骨奪胎もしくは反転・逆転のプロセスを経るまでもなかった。ということだったのかもしれない。

だが、それだけではない。そのような換骨奪胎もしくは反転・逆転のプロセスを明らかにするなかで、個別の物語の一つ一つに歴史学的な吟味を施すことにもなっている。

大名諸家における系譜認識については、言うに及ばず。たとえば、花若殿と安寿姫の物語については、後者における後来性を鮮明にしている。塩竈十四所大明神については、その成立が遅くも天文年中には遡るらしいことを推測している。小萩観音の霊験譚については、「をぐり」(小栗)の常陸小萩・念仏小萩ほかとも響きあいながら、その霊験譚の原型がかたちづくられた。そのうえに、平泉伝説が習合する。さらには、近代の史家によって、信夫嫗の伝説に関連づけられる。というような複雑な成り立ちを復元している。

それらの作業を通じて、国文学の方面からする通常のアプローチによる成果とは一味ちがった風合いを出すことができているのかもしれない。

あわせて、換骨奪胎もしくは反転・逆転のプロセスを経ているのか、それとも経ていないか、どちらにしても、それぞれの物語の背景に横たわっている歴史的な環境について、現地に密着しながら、じっくりと、落ち着いて考えることにもなっている。

それによって、通常の歴史学的なアプローチによる成果とは、これまた、一味ちがった風合いを出すことができているのかもしれない。

わけても、小萩観音の霊験譚や人魚出現譚については、その感が著しい。それらの物語によって触発される独自の切り口をもってしなければ、国分荘や河北郡・西が浜の歴史的な環境について、どれほどに明らかにすることができたであろうか。覚束ない。

けれども、本書における成果について書き連ねてはみたもののが、あくまでも、「かもしれない」という主観的な想いによるものに過ぎない。問題は、読者のみなさまが、どのような判断を下されるのか。これである。もとより、自信はない。それにつけても、読者のみなさまによる御叱正をお願い申しあげるしだいである。

さいごに、三弥井書店吉田智恵氏には、国文学方面の仕事との向きあいかたについて、さらには本書の組み立てについてアドバイスをいただくなど、お世話になること、多方面にわたっている。御礼を申しあげる。本当に、ありがとうございました。これで、思い残すことがありません。

あわせて、コロナ禍の最中に、本書の製作・流通そのほかに携わってくださったみなさまに、厚く感謝の気持ちを捧げる。これまた、ありがとうございました。


福寿草そして馬酔木・沈丁花の咲きこぼれる小庭をまえにして

著者

初出一覧

一章　中世奥羽における系譜認識の形成と在地社会
九州史学研究会編『境界のアイデンティティ』（岩田書店）、二〇〇八年

二章『新羅之記録』を脱構築する―中世北方史の見直しによせて―
（原題は、「中世北方史―『新羅之記録』を脱構築する―」）
アイヌ文化振興・研究推進機構
『平成14年度普及啓発セミナー報告集』、二〇〇三年

三章　奥羽諸大名家における系譜認識の形成と変容
『軍記と語り物』四一号、二〇〇五年

四章　津軽一統志における系譜認識の交錯
東北芸術工科大学歴史遺産学科
『歴史遺産研究』四号、二〇〇八年

五章　岩木山と花若殿・安寿姫の物語　『真澄学』四号、二〇〇八年
（原題の末尾には、（覚書）を附す）

六章　岩木山の祭神をめぐる研究史を振りかえって
（原題は、「岩木山と花若殿・安寿姫の物語（続）」）　同五号、二〇一〇年

七章　鹿角四頭と五の宮の物語　同三号、二〇〇六年
八章　塩竈大明神の御本地　羽下徳彦編『北日本中世史の総合的研究』（昭和六一～六二年度科学研究補助金研究成果報告書）、一九八八年
（原題は（塩釜大明神）の表記を用いる）
（付論）菅江真澄の流儀　『真澄学』五号、二〇一〇年
九章　伊達の平泉伝説　『中世文学』四十二号、一九九七年
一〇章　小萩観音の霊験譚と奥州国分荘の歴史学　新稿
一一章　平泉の姫宮と衣河殿―二人の謎の女性の物語―　『一関市博物館研究報告』二〇号、二〇一七年
一二章　人魚供養札の背景に　新稿
一三章　千葉大王御子の物語によせて　『季刊東北学』二十七号、二〇一一年

索　引

※ゴシック体は見出し頁

・研究者名索引〔1〕
・事項索引〔5〕

研究者名索引

あ

相原友直　296
赤坂憲雄　337
明石治郎　181
朝河貫一　80
姉崎岩蔵　321
阿部幹男　29, 84, 209
網野善彦　55
新井白石　ii, 58, 64, 162, 172
有川美亀男　181
有馬嗣郎　285
安野真幸　122

い

池田寿　259
生駒孝臣　279
石井進　35, 54
石井由紀夫　196
磯崎重治　191
市古貞次　176, 180
伊藤喜良　83
伊藤幸司　28
伊藤信　178
岩崎武夫　122

う

上村英明　54
内田武志　156
梅尾禅牛　283

え

遠藤巌　27, 88, 300, 302, 312, 319, 320, 328

お

大石直正　7, 47, 54, 158, 163, 180, 293, 302, 319
大島佳代　322
大平聡　289
大湯卓二　149, 153
岡田清一　74
小野正敏　270
小山隆秀　144, 146

折口信夫　219, 230, 235

か

海保嶺夫　10, 54
景山春樹　339
梶原正昭　17, 74
加藤民雄　74
嘉成一夫　310
川合康　195
川崎浩良　169
川村善次郎　197

き

菊池勇夫　56, 84, 192
菊池利雄　196
喜多村校尉　104
木村晃子　251

く

工藤大輔　106
工藤弘樹　113
黒嶋敏　84
黒田日出男　209

こ

小舘衷三　116, 139, 151
後藤多津子　195
小林清治　158, 163, 201
小林美和　281
小峯和明　295
五来重　187
今野慶信　310

さ

斉藤利男　86, 180, 185, 322
佐倉由泰　81
酒向伸行　143, 151
佐々木慶市　242, 246, 250
佐々木孝二　10, 15, 65
佐々木哲　321
佐々木博康　196
佐藤圭　7
佐藤武義　176

し

塩谷順耳　297, 309, 315, 320
志立正知　29, 74, 81, 84
司東真雄　16, 69, 70
新藤透　55

す

杉本雅人　241
菅江真澄　100, 116, 126, 129, 131, 136, 140, 151, 154, 172, 187

せ

瀬田勝哉　251

た

高倉新一郎　32
高橋学　288
高平真藤　283

田中秀和　112
谷口耕一　275

ち

千田孝明　186
千葉一大　81
千葉孫左衛門　283

つ

津田左右吉　32

と

土岐貞範　150, 187, 190
徳田和夫　196

な

内藤正敏　153
中野等　29
名波弘彰　281

に

錦仁　192
新田一郎　22, 333

の

野口実　305, 320

は

羽下徳彦　18, 83, 181, 186
羽柴直人　260
長谷川成一　15, 67, 83, 86, 101, 106, 133, 141, 162
服部英雄　28

ひ

平川新　12, 62, 112, 150, 190, 331

ふ

福田晃　145, 146, 251
藤原相之助　213, 216, 226, 231, 236, 240, 244
古川古松軒　139, 188, 191
古田良一　102

ほ

保立道久　256, 260, 264, 268, 269, 337, 340
本田安次　285

ま

前田淑　119
松野陽一　176

み

宮本常一　156

む

村井章介　51, 54
村上學　180, 181

も

森山嘉蔵　300, 310, 311, 315

や

柳田国男　123, 124
柳原敏昭　181, 210, 242
ヤマニ屋末永笑助　244
山本ひろ子　334

よ

義江彰夫　322

わ

若松啓文　86, 116
和辻哲郎　251

事項索引

あ

アイヌ・アイヌ人　ii, 4, 6, 22, 24, 32, 36, 37, 39, 42, 44, 45, 49, 50, 53
赤神権現　27, 328
阿津賀志山合戦　194, 201, 202, 205, 278, 317
安日長髄　2, 10, 25, 26, 60, 160, 330
アマテラス　323, 329, 333, 336
天照大神　12, 70, 160, 323, 336
余目氏旧記　18, 163, 166, 178, 184, 203, 207, 208, 210, 238, 250
安寿姫　13, 100, 110, 120, 136, 140, 142, 188, 191, 230, 233, 235, 342
安藤盛季　12, 14, 38, 62, 63, 64, 88, 161, 330, 331, 332
安東師季　41

い

夷狄　44, 50
岩木山　98, 103, 110, 136, 187, 188, 233
岩木山三所権現　117, 124, 191
岩木山修験　144

う

後見　176, 183, 222, 239
歌比丘尼　218, 225
うつぼ舟　208, 323

え

醜蛮（えぞ）　10, 11, 61, 330
夷が島　i, 4, 10, 22, 27, 45, 49, 161, 293, 303
蝦夷　i, 2, 4, 5, 8, 21, 25, 28, 62, 63, 204, 286, 298, 312
延久二年北奥合戦　301, 322
延慶本平家物語　274, 280
遠藤盛遠　272, 274, 275

お

奥州王　18, 77, 78, 163, 199, 201, 210
奥州国主　199
奥州惣奉行　72, 204, 258, 309, 312, 314, 315, 318
奥州探題　163, 180, 201, 203, 208, 250
奥州の屋形　198
大河　288, 290, 295, 297, 319
大河兼任・大河兼任の乱　258, 300, 302, 316, 322
大己貴命　149, 150, 187, 208, 333, 336, 338
奥浄瑠璃　70, 84, 157, 161, 208
落人伝説　i, 33, 36, 154, 218, 224

か

葛西木庭袋氏　310, 313, 314, 321
葛西氏　17, 73, 243, 307, 314, 321, 322, 327
可足権僧正筆記　65, 81, 92, 96, 102, 131, 195
鹿角四頭　20, 154, 158
河北郡　298, 299, 307, 314, 320, 322, 343
鎌倉大双（草）紙　231, 251
加羅御所　269, 272
換骨奪胎　iii, 2, 13, 28, 168, 321, 341, 342
勧進比丘・比丘尼　228
漢の武帝　27, 328

き

貴種　i, 2, 4, 9, 15, 18
貴種流離譚　i, 61, 79, 112, 115, 119, 148, 168, 173, 179, 182
吉次（金売）　65, 102
金峯山　338

く

熊野　99, 113, 178, 229, 326
熊野権現　28
熊野比丘尼　326

け

源氏物語・光源氏　172, 234
源平盛衰記　274, 283

こ

皇祖神　336
国分荘　212, 236, 343
コシャマイン　23, 41
近衛殿・近衛家　3, 15, 18, 65, 67, 77, 80, 82, 83, 91, 97, 105, 162-165, 199
五の宮　20, 154, 169
五ノ宮嶽　3, 20, 111, 156
小萩　205, 215, 219, 222, 229, 230, 232, 234, 235, 251
小萩観音　206, 212, 214, 342
衣川・衣河　255, 270, 273, 282, 283, 285, 299, 318
衣河館　255, 256, 257, 258
衣河殿　253, 272

さ

坂上田村麻呂　98, 112, 113, 117, 118, 132, 142, 152, 189
さんせう太夫　13, 61, 75, 79, 100, 113, 122, 138, 140, 142, 145, 148, 149, 188, 191, 230, 332
山王権現　338

し

塩竈十四所大明神　20, 179, 184, 342
塩竈大明神　19, 111, 118, 166, 169, 174

信夫嫗　219, 239, 342
信夫佐藤庄司　201
島津陸奥守　240, 249
下国伊駒安陪姓之家譜　10, 12, 14, 26, 60, 309, 330
修験者　218
聖徳太子伝暦　291, 295
神体山　338
新羅の王子　208
新羅三郎伝説　ii, 4, 23, 33, 201
新羅之記録　23, 26, 30, 309, 315

す

少名彦名命　339

せ

接待館・接待館遺跡　260, 284

そ

曽我物語（妙本寺本）　11, 61, 79, 330
外が浜　10, 14, 26, 37, 60, 65, 152, 178, 293, 294, 296, 330

た

大納言　13, 19, 61, 88, 160, 161, 167, 170, 175, 332
第六天魔王　i, 2, 10, 12, 25, 26, 60, 161, 330, 333
武田信広　23, 33, 41
伊達次郎泰衡　78, 194, 198, 202, 210
丹後日和　113, 137, 140, 141, 188
だんぶり長者　155-157

ち

千葉大王御子　323
中世日本紀　i, 2, 12, 60, 79, 161, 329, 331, 335
朝敵　3, 9, 10, 14, 26, 28, 64, 161
鎮狄大将・将軍　23, 24, 34, 48

つ

津軽一統志　85, 110, 120, 131, 140
津軽郡中名字　20, 87, 158, 160
津軽為信　15, 66, 90, 95, 98, 106, 126, 130, 152, 162, 315
津志王（厨子王）　113, 126, 137, 139, 188, 332
坪井九馬三　199
露無の里　227, 229, 234, 235, 252

て

狄　ii, 4, 22, 24, 32, 42, 49, 62, 93, 94, 98
照手の姫　177, 229, 232, 251
天竺　28, 323, 326, 332

と

東将軍忠広　268
唐の王子　208, 332
東夷　2, 5, 63, 294
十三湊　10, 26, 35, 38, 41, 60, 62, 63,

65, 89, 92, 100, 104, 160, 303, 330, 332

な

長髄百代之後胤　12, 62, 161, 331
長門本平家物語　274, 282

に

西の浜　310, 312-314, 343
人魚出現譚　341, 343

ね

念仏比丘尼　251

は

白山　151, 335
羽黒派修験　205, 215, 324, 339
羽黒山伏　72, 175
蜂屋長者　226, 228, 235, 252
跋難陀龍王　208
花園少将　19, 111, 166, 174, 178, 185, 186
花若殿　98, 105, 110, 115, 136, 140, 142, 152, 342
藩翰譜　58, 64, 68, 74, 77, 78, 80, 162

ひ

秀衡入道後家　254, 258, 318
日ノ本　37
日之本将軍　i, 3, 13, 61, 75, 88, 160, 201, 323, 332
百王説　12, 62, 161, 331
平泉落人伝説　206, 214, 219, 224
平泉伝説　iii, 79, 193, 194, 343
平泉館　197, 255, 269, 271
平泉の姫宮　253, 260, 267

ふ

深浦　99, 111, 140, 300, 310, 314, 321
俘囚　2, 5
府中（陸奥）　163, 174, 178, 238, 239, 247, 249, 250, 317
文化的資源　iii, 4, 9, 13, 21, 26, 341
文治五年奥州合戦　69, 78, 158, 194, 278, 282, 303, 317, 322

へ

平家落人伝説　72, 73, 79
平親王　13, 14, 17, 73, 74, 77, 79, 332

ほ

北条時頼廻国伝説　65, 90, 102
本山派修験　326
本地垂迹（跡）112, 124, 127, 130, 151
本地物語　18, 28, 109, 112, 134, 146-148, 168, 173, 208, 232, 233, 326, 329, 334

ま

潤　38, 56

み

三輪山伝説 338

め

乳母 102, 123, 156, 177, 214, 216, 217, 218, 219, 222, 234, 280

も

もののけ姫 327
文覚上人 261, 267, 272, 275

や

焼鋳 227, 233
山蔭中将 17, 77, 84, 163, 199, 200, 210

ゆ

結城朝光 245
由利八郎 303, 305, 320

よ

義経 18, 65, 195, 200, 206, 239, 256, 270, 278, 306, 307, 334
頼朝落胤伝説 3, 16, 69, 70, 79, 80, 211

ら

落胤伝説 i

り

留住 i, 272
流人伝説 i, ii, 19, 33, 36, 68, 154, 162, 166, 173, 174, 175, 179, 180, 253, 286

わ

和人 25, 27, 33, 36, 39, 42, 50, 53
渡辺党 273-275, 279
渡党 25, 27, 37

を

をぐり（小栗） 229, 231, 251, 342

《著者紹介》
入間田宣夫（いるまだ・のぶお）

1942年（昭和17年），宮城県涌谷町生まれ。1968年東北大学大学院文学研究科国史学専攻博士課程中退，同年東北大学文学部助手。山形大学助教授，東北大学助教授，東北大学東北アジア研究センター教授などを歴任し，2005年に東北大学名誉教授。東北芸術工科大学教授を経て，2013年４月に一関市博物館長に就任。2019年３月に同館長を辞職。
著書に，『百姓申状と起請文の世界――中世民衆の自立と連帯』東京大学出版会，『武者の世に』日本の歴史 7，集英社，『中世武士団の自己認識』三弥井書店，『都市平泉の遺産』日本史リブレット18，山川出版社，『北日本中世社会史論』吉川弘文館，『平泉藤原氏と南奥武士団の成立』歴史春秋出版，『平泉の政治と仏教』高志書院，『藤原清衡　平泉に浄土を創った男の世界戦略』ホーム社，『藤原秀衡』ミネルヴァ書房，『中尊寺領骨寺村絵図を読む―日本農村の原風景をもとめて―』，高志書院，
編著に，『東北中世史の研究』高志書院，『平泉・衣川と京・福原』高志書院。
共編著に，『平泉の世界』本澤慎輔共編，高志書院，『中世武家系図の史料論』上・下巻，峰岸純夫・白根靖大共編，高志書院，『牧の考古学』谷口一夫共編，高志書院，などがある。

中世奥羽の自己認識

令和３(2021)年７月８日　初版第１刷発行

定価はカバーに表示してあります

著　者　　入間田　宣　夫
発行者　　吉　田　敬　弥
印刷所　　亜　細　亜　印　刷
発行所　　三　弥　井　書　店

〒108-0073　東京都港区三田3-2-39
電話　03-3452-8069　振替東京8-21125

ISBN978-4-8382-3385-4 C0021